邱吉爾自傳

(Winston Churchill)
溫斯頓‧邱吉爾 著
伊莉莎 編譯

戰火中成長！
從英國貴族到戰地記者，
以首相視角走進維多利亞時代

以坦誠的姿態、風趣的語言記錄青春歲月
不僅僅是一部自傳，更是一個時代的縮影
反映維多利亞時代末期至 20 世紀初的社會變遷

目錄

作者序 …………………………………… 005

第一章　童年時光 ……………………… 009

第二章　哈羅公學的歲月 ……………… 023

第三章　考試 …………………………… 031

第四章　桑赫斯特軍校生涯 …………… 047

第五章　加入第四輕騎兵團 …………… 063

第六章　古巴之行 ……………………… 075

第七章　服役於豪恩斯洛 ……………… 087

第八章　駐紮印度 ……………………… 097

第九章　在邦加羅爾的學習經歷 ……… 105

第十章　馬拉坎德野戰軍 ……………… 117

第十一章　馬蒙德山谷之役 …………… 127

第十二章　蒂拉赫遠征記 ……………… 139

第十三章　與基秦拿的衝突 …………… 151

第十四章　恩圖曼戰役前夕 …………… 159

目錄

第十五章　騎兵部隊衝鋒的感受……………………169

第十六章　離開部隊……………………………………181

第十七章　奧爾德姆……………………………………199

第十八章　隨布勒出征開普……………………………209

第十九章　裝甲列車事件………………………………217

第二十章　被囚禁的日子………………………………233

第二十一章　出逃記（一）……………………………241

第二十二章　出逃記（二）……………………………255

第二十三章　重返部隊…………………………………265

第二十四章　斯皮恩山戰役紀實………………………273

第二十五章　解圍萊迪史密斯…………………………281

第二十六章　在奧蘭治自由邦…………………………289

第二十七章　約翰尼斯堡與普利托利亞………………303

第二十八章　參與大選…………………………………311

第二十九章　進入下議院………………………………319

作者序

　　關於我早年生活與冒險經歷的故事眾多，三十年前我曾發表過幾篇文章，描述了我親身參與的數次戰役，隨後又陸續撰寫了一些對具體事件的回憶錄。我認為，現在是將這些經歷重新整合，撰寫成一個完整故事的時候。因此，我不僅仔細回憶了過去，還根據我掌握的數據考核了事實。我想要講述的故事橫跨四分之一個世紀，在這個故事中，我試圖向讀者展示我在不同年齡階段的觀點和看法，無論當時我是孩子、學生、軍校學員、中尉、戰地記者，還是年輕的政治家。如果這些觀點與當今普遍接受的觀點相矛盾，那麼這些觀點也應僅僅視為代表了我早年生活中的某一階段，除非有明確的上下文說明，則另當別論。

　　透過通讀整本書，我意識到自己描繪的是一個已然逝去的時代。在如此短暫的時間內，儘管國內並未爆發暴力革命，變化之巨大仍令人難以置信。社會結構、政治基礎、戰爭形態以及年輕一代的世界觀和價值觀等，都經歷了翻天覆地的變化。然而，我並不認為這一切都在向著更美好的方向發展。維多利亞時代，我還是個孩子，那時英國的社會結構極為穩定，英國在海上貿易和海洋霸權方面皆無可匹敵。英國國民對大英帝國的民族自豪感和保衛祖國的責任意識日益增強。在那些日子裡，大不列顛的中堅力量對自身及其治國理念充滿自信。他們相信自己能夠向全世界傳授英國的治國方略與經濟治理之策。他們堅信這一點，因為英國在海上的勢力無比強大，國內局勢也相對穩定，因此他們安心定神。然而，如今的社會充滿了焦慮和疑惑。讀者朋友們，請允許我向你們細細道來這些變化。

　　我認為，年輕一代可能會對一個年輕人的奮鬥歷程感到好奇。因此，在這本書中，我將盡量以簡潔、真誠的方式記述我的個人經歷。

作者序

在本書的美國版中，我認為有必要先進一步介紹我的美國祖先。我的母親來自傑羅姆家族。1717 年，蒂莫西・傑羅姆從英國航行至美國，並在紐約殖民地附近的龐貝村定居。他的兒子塞繆爾以及四個孫子在獨立戰爭中加入了華盛頓的軍隊。傑羅姆家族在龐貝村繁衍了四、五代。19 世紀初，我的外祖父萊納德・傑羅姆從普林斯頓學院畢業後，隨著家業擴大，與他的弟弟遷往羅徹斯特。在那裡，兄弟倆迎娶了霍爾家族的兩姐妹。他們在市內最佳地段隔河建造了兩棟小樓，並以一座橋相連。我的外祖父有四個女兒，而他的弟弟有四個兒子。我的母親是外祖父的第二個女兒，於 1854 年在羅徹斯特出生。隨著美國經濟的發展，社會日益繁榮，傑羅姆家族累積了顯著的財富，並於 1856 年搬遷至紐約。在紐約，我的外祖父在麥迪遜廣場邊建造了兩棟房子，其中之一即為曼哈頓俱樂部之家。另一棟是他的住所，他一直居住於此。在羅徹斯特時，他曾創辦了一份報紙，該報紙是當時所謂的「無知黨」的喉舌，即現在的《羅徹斯特民主紀事報》的前身。

在紐約，他的事業逐步擴展，涉足報業和房地產業。到南北戰爭爆發時，他已經成為一位極其富有的人物，是社會名流。儘管他從未過多涉足政治，但在整個南北戰爭期間，他始終是聯邦軍的熱情支持者。除了經商，他的興趣主要集中在運動和音樂上。他外貌高貴，擁有長長的八字鬍、鷹鉤鼻和明亮的眼睛。我記得這些細節。他是一位駕車高手，每逢重要場合，他總是駕駛著六匹馬拉的馬車穿行於紐約街道。他享有良好的聲譽，被譽為「美國賽馬場之父」，傑羅姆公園就是以他的名字命名的，這個公園由舊賽馬場改建而成。他創立了賽馬俱樂部，並長期擔任副主席。他擁有一匹著名的賽馬，名叫「肯塔基」，這匹馬從未在比賽中失利。他是紐約音樂學院的創始人之一，推動了歌劇的發展，結交了珍妮・林德和帕蒂，並培養了卡門這個角色的扮演者米妮・豪克小姐。

在普法戰爭即將爆發之際，我的外祖母將她的女兒們帶到了巴黎。隨著普魯士軍隊逐漸逼近，她們被迫離開法國首都，暫時遷居英國。在那裡，她們結識了許多朋友。1873年夏天，珍娜·傑羅姆在考斯逗留期間遇到了我的父親，倫道夫·邱吉爾勳爵。當時，無論是在紐約、巴黎還是倫敦的社交圈，珍娜都被認為是最美麗的女子之一。倫道夫·邱吉爾勳爵對她一見鍾情，幾個月後兩人便結為夫妻。

—— 溫斯頓·S. 邱吉爾

作者序

第一章　童年時光

我認為，儘管有許多枯燥乏味的作業，但和一群男孩共同生活依然充滿趣味。我們不僅能建立深厚的友誼，還能一起經歷各種冒險。有人告訴我：「學生時代是人生中最愉快的時刻。」

人類究竟從何時開始擁有記憶？一個孩子的頭腦何時會隱隱約約產生最初的意識？我最早的記憶追溯到在愛爾蘭度過的歲月。我能清晰地回憶起愛爾蘭的場景和事件，甚至依稀記得那裡的人。我於1874年11月30日出生。1879年初，我離開了愛爾蘭。我的祖父馬爾博羅公爵於1876年被迪斯雷利首相任命為愛爾蘭總督，而我的父親則作為總督祕書隨行去了愛爾蘭。我們的住所被稱為「小屋」，距離總督府很近，只需扔一塊石頭即可到達。我在這裡度過了約三年的童年時光。至今，我仍對那時的一些事記憶猶新。我還記得1878年祖父為高夫勳爵雕像揭幕的情景：黑壓壓的人群，騎在馬背上的紅衣騎兵用多條繩子拉開覆蓋在雕像上的褐色絨布。這位老公爵，我那令人敬畏的祖父，大聲地向人群講話。我甚至還記得他當時說過的一句話：「他用令人畏懼的齊射粉碎了敵人的戰線。」我明白他在談論戰爭，而「齊射」的意思就像那些穿著黑色制服的步兵在鳳凰公園練習射擊時發出的劇烈槍聲一樣。因為我常在早晨被帶去這個公園散步，聽到過這種槍聲。我想，這就是我第一個較為清晰的記憶。

我對其他事件的記憶更加清晰。一次，我們計劃去觀看一場童話劇，大家都充滿了期待。那個期待已久的下午終於來臨，我們從總督府出發，乘車前往一座城堡。毫無疑問，其他許多孩子也會到那裡。城堡內有一大

第一章　童年時光

片空地，地面鋪滿長條石塊。天下著雨，那裡經常下雨，就像此刻一樣。人們從城堡的大門湧出，到處一片混亂。隨後我們被告知，因為劇院已被燒毀，無法觀看童話劇了。從廢墟中找到的唯一物品是曾經放在劇院經理口袋裡的一串鑰匙。為了安撫我們，作為補償，我們被允諾第二天可以再去參觀劇院的廢墟。我很想看看那串鑰匙，但這個願望似乎無法實現。

在這些年裡，我們曾經造訪過位於艾姆花園的波塔林頓勳爵府邸。家人告訴我，我可以稱他為叔叔。儘管自我四歲或四歲半後便未再訪問那裡，但我依然能清晰地描述那個地方。最讓我印象深刻的是一座高聳的白色石塔，我們開了很久的車才到達。我被告知這座塔曾被奧立佛・克倫威爾炸毀。我當然知道他曾摧毀過許多東西，因此，他是一個非常偉大的人。

我的保母埃弗雷斯特夫人對芬尼亞組織[001]的成員極為恐懼。我推測這是一群壞人，如果他們想隨心所欲，就會無休止地作惡。有一次，我騎著驢子外出，看到一大群人朝我們走來，當時我們都認為他們是芬尼亞組織的人——現在我敢肯定這些人一定是步兵旅在進行訓練——那時我們非常驚恐，特別是我的那頭驢子，嚇得亂踢亂蹬，把我從驢背上掀了下來，導致我腦震盪。這是我第一次接觸愛爾蘭政治。

鳳凰公園裡有一片廣闊的樹林，中央矗立著一幢房子。這幢房子的前主人是一位顯要人物，究竟是首席大臣還是次官，我並不確定。但我清楚記得，一位名叫伯克先生的人曾從這房子裡出來，並送給我一隻小鼓。雖然他的長相已經模糊不清，但那隻鼓卻歷歷在目。兩年後，我們回到英格蘭，聽聞他被芬尼亞組織的成員暗殺，就在那片我們每日散步的鳳凰公園中。身邊的人對這個消息都感到悲痛，然而我心中卻暗自慶幸，慶幸當我從驢背上摔下時，沒有被芬尼亞組織的成員抓走。

---

[001]　芬尼亞組織：1858 年前後在美國成立的愛爾蘭民族主義團體，致力於推翻英國對愛爾蘭的統治。

正是在這間「小屋」裡，我開始了對教育的嚴格磨練。家人宣布一位被形容為「女家庭教師」的嚴厲人物即將登門。她的到來已經確定在某個日子，為了迎接這一天，埃弗雷斯特太太拿出一本名為《無淚閱讀》的書。在我看來，這本書的題目顯然不符實際。家人告訴我，在女家庭教師來之前，我必須練習到能夠不掉眼淚地閱讀。我們每天都在緊張地準備。保母用筆指著各種字母教我，但我覺得這一切都很無趣。女家庭教師即將來臨，而我們還沒有準備好。在這種情況下，我做了許多無奈的人選擇的事情：躲進了森林。我藏身於「小屋」周圍茂密的灌木叢中——它們看起來像一片小森林。幾個小時後，家人才找到我，並把我交給那位女家庭教師。我們整日刻苦學習，不僅要學習字母和單字，更糟糕的是還要學習數學。字母是應該認識的，當它們以某種形式排列時，我能認出它們，也知道它們代表特定的發音，必要時我也能讀出這個單字來。但是數字堆在一起就讓我眼花撩亂了，我完全沒有頭緒。當這些數字排列在一起時，你必須說出它們的值，而我的女家庭教師顯然非常重視答案的準確性。如果答案不對，那就是錯了，「差不多正確」是沒有用的。有時候，做算術就像借債一樣，你得先借一個或拿一個，然後再把借的還回去。這些錯綜複雜的問題給我的日常生活帶來了陰影，使我遠離了兒童遊戲室和花園裡所有有趣的活動。它們占用了我越來越多的空閒時間，使我幾乎沒有時間去做自己想做的事情。這些課程成了我每天的煩惱，尤其是學「算術」，一提起它，我就像陷入一個沉悶淒涼的沼澤裡。而且這算術學起來似乎永無止境，做完一道題目，總會有另一道題目在等著你。一旦我設法解決了某一類難題，又會有其他更複雜的題型向我壓過來。

　　我的母親並未參與這些強制性的教育，但她給我的感覺是她支持這些做法，且幾乎總是站在女家庭教師那一邊。依我的記憶，她在愛爾蘭時有騎馬的習慣，喜歡穿緊身衣，衣物上常常沾滿泥漬。她和我父親經常騎著

第一章　童年時光

他們的大馬出去打獵。有時，他們中的一位或另一位在應回來的時間過後幾小時還未回家，家裡的人便會非常恐慌。

依我之見，母親宛如一位美麗的公主：她光芒四射，魅力無窮。達貝隆勳爵如此描述她在愛爾蘭的時光，對此我始終心懷感激：

……我對初次見到她的情景記憶猶新。那是在都柏林的總督府，她站在門的左側，而總督則在房間最裡端的高臺上，四周圍繞著一群精幹的幕僚。然而，他們的目光既沒有注視總督，也沒有注視總督夫人，而是集中在一旁那位穿著黑衣的婀娜身影上。她光彩奪目，與眾不同，頭戴一顆鑽石星，這是她最喜愛的裝飾品，但鑽石的光芒與她那明亮的眼睛相比依然遜色不少。她像一隻靈活的獵豹，兼具涵養與智慧，其勇氣不遜於鬚眉。作為一位母親，她展現了偉大公爵後裔的儀態。她聰慧、善良、樂觀，這些特質使她在那裡備受歡迎。她熱愛生活，並真誠地希望所有人都能分享她的快樂信念，這一切使她成為社交圈的核心人物。

在我童年的記憶中，我的母親同樣光彩奪目。在我眼中，她如同夜空中閃耀的明星。我深愛她，然而我們之間並不親密。我的保母埃弗雷斯特太太才是我的知心好友。她悉心照料我，關注我的一切需求，從我上學起一直到現在，只有在她面前我才會傾訴煩惱。她來我們家之前，曾經照顧過一個名叫埃拉的小女孩長達十二年。她是住在埃伯蘭郡的一位牧師的女兒。雖然我從未見過這位「小埃拉」，但她在我童年的生活中扮演了重要角色。我了解她的一切：她喜歡吃什麼；如何禱告；她的淘氣和聽話；甚至能在腦海中勾勒出她家在英格蘭北部的清晰畫面。在埃弗雷斯特太太的影響下，我也對肯特郡產生了濃厚的興趣。埃弗雷斯特太太常說，肯特郡是「英格蘭的花園」。她出生在查塔姆，對肯特郡充滿自豪。她認為沒有一個郡能與肯特郡媲美，正如沒有一個國家能比得上英格蘭。比如，愛爾蘭根本無法與之相比。至於法國，埃弗雷斯特太太曾經推著嬰兒車帶我到

過一個叫「沙姆斯艾里茲」的小地方遊玩，但回來後我很少再想起它。她堅信肯特郡是世界上最好的地方，其首府是梅德斯通，周圍遍布草莓、櫻桃、樹莓和李子，實在是令人垂涎欲滴！我總是夢想著能搬到肯特郡去。

　　1900年冬季，我前往都柏林進行波耳戰爭的調查。[002]報告期間，我重返了那座「小屋」。在我記憶中，它是一棟狹長的白色低矮建築，配有綠色百葉窗和陽臺，周圍的景象如同特拉法加廣場。[003]同樣廣闊的草坪，周圍環繞著一片茂密的森林。我原以為從此處到總督府至少有一英里的距離，但當我再次看到時，驚訝地發現草坪僅寬六十碼，而那片森林也不過像灌木叢一樣小，從總督府騎馬到森林僅需一分鐘。

　　我的下一段記憶停留在文特諾，我深愛這個地方。埃弗雷斯特太太的姊姊居住在此，她的丈夫在當地擔任監獄看守人近三十年。他經常帶我去山丘或山坡上散步，並講述許多監獄暴動的故事，其中包括他多次被罪犯襲擊受傷的經歷。我初次踏上文特諾的時候，英國正與祖魯人交戰[004]報紙曾刊登過這些祖魯人的照片，他們皮膚黝黑，全身赤裸，手持長矛，擲長矛的動作極為敏捷。他們殺死了許多我們的士兵，但從照片判斷，被我們士兵打死的祖魯人更多。我對祖魯人感到十分憤怒，聽到他們被打死的消息非常高興，這位監獄看守人也和我一樣。不久，祖魯人似乎全被殲滅，因為這場戰爭結束了，報紙上再也沒有關於祖魯人的照片，也沒有人再害怕他們了。

　　某日，我們外出至文特諾附近的一處懸崖，見到一艘揚帆的大船在離岸一、兩英里處航行。有人稱：「這是一艘軍艦，正載著士兵從戰場歸

---

[002]　波耳戰爭：英國與布林人為爭奪南非殖民地而爆發的衝突。布林人是指定居於南非的荷蘭、法國及德國白人後裔所組成的混合民族。

[003]　特拉法加廣場：位於倫敦市中心的著名地標，為紀念特拉法加海戰而建。

[004]　1879年，祖魯戰爭爆發，這場戰爭在南非祖魯王國與大英帝國之間展開，成為英國在該地區殖民主義統治的象徵性事件，戰爭結束了祖魯作為獨立國家的歷史。

第一章　童年時光

來。」但也可能是剛從印度返航，我記不清了。[005] 突如其來的烏雲籠罩了天空，狂風呼嘯，風暴降臨。我們跌跌撞撞地奔回家中，才倖免於被淋透。當我再次前往山崖時，那艘揚帆的大船已不見蹤影，只剩下三根黑色的桅杆孤零零地露出水面。那正是「歐律狄斯號」。[006] 「歐律狄斯號」在這場暴風雨中不幸翻覆，將船上三百名士兵一同帶入海底。潛水員潛入海中打撈屍體，有人告訴我，有些潛水員見到海魚撕咬這些可憐士兵的屍體時，驚嚇得暈了過去。這件事在我心中留下了深刻的傷痕。這些士兵歷經艱辛，冒著生命危險與野蠻人交戰，戰爭結束後正準備返家，卻在此時不幸溺亡。在一個晴朗的日子裡，我彷彿看見一些小船緩緩將部分屍體拖走。山崖上有許多人在觀望，大家都脫帽向死者致哀。

在這段時期內，發生了「泰橋災難」。暴雨中，一列火車疾馳過橋時，橋梁崩塌，所有乘客都溺亡。我認為原因在於他們未能及時從車廂窗戶逃出，畢竟當時車廂的窗戶極難開啟，必須拉動一條長繩。毫無疑問，所有人都溺斃了。令我憤慨的是，政府竟然容許這樣一座橋崩塌，顯示出他們的極度不負責任。因此，當人們表示要投票反對政府時，我一點也不感到意外：因為政府如此瘋狂，如此玩忽職守，導致了這麼駭人聽聞的事件。

1880 年，我們全家都被格萊斯頓吸引。[007] 格萊斯頓先生是一個極具威脅的人物，他四處煽動，激起民眾的憤怒，導致他們投票反對保守黨，使我的祖父失去了愛爾蘭總督的職位。以前祖父曾在比康斯非勳爵[008] 前政府中擔任樞密院議長一職，相較之下，我的祖父對愛爾蘭總督這個職位

---

[005]　事實上，這是一艘訓練船。——原注
[006]　這個詞我們發音時使用兩個音節。——原注
[007]　格萊斯頓，一位英國政治家及自由黨領袖，曾在 1868 年至 1894 年間四次擔任英國首相。
[008]　比康斯非勳爵班傑明·迪斯雷利，英國保守黨的領袖，曾於 1868 年和 1874 年至 1880 年兩度出任英國首相。

顯得興趣寥寥。在他擔任愛爾蘭總督期間，不得不耗費自己的所有財產來款待都柏林的愛爾蘭人；而我的祖母還曾發起過一次大型捐款活動，以籌集「饑荒基金」。然而，這些愛爾蘭人並不懂得感恩：他們對我祖父的款待和祖母籌集的基金連一句「謝謝」也未曾說過。我祖父寧願待在英格蘭，居住在布倫海姆宮。[009] 他定期參加內閣會議，執行比康斯非勛爵交付的各項任務。比康斯非勛爵是格萊斯頓先生的宿敵，人們稱他為「迪斯」。然而，這一次「迪斯」徹底敗在格萊斯頓手下，於是我們全家都成為了在野黨，整個國家迅速走向衰敗，人人都說國家正在「走向滅亡」。此時，比康斯非勛爵重病纏身，年事已高，積年陳疾即將奪去他的生命。我每天關注他的病情，因為大家都說一旦他去世，英國將蒙受巨大損失，再也沒有人能阻止格萊斯頓實施那些可憎的政策了。當比康斯非勛爵終於去世的那一天，我看到所有人的臉上都流露出悲傷的神情，正如人們所言，一位備受推崇、熱愛祖國、勇於抵禦俄羅斯人的偉大政治家，在激進派忘恩負義的刺激下，帶著破碎的心離開了人世。

　　如前所述，我的女家庭教師在我心中是一個可怕的存在。然而，現在有一件更為恐怖的事情即將發生：我要上學了。當時我七歲，正處於大人們所謂的「問題少年」階段。我即將離開家，去學校學習，並且在老師的監督下度過幾個星期。學校已經開學了，我需要在那裡待上七個星期，直到聖誕節才能回家。我聽到過許多關於學校的故事，這些故事給我留下了極為不好的印象，而我的親身經歷也證實了這些印象。我明白這是我一生中的一個重大轉捩點，這讓我既興奮又不安。我想，儘管有許多枯燥的功課，但和許多男孩子住在一起應該會很有趣，我們能成為好朋友，並一起經歷許多冒險。有人告訴我：「學生時代是人生中最快樂的時光。」也有幾

---

[009] 布倫海姆宮：為了表彰約翰·邱吉爾（即馬爾博羅公爵一世）在 1704 年「布倫海姆之戰」中的偉大勝利，安妮女王將一塊王室地產授予他，並命名為「布倫海姆宮」，亦稱「邱吉爾莊園」。該地距離牛津僅八英里，現已被聯合國列為世界文化遺產。

第一章　童年時光

位大人告訴我,他們年輕時,校園生活非常艱苦:學校裡有人恃強凌弱,飯也吃不飽,每天早晨還得先「砸開水罐裡的冰」才能喝到水(這種事我以前從未見過)。不過現在一切都變了,現在的校園生活非常有趣,男孩子都喜歡。大人們還告訴我,幾個比我年長一點的堂兄放假後甚至都不願意回家。我問了他們半天是否如此,堂兄們也沒有直接回答,只是咧著嘴笑。反正,我感到特別無助,根本沒有退路。大人們把我帶到這個世界來並沒有徵求過我的意見,現在要送我離開家去上學,同樣也不需要與我商量。

然而,為上學準備物品卻是件相當有趣的事。購物清單上列著至少十四雙短襪,埃弗雷斯特太太認為這數量有些浪費,她說若是穿得小心些,十雙已經足夠。不過,多準備幾雙也不錯,這樣就能避免穿溼襪子的尷尬了。

上學的日子終於來臨,母親帶著我乘坐雙輪馬車前往火車站。她給了我三枚半克朗的銀幣。[010] 我不慎將它們掉落在馬車上,我們只得伏在車廂內,在雜草堆中四處搜尋。[011] 幸運的是,最終找到了,並且正好趕上了火車——地球依舊在運轉。

父母為我選擇的學校是英國最時尚且最昂貴的學校之一。其辦學理念模仿伊頓公學,旨在培養能進入伊頓公學的學生。每個班級僅有十名男生;校園內設有電燈(當時還是個新奇事物),游泳池,以及寬大的足球場和板球場;每學期學校會組織兩到三次遊樂活動,或稱之為「遠足」的旅行;所有教師均為碩士,穿著長袍,戴著學位帽;學校還設有附屬教堂;學生不得攜帶食品籃等物品進校,一切所需均由校方提供。我們報到的那天是 11 月的一個陰沉下午,我們和校長一起喝茶,我的母親輕鬆自如地與校長交談,而我則一直擔心會把茶杯打翻,害怕在入校第一天就留下壞

---

[010] 一枚半克朗的銀幣等價於二先令六便士。
[011] 那時,雙輪馬車車廂的地板上鋪滿了用來餵養馬匹的草料。

印象。一想到將被獨自留在這個陌生的地方與這些陌生人生活在一起，我心裡就充滿了痛苦。畢竟我才七歲，家裡的兒童遊戲室裡有我所有的玩具，我在那裡玩得很開心。我擁有許多很棒的玩具：一臺真正的蒸汽機，一臺幻燈機，以及近千個玩具士兵。而現在我的生活充滿了課程，每天有七、八個小時的課程，此外還有足球課和板球課，一週僅有半天休假。

母親離開學校後，校長指示我將所有的錢交出。我掏出那三枚銀幣，校長在一本記錄冊上做了登記。他告訴我，學校裡會不定期設立「商店」，出售各種商品，我可以用這七先令六便士購買自己喜歡的物品。隨後，我們離開了校長那溫馨的會客室，進入一座冷清的建築，這裡是學生上課和住宿的地方。我被帶進一間教室，班導讓我坐在一張課桌旁，其他男孩都已離開，教室裡只剩下我和班導。他拿出一本封面綠褐相間的薄書，書中印有各種不同字型的字母。

「你以前從未接觸過拉丁文，對吧？」他問道。

「未曾學習過，先生。」

「這是拉丁文語法。」他翻開那本已經有些破舊的書，指著表格中的單字說，「你得自己學會這些，我半個小時後會回來檢查你的學習進度。」

在這個令人心煩意亂的夜晚，我孤身一人坐在書桌前，研究拉丁文的第一格變化，內心感到極度不適。

Mensa	一張桌子
Mensa	桌子
Mensam	一張桌子
Mensae	一張桌子的
Mensae	移向或為了一張桌子
Mensa	在桌子旁，或源自一張桌子

第一章　童年時光

　　這些究竟代表什麼？它的意圖何在？在我眼中這絕對是一堆無稽之談。然而，至少還有一件事我可以做：背誦。儘管內心抗拒，我還是開始記住這些老師要求我掌握的如同離合詩（acrostic poem）般的拉丁文法規。

　　教師如期歸來。

　　「你掌握了嗎？」他問道。

　　「我想我會說了，先生。」我回答道，隨即迅速地開始背誦剛才記住的內容。

　　他的神情顯示出對我回答的滿意，因此我鼓起勇氣提問：

　　「先生，這是什麼含義？」

　　「其意即如其所述。Mensa，意即一張桌子。Mensa 是一個主格名詞。拉丁文共有五個格，你目前學習的是主格的單數形式。」

　　「然而，」我再次提出了問題，「它究竟代表什麼呢？」

　　他解釋道：「Mensa 意指一張桌子。」

　　「那麼 mensa 為什麼也可以解釋成桌子呢？」我詢問道，「那桌子的含義又是什麼呢？」

　　「Mensa，桌子，乃呼格。」他答道。

　　「然而，為什麼偏偏是桌子？」我懷著濃厚的好奇心接著問。

　　「桌子——你用這個詞來命名一張桌子，喚起桌子的存在。」見我依然不解，他補充道，「當你對一張桌子說話時，就用這個詞。」

　　「然而，我從未與一張桌子交談過。」我驚訝又誠懇地說道。

　　「若你繼續如此無禮，你將面臨懲罰，而且我告訴你，那將是極為嚴厲的懲罰。」這是他最後的答覆。

　　這是我初次接觸古典語言，我也了解到，許多極其聰慧的人都從這種

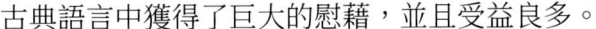

古典語言中獲得了巨大的慰藉，並且受益良多。

在聖詹姆斯學校內，班導對「體罰」的認識是有明確依據的。與模仿伊頓公學的教學方法一樣，使用樺樹枝條鞭打學生長期以來成為該校課程的一大特點，我們的校長經常用這種鞭打方式來管教那些由他看管的小男孩。然而，我堅信，在那個時代，沒有一個伊頓公學的男孩，當然也沒有一個哈羅公學的男孩，會經歷這種殘酷的鞭打。這種體罰的殘酷程度遠超過了內政部對少年管教所允許的任何懲罰。我在晚年接觸到的一些數據，為我提供了理解這位校長當時性格的線索。每月學校會有兩、三次將學生召集到圖書館，一個或多個犯錯的孩子會被兩個班長拉到隔壁房間，直到被打得鮮血淋漓才結束，其餘的學生則在圖書館內聽著隔壁房間傳來的尖叫聲，嚇得直發抖。學生經常被帶到學校附屬教堂接受高教會派（High Church）的教育。[012] 的布道，這種頻繁的宗教布道進一步鞏固了這種懲戒學生的教學方式。埃弗雷斯特太太強烈反對教宗，她表示，如果真相大白，教宗就是芬尼亞組織的幕後推手。埃弗雷斯特太太本身是低教會派（Low Church）[013]，她厭惡神職人員和宗教儀式，對教宗極其反感，這一切都影響了我，使我強烈反對教宗及其相關的宗教活動。因此，我沒有從當時的宗教教育中獲得任何精神安慰，反而體會到了世俗權力的最充分應用。

我對這所學校充滿了極度厭惡，待在那裡兩年多的時光對我而言是一段充滿焦慮的生活。我在學業上進步甚微，而在體育運動方面更是一無所成。我每天都在數著小時、數著日子，等待學期結束，才能擺脫這種令人痛苦的奴役生活。我盼望著回到家中，在我的兒童遊戲室裡擺弄我的玩具

---

[012]　高教會派（High Church）是英國聖公會的一個分支，堅持在教義、儀式和規範上大幅保留天主教的傳統，並主張維持教會的較高權威，故此得名。

[013]　低教會派（Low Church）：與高教會派相對立，反對過分重視教會的權威，認為神職人員與聖事禮儀並不那麼重要，反對繁瑣的禱文和儀式，強調基督徒應增強對現實世界的責任感。

第一章　童年時光

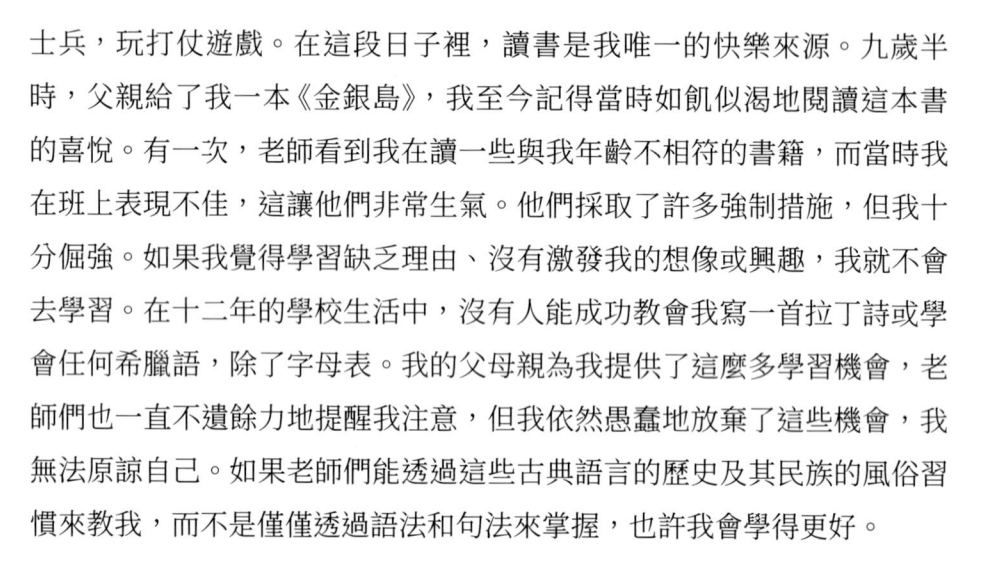

士兵，玩打仗遊戲。在這段日子裡，讀書是我唯一的快樂來源。九歲半時，父親給了我一本《金銀島》，我至今記得當時如飢似渴地閱讀這本書的喜悅。有一次，老師看到我在讀一些與我年齡不相符的書籍，而當時我在班上表現不佳，這讓他們非常生氣。他們採取了許多強制措施，但我十分倔強。如果我覺得學習缺乏理由、沒有激發我的想像或興趣，我就不會去學習。在十二年的學校生活中，沒有人能成功教會我寫一首拉丁詩或學會任何希臘語，除了字母表。我的父母親為我提供了這麼多學習機會，老師們也一直不遺餘力地提醒我注意，但我依然愚蠢地放棄了這些機會，我無法原諒自己。如果老師們能透過這些古典語言的歷史及其民族的風俗習慣來教我，而不是僅僅透過語法和句法來掌握，也許我會學得更好。

在聖詹姆斯學校求學期間，我的健康狀況不佳，後來因為罹患重病，父母將我接回家。我們的家庭醫生是知名的羅布森·魯斯，當時他正在布萊頓實習。他認為我的體質非常虛弱，需要他的精心照顧。於是在1883年，我轉學到了布萊頓一所由兩位女士創辦的學校。這所學校比我之前就讀的學校規模小一些，學費也較低廉，沒有那麼嚴格和奢華，但我在這裡找到了聖詹姆斯學校所缺乏的友善和同情。我在這裡度過了三年，儘管我差點因雙葉肺炎喪命，但這裡怡人的空氣和溫和的環境讓我逐漸康復。在這所學校，我得以學習我感興趣的科目：法語、歷史、詩歌，最重要的還有騎馬和游泳。這幾年的學習生活給我留下了美好的回憶，與我之前的校園生活形成了鮮明的對比。

受到埃弗雷斯特太太的影響，我對低教會派有一定的偏愛，但有一次我卻陷入了困境。我們經常去布萊頓的一座皇家教堂參加禮拜，學校的學生被安排坐在南北向的長凳上。當眾人背誦使徒信經時，必須面向東方。我確信埃弗雷斯特太太肯定會認為這是一種教宗制度的儀式，我感到有責任反對它。因此，我僵直地站著，依然直視前方。我意識到我已引起「轟

動」，並作好了殉難的準備。然而，回到學校後，校方對我的行為未作任何形式的評論，這讓我感到失望，並期待下一次機會來進一步證明我的宗教信仰。但後來一次去皇家教堂做禮拜時，我們被安排坐在朝東的長凳上，因此當我們背誦使徒信經時，大家根本不需要轉身。我很茫然，不知道該怎麼做。如果此時我從東面把臉轉過去，那就太過分了，事實上，我也覺得這樣做毫無道理，於是，我無可奈何地成了一個消極的循規蹈矩的人。

第一章　童年時光

第二章　哈羅公學的歲月

薩默維爾先生有自己獨特的教學方式，他將較長的句子拆分為不同成分，並用黑、紅、藍、綠等各色墨水標示這些成分，表示主語、謂語、賓語、關係從句、條件從句、連線從句和轉折從句等，每個成分都有各自的顏色和括號。這是一種訓練，我們幾乎每天都要進行。

我剛滿十二歲便要面對令人厭惡的考場，這些考試將決定我未來七年的學習軌跡，對我而言是一次重大的挑戰。考官們最看重的科目幾乎都是我最不感興趣的，我偏愛歷史、詩歌和寫作，但考官們卻青睞拉丁文和數學，他們的意願總是占上風。此外，他們對這兩門課程出的總是那些我無法作答的考題，他們應該考我所知的內容，但卻總是試圖考我所不知的。我希望展示我的知識，但他們卻總是試圖揭露我的無知。這種形式的考試只會導致一個結果：我的各科成績都不理想。

哈羅公學的入學考試對我而言尤為艱難，然而，該校校長韋爾登博士對我的拉丁文寫作表現顯得寬容。他具備卓越的洞察力，能夠評估我的綜合能力，這點令人欽佩。我無法回答拉丁文試卷上的每一個問題：我在試卷頂端寫上自己的名字，接著標上問題編號「1」，經過長時間的思索，我只在旁邊加了一個括號，變成「(1)」，但隨後便想不出任何相關或正確的答案了。無意間，試卷上還沾上了一滴墨水和幾處汙漬。我盯著這張令人沮喪的試卷足足兩個小時，之後，仁慈的助理教師把我的空白試卷與其他人的試卷一同收上來，送到校長的桌上。韋爾登博士看到我這微不足道的成績後，依然認為我具備進入哈羅公學的條件，這多虧了他能透過表面

第二章　哈羅公學的歲月

現象看到本質，不僅依靠卷面成績來評判學生的優劣。因此，我一直深深尊敬他。

　　依據他的決定，我被分配到四年級的第三班，這是該校最低年級中最差的一班。新生的姓名按字母順序列在學校的學生名冊上，而我的名字是史賓塞・邱吉爾。[014] 由於我的名字以「S」開頭，因此在字母排序上不具任何優勢。實際上，全校僅有兩位男生的名字位於我之後。遺憾的是，這兩名男生因病或其他原因很快便離校了。

　　哈羅公學的點名方式與伊頓公學截然不同。在伊頓，學生們聚整合一團，聽到名字便舉帽示意；而在哈羅，學生們則在操場上依次排隊，點到名的學生逐一經過老師面前。令我不滿的是，我所站的位置顯得有些卑微。那是 1887 年，我的父親倫道夫・邱吉爾勳爵剛辭去下議院領袖和財政大臣的職位，但他仍活躍於政界頂端。因此，許多訪客會在校門口等候，只為看我經過。我時常聽到他們無禮的評論：「為什麼他會是所有人中的最後一名呢？」

　　這種默默無聞的謙遜狀態持續了將近一年。然而，隨著在低年級的時間逐漸增加，我發現與那些聰明的男孩相比，我反而從中受益匪淺。他們忙於學習拉丁文和希臘語等高深課程，而我則專注於英語學習。因為我們這個班的學生被視為學習能力較差，只能學習英語。薩默維爾先生是一位和藹可親的教師，我從他的教學中獲得了豐富的知識。他被學校指派來教授我們這些所謂的「最笨」的學生，特別是英語寫作。他的教學方法獨樹一幟，與其他教師截然不同。我們不僅深入學習英語語法，還經常練習。薩默維爾先生有一套獨特的教學技巧，他會將一個較長的句子拆分成不同的部分，並用黑、紅、藍、綠等不同顏色的墨水標記出主語、謂語、賓語、關係從句、條件從句和轉折從句等，每個部分都有其專屬的顏色和括

---

[014]　邱吉爾的全名是溫斯頓・雷歐納德・史賓塞・邱吉爾（Winston Leonard Spencer Churchill）。

號。這種訓練幾乎每日進行。由於我在四（3）班上了三次課，這些基本結構我學了三遍，徹底掌握，深深印在腦海中，這是一件了不起的成就。後來，當那些曾因優美的拉丁文詩句和簡練的希臘語警句而獲得獎勵和榮譽的校友，為了生計或尋找出路而不得不重新學習普通英語時，我並不覺得自己處於劣勢。自然地，我現在更傾向於讓男孩子學習英語。我會讓所有學生學習英語，然後讓最聰明的孩子學習拉丁文，作為一種榮譽；學習希臘語，作為一種獎勵。但如果他們沒有掌握英語，我會嚴厲懲罰他們。

　　我進入哈羅公學是在一個夏季學期。這所學校擁有我見過的最大的游泳池，與其說它是游泳池，不如說它更像河灣，上面還架有兩座橋。我們常常在那裡游泳、休息，每次幾個小時，游泳的間隙就坐在池邊被晒得發燙的瀝青地上，邊晒太陽邊吃著大堆的點心。當然，我們常會鬧著玩，悄悄溜到光著身子的朋友甚至是仇敵的後面，猛地把他推下池裡。我經常與和我一樣大或者比我小一點的男孩開這種玩笑。有一天，那時我進哈羅公學才一個多月，我看到一個男孩披著浴巾站在游泳池邊上發呆，他看起來不會比我大，所以我想他應該是一個可以被捉弄的對象，我悄悄走到他的身後，一下將他推進游泳池裡，出於人道我抓住了他的浴巾，免得它被弄溼。讓我吃驚的是，水池中露出一張暴怒的臉，他迅速游到岸邊。顯然，他力氣很大。我趕快逃走，但那只是徒勞，我的追趕者像風一樣很快追上了我，緊緊抓住我，把我推到游泳池水最深的地方。我很快從游泳池的另一邊爬了上來，發現自己正被一群激動的小男孩圍住。「你會遭報應的，」他們說，「你知道你都做了什麼？他是艾默里，是六年級的學生，是他們宿舍的頭頭，得過體操冠軍，還是足球校隊的隊員。」他們不斷講述著他眾多的榮譽頭銜，並且放大可能會落到我頭上的可怕報復。我嚇得渾身抽搐，不僅僅是因為害怕，還因為自己犯了褻瀆罪。他披著浴巾，個子又這麼矮，我怎麼能看得出他那麼厲害呢？我決定立刻道歉，戰戰兢兢地走

近這位厲害人物，說：「我很抱歉，我弄錯了，還以為你是四年級的學生呢，你那麼矮。」他似乎一點也不為所動，等我回過神來，我又補充道，「我的父親是一個偉大的人，也很矮。」聽了我這番話，他笑了起來，說了我幾句「臉皮厚」之類的話，並告誡我「以後最好注意點」，事情就算是了結了。後來，我有幸多次見到他，那時三歲的年齡差距已不再像在學校時那樣重要。之後，我們在內閣共事多年。

令人驚訝的是，我雖然始終待在最低年級，卻能在全校比賽中當著校長的面一字不差地背誦一千二百行麥考利[015]的《古羅馬謠曲集》而獲獎。我也順利通過了軍校初試，儘管成績幾乎墊底。在這次考試中，我似乎發揮了異常水準，許多成績遠勝於我的同學。然而，我的運氣確實不錯。考試中必有一道題是要求憑記憶畫出某國地圖。考前一晚，我在準備時，把地圖集裡所有地圖的名字放進一頂帽子，抽中紐西蘭。憑藉不錯的記憶力，我記住了紐西蘭的版圖布局。結果，次日考卷上的第一題正是「畫一張紐西蘭地圖」。[016] 這便稱為「En plein[017]」，而我下注的回報應該是三十五倍。當然，我的考試成績非常優異。

我現在從事軍事生涯，而這個任職前的培訓則要歸功於我收集的那些玩具士兵。我一共收集了將近一千五百個玩具士兵，它們都是同樣大小，都是英國士兵，被我組成一個帶有騎兵旅的陸軍師。我的弟弟傑克指揮敵方的軍隊。我們制定了一個限制軍備的協議：他只能動用有顏色的軍隊，而且不能擁有大砲，這一點很重要！而我能動用十八門野戰炮，並擁有幾座堡壘。除了缺少運輸設備，其他的後勤服務一應俱全。不過，運輸常常是每個軍隊都缺乏的。我父親的老朋友亨利·沃爾夫爵士，很欣賞我的軍

---

[015]　麥考利：英國的政治人物、歷史學者，輝格黨成員，曾擔任英國陸軍大臣等職務，著作包括《英國史》和《古羅馬謠曲集》。

[016]　蒙地卡羅，位於摩納哥的一座城市，是舉世聞名的賭博勝地。

[017]　En plein 是法語，意指將賭注放在單個號碼上。

事佇列，他注意到了這中間缺少的東西，就給我提供了一筆資金，使這個問題在一定程度上得到了解決。

某日，父親前來檢閱我的軍隊，所有部隊都被我整齊排列成進攻隊形。他花了二十分鐘研究這一場面，目光如炬，笑容迷人，令人印象深刻。最後他問我是否希望加入軍隊，我當時認為，能夠指揮軍隊作戰無疑是一件光彩之事，於是我立刻回答：「想。」他當即相信了我的話。多年來，我一直以為父親是憑藉他的親身經歷和敏銳洞察力發現了我的軍事才能，但後來我才知道，他只是認為我不夠聰明，不適合當律師。不管怎樣，我的玩具士兵改變了我人生的方向。從那以後，我所受的教育就是為了能進入桑赫斯特[018]，繼續深入掌握軍事領域的各種技能，其餘皆依靠自學。

＊　＊　＊

我在哈羅公學學習了約四年半，其中三年是在軍事班度過的。由於我通過了軍事學校的初考，因此被錄取進這個班。這個班由學校的中高年級男生組成，年齡各異，他們都在為報考桑赫斯特陸軍軍官學校或伍爾維奇學校做準備。[019]準備工作開始。我們不必依循學校的規則逐年更新，儘管我身邊幾乎全是五年級的學生，但我仍未更新，在學校的點名冊上依然位居末尾。由於我從未正式離開過低年級，所以也從未有低年級學生可供我使喚。隨著時間的流逝，我成了所謂的「三年老生」，不再被隨意呼來喝去。因為我比身邊同級的其他男生年長，所以被任命為供高年級學生使喚的低年級男生的領頭人。這是我人生中的第一個職務，職責光榮，具體工作包括管理所有供使喚的低年級學生的名冊，安排他們的職責和值日日期，並抄送給各班班長、足球及板球冠軍，以及其他菁英分子的宿舍。我擔任這個職務一年多，整體而言我是聽天由命的。

---

[018]　桑赫斯特位於英格蘭南部，是英國皇家陸軍軍官學校的所在地。
[019]　伍爾維奇學校是桑赫斯特皇家軍事學院的前身。

第二章　哈羅公學的歲月

　　在這段時間裡，我發現了一種學習拉丁文翻譯的極佳方法。由於我不太擅長使用詞典，查詢起來總是顯得緩慢，就像查詢電話號碼一樣，找到開頭字母並不難，但之後就不得不來回翻閱，上下檢視，經常發現離目標單字相差三、四頁。因此，我覺得查詞典很費力，而對其他男孩來說似乎輕而易舉。然而，現在我和一個六年級的男生結成了聯盟，他非常聰明，讀拉丁文就像讀英語一樣輕鬆，凱薩、奧維德、維吉爾、賀拉斯，甚至馬夏爾的警句，對他來說都毫不費力。我的每日拉丁文作業是翻譯十至十五行警句，這通常要花費我一至一個半小時，且經常還會出錯；但我的朋友能在五分鐘內逐字逐句地為我解釋，看過他的解釋後，我就能牢牢記住。這位六年級的朋友必須為校長寫英語作文，這對他來說也十分困擾，就像我害怕拉丁文警句翻譯一樣。我們達成協議，他幫我講解拉丁文翻譯，我則幫他寫英語作文。這樣的安排運作良好，那位拉丁文老師似乎對我的作業相當滿意，這樣每天早晨我就有了更多可自由支配的時間；但我每週要為這位六年級的朋友寫一篇英語作文。我常在房間裡走來走去，一邊口述作文一邊讓他聽寫──就像我現在這樣。[020] 他端坐在角落，逐字逐句地記錄我的話語。幾個月過去了，雖然沒有發生任何問題，但我們曾經險些被發現。有一篇英語作文被認為寫得極其出色，並「推薦」給了校長。校長召見了我的朋友，稱讚他的作文，隨後自然地與他討論起這個話題。「我對你的見解非常感興趣，我認為你可以更深入地探討。請告訴我你的真實想法。」韋爾登博士說了一會兒，我的朋友默不作聲，臉上寫滿了驚恐。然而，校長不想讓一次表揚變成指責，最後還是讓他離開，並說：「看來你的書面表達能力優於口頭表達能力。」他回來時，彷彿剛從鬼門關走了一遭。從那以後，我在為他寫作文時變得格外謹慎，只依照常規進行寫作。

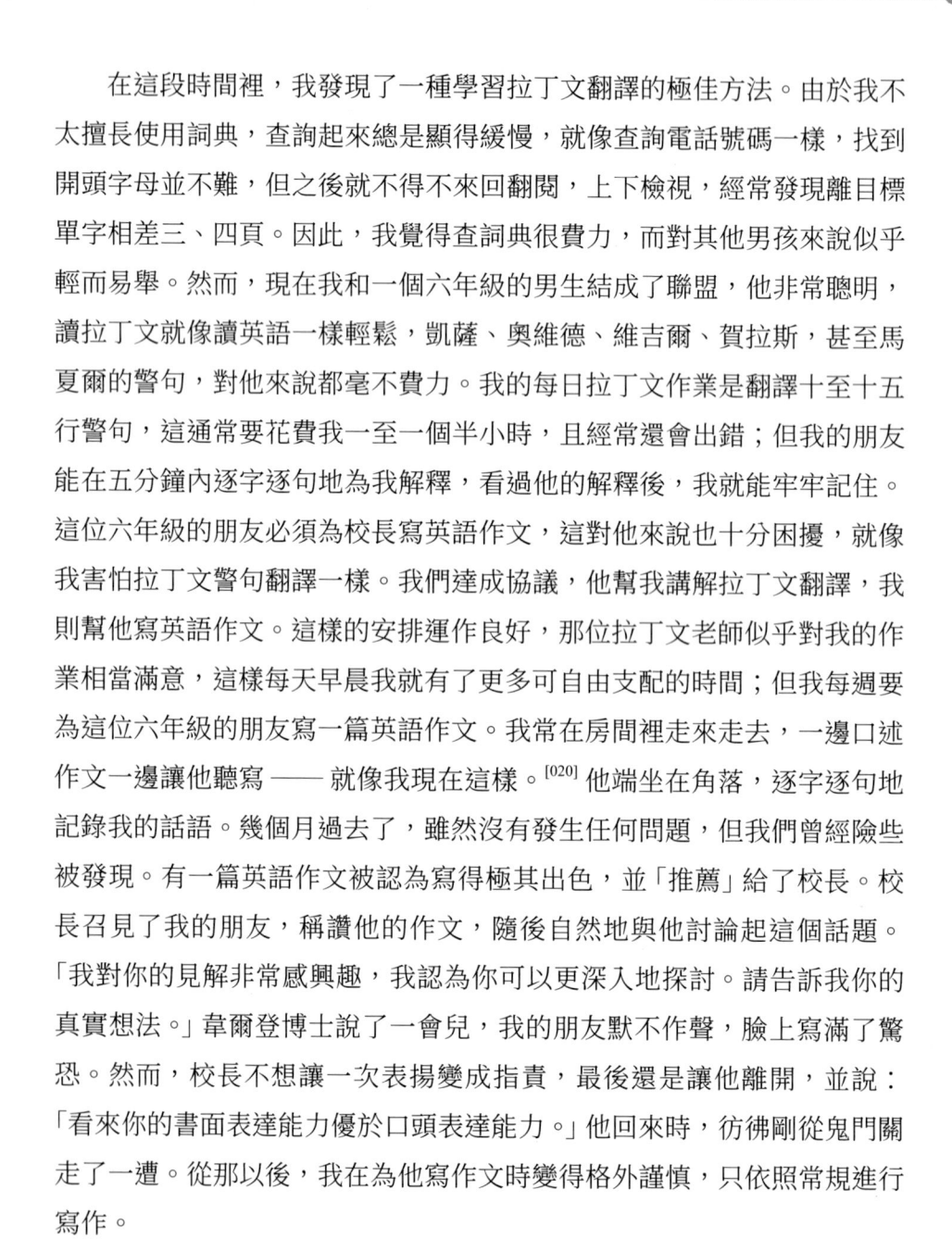

[020]　邱吉爾在撰寫這本書時，是以口述的方式讓祕書將其記錄下來的。

韋爾登博士十分關懷我，深知我在古典語言方面的基礎較為薄弱，因此決定親自指導我。儘管他的日常工作繁忙異常，他仍然每週三次在晚禱告前抽出一刻鐘時間為我進行單獨輔導。這對於校長而言是一種屈尊，因為校長通常只會輔導班長和學校裡的傑出學生。對此，我感到自豪，但也不願意承受這種壓力。學過拉丁文的讀者都明白，在入門階段便會接觸到獨立奪格及其不常見的替代形式，如「Quum 的虛擬式過去完成時」，我通常更偏好使用「Quum」。這樣書寫確實有些冗長，缺乏拉丁文的簡潔與精練，但這樣可以避免許多常見的錯誤。我經常無法確定獨立奪格的詞尾應該是「e」、「i」、「o」、「is」還是「ibus」，而這些詞尾的正確使用至關重要。如果韋爾登博士發現有人用錯了一個字母，臉上就會顯露出痛苦的神情。記得後來當我在內閣討論會上引用我僅會的幾句拉丁文時，阿斯奎斯[021]先生的臉上經常浮現相同的神情，彷彿我的拉丁文不僅讓人煩悶，還帶來一種刺痛心扉的劇痛。然而，首相們的權力從未如校長們手中的那般巨大。此外，晚上與韋爾登博士共處的那短短一刻鐘，極大地增加了我生活中的焦慮。最終，在他耐心地輔導了我將近一個學期後，他終於停止了那出於善意但徒勞無功的努力，而我則感到前所未有的輕鬆。

　　在此，我想分享我對拉丁文的一些見解，這些見解或許也適用於希臘語。英語作為一種邏輯性強的語言，可以用一些簡短的單字與其他重要詞彙連線。然而，古羅馬人嚴肅且刻板，認為這種方法既無用又不合適，無法令他們滿意。他們堅持，每個詞都必須根據不同的條件，按照某種繁瑣的規則與相鄰的詞發生相應變化。毫無疑問，這種方法無論在視覺上還是聽覺上都比英語更具吸引力。因此，拉丁文的句子組合起來就像一臺擦得閃亮的機器，每個短語都蘊含豐富的意義。即使從小學習拉丁文，也會覺得這種造句方式相當費力。然而，這無疑讓羅馬人和希臘人以巧妙且輕鬆

---

[021] 阿斯奎斯：英國自由黨的領袖及首相。

第二章　哈羅公學的歲月

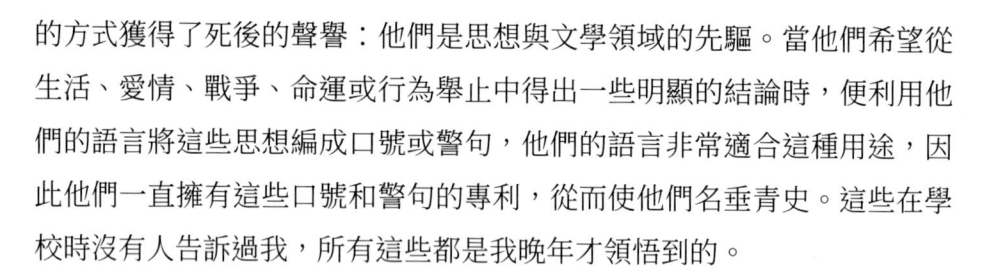

的方式獲得了死後的聲譽：他們是思想與文學領域的先驅。當他們希望從生活、愛情、戰爭、命運或行為舉止中得出一些明顯的結論時，便利用他們的語言將這些思想編成口號或警句，他們的語言非常適合這種用途，因此他們一直擁有這些口號和警句的專利，從而使他們名垂青史。這些在學校時沒有人告訴過我，所有這些都是我晚年才領悟到的。

當我還是學生的時候，我便開始懷疑將古典語言作為我們教育的核心是否合理。他們告訴我，格萊斯頓先生如何閱讀《荷馬史詩》來消遣自娛，我覺得這適合他；他們還說，這也會給我未來的生活帶來極大的樂趣。當他們看到我表示懷疑時，又補充說，古典語言對英語的書面表達和口語的提高都有幫助；並指出英語中許多現代詞彙都源自拉丁文或希臘語，如果我們了解這些詞彙的確切來源，就能更好地使用這些詞彙。當時我樂意接受這種實用價值，但現在我完全不相信這種說法。外國人和蘇格蘭人如今串通一氣編造出的拉丁文發音，讀起來和英語相去甚遠。他們告訴我，把「audience」讀成「owdience」，把「civil」讀成「keyweel」。他們把我喜愛的一些最有用和印象最深刻的格言扭曲得滑稽至極，我覺得，散布這些錯誤發音的人應該受到懲罰。

當我們閱讀關於印度的後續章節時，我們將會見到更多炫耀學識的範例。當我還是孩子的時候，大家都會說「Punjaub」、「Pun? dit」、「Umbala」，也都是這樣拼寫。然而，後來某位博學之士指出：「不對，你必須正確拼寫。」因此，如今的英國人將這些詞語發音為「Panjab」、「Pandit」或「Ambala」、「Amritsar」等等。當印度人聽到這些怪異的發音時，他們都瞠目結舌，這就是印度人對這種博學的唯一反應。我對於拼寫這類事情非常認真，至於《聖經》的修訂版、《祈禱書》中禱告詞的改變，尤其是《婚禮服務》中祈禱詞的變化，這些都讓人感到極為惋惜。

第三章　考試

　　蝴蝶確實存在，牠發出閃耀的光芒，翅膀不停搧動，有時飛向陽光，有時隱沒在樹林的陰影中。無論你信奉自由意志還是命運論，一切取決於你觀察其翅膀的角度，事實上牠的翅膀至少同時有兩種顏色。

　　我經歷了三次考試才成功進入桑赫斯特陸軍軍官學校。考試涵蓋五個科目，其中數學、拉丁文和英語是必考科目，此外我選修了法語和化學。在我手中，英語和化學是僅有的兩張王牌，而要獲得成功至少需要三張王牌，因此我必須尋找另一張有價值的牌。由於對拉丁文的偏見根深蒂固，我始終無法掌握它，即使滿分是 2000 分，我也許只能得到 400 分！法語雖然有趣，但相對複雜，在英國學習法語頗具挑戰，因此只剩下數學可供選擇。第一次考試結束後，我如同勘察戰場般仔細分析了考試狀況。顯然，若無其他援軍加入，這場戰爭無法獲勝。數學成為唯一可用的資源，我不得不依賴數學，並努力培養對它的興趣。在我的人生中，我常常需要在短時間內克服自己討厭的科目，但我認為，如果我能在六個月內學會數學，那無論是精神上還是技術上，都是我的勝利。第一次考試中，數學滿分是 2500 分，我僅得了 500 分；第二次考試中，我的數學成績接近 2000 分。這個成績不僅歸功於我「背水一戰」的決心，更要感謝哈羅公學受人尊敬的老師 C. H. P. 梅奧先生，他讓我對數學產生了興趣。他告訴我，數學並非一堆無法理解的符號，那些看似荒謬的符號背後有其自身的含義和規律，他還讓我相信我也能找到其中的規律。

　　當然，我所提及的數學知識，僅僅是考試委員會的考官們要求我們掌

第三章　考試

握以通過初級考試的基本內容。我認為，與那些數學天才相比，例如「高級瓦格勒」[022]相比之下，我所專研的數學猶如在鴨池中游泳，而他們則是在大西洋中遨遊。儘管我全身心投入學習，仍很快感到難以應付。回顧那段憂心忡忡的幾個月，其突出特徵依然在我記憶深處浮現。當然，我學到的不僅僅是普通分數和十進位制，我們還進入了「愛麗絲夢遊仙境」的世界，在這個世界的入口處，有一個「一元二次方程式」在那裡守候。這個「一元二次方程式」面帶痛苦地指引我們通向「指數理論」，而「指數理論」又把我這個入侵者帶到了更嚴苛的「二項式定理」前。再往裡走，有一個燃著陰沉含硫火焰的暗室，據說裡面住著被稱作「微積分」的惡龍，不過這個怪物已超出這次艱難朝聖旅程的考試委員會考官們的要求範圍。因此，我們轉向另一條路，沒有去攀登數學王國的高峰，而是進入了一個奇特的走廊，裡面充滿了被稱作正弦、餘弦和正切的謎題和離合詩。顯然，這些概念非常重要，尤其是在它們與其他事物甚至自身相乘時！它們還有一個優點：許多演算過程可以背下來。在我第三次也是最後一次考試中，有一道關於餘弦和正切的平方根的題目，這道題目決定了我以後的生活。這是一道很難的題目，但幸運的是，我在考試前幾天見過它的醜惡面貌，考試時一眼就認了出來。

　　自那之後，我再也未曾見過這些事物。隨著我第三次考試的成功，數學彷彿是發高燒時模糊不清的夢境，逐漸從我的生活中消失。我深知，數學在工程學、天文學等領域中極其重要。建造橋梁和開鑿運河時，必須理解所有的壓力和潛能，此時數學顯得尤為關鍵；而在天文學中，數學的作用更是不言而喻：計算星星的數量、宇宙的數量、它們之間的距離，預測日食和月食，甚至預測彗星的出現，這都依賴於數學。令人欣慰的是，這個世界上有不少人天生具備數學天賦，並對此充滿熱情。他們如同偉大

---

[022]　數學領域的首位被譽為「高級瓦格勒」。

的棋手,能在被矇住眼睛的情況下同時下十六盤棋,儘管有些棋手因癲癇而早逝,那是他們的命運。我希望數學家們能得到應有的回報。我保證永遠不會去搶他們的飯碗。

數學曾經給我這種感覺——我彷彿目睹了數學的全貌,無窮無盡的數學現象在我眼前一覽無遺。我看見一個數值從正到負在無限中變化,宛如金星的軌跡,或市長就職典禮上游行的彩車。我清楚地理解這種變化的發生過程,也明白為何這種變化無可避免。我還能看出一個步驟如何牽涉到其他所有步驟,這如同政治一般,但當時我剛吃完晚餐,便未深究。

最現實的一點是,假如這位年長且精神疲憊的主考官沒有提問這個特定問題——這恰好是我一週前剛複習過的,關於餘弦和正切的平方根甚至立方根的問題——那麼這本書後面的幾章就完全不必寫了。或許我會去教會,在那裡勇敢地宣講那些不符合時代潮流的傳統教義;或許我會前往倫敦,並且有可能在那裡大賺特賺;也有可能我會前往殖民地,希望能取悅當地人,至少讓他們感到滿意,如此一來,我就能像林塞·戈登[023]或塞西爾·羅茲[024]同樣的光景;或許我也會被律師這行業所吸引,那些如今自鳴得意、懷有罪惡祕密的人也許因我的辯護而被處以絞刑。總之,我的人生將完全不同,甚至還可能改變許多其他人的生活,林林總總。

談及此處,我們似乎應該重新回到數學的話題。自1894年之後,我便再未涉足數學領域。對我而言,當年那位主考官所出的題目徹底改變了我的人生軌跡。後來,我親自接見過考試委員會的考官們,甚至還任命過他們的主任。我對他們懷有深深的敬意,我們彼此都非常尊重。但誰也料不到,尤其是他們自己,更無法預見他們在歷史變遷中會扮演如此關鍵的

---

[023]　林塞·戈登:澳洲早期詩人,其父為退役的英國殖民軍官。
[024]　塞西爾·羅茲:英國政治人物兼企業家,羅德西亞的殖民者,羅德西亞(即現今的辛巴威)得名於他。羅茲憑藉對南部非洲自然資源的剝削累積了大量財富。

第三章　考試

角色。因此，我認為，自由意志和宿命其實並無二致，請讀者也留意這一點。

　　我對蝴蝶一直懷有濃厚的興趣。在烏干達，我曾見過一種絢麗多彩的蝴蝶，其翅膀的顏色會隨著觀察角度的變化而轉變，從深沉的黃褐色到耀眼的藍色皆有可能。在巴西，這種蝴蝶廣為人知，體型更大，色彩更加鮮豔，對比也更為強烈。你難以想像這種顏色對比竟能如此鮮明，但事實上，它們屬於同一隻蝴蝶。這些蝴蝶真實存在，閃閃發光，翅膀振動，有時朝向陽光飛翔，有時隱於樹林的陰影中。無論你相信自由意志還是宿命論，事實取決於你如何觀察其翅膀的角度，因為其翅膀至少同時呈現兩種顏色。我不能放棄數學而陷入形而上學的迷霧，讓我們回到故事本身。

　　在我第二次未能通過桑赫斯特陸軍軍官學校的考試後，我便離開了哈羅公學。我的父母將我送到一所培訓機構，由詹姆斯上尉和幾位非常有能力的合夥人共同創辦，位於克倫威爾路上。據他們所言，除非是天生愚鈍，否則任何人都能通過軍校考試。這個培訓學校以科學方式研究了考試委員會的考官們，幾乎能預測出這些考官在特定科目上會出什麼樣的題目；他們精通猜題，並能提供這些題目的答案。他們就像用槍掃射一群鷓鴣，命中率極高。詹姆斯上尉 —— 如果他自己知道的話 —— 他真的是世界大戰[025]中炮擊技術的先驅，他明瞭敵軍的主要集結地，並從精心選定的位置開火，每小時在每畝地上發射一定數量的子彈，即可命中敵人，無需直視目標。他只需訓練他的槍手射擊。因此，二十多年來，他的培訓學校在所有補習學校中享有最高的聲譽，他猶如蒙地卡羅的賭神。他與他人的最大區別在於：大多數情況下他都能取得勝利，甚至能從容應對最棘手的問題，雖然沒有絕對的保證，但成功的機會相當大。

---

[025]　由於本書成書時尚未爆發第二次世界大戰，因此當時尚無「一戰」之名，故指第一次世界大戰。

然而，當我正打算體驗這種廣受推崇且緊張的填鴨式補習益處時，我卻遇到了一次重大意外。

　　我的姑媽溫伯恩夫人將她位於伯恩茅斯的舒適莊園借給我們過冬。這片莊園擁有四、五十英畝的松樹林，沿著山坡連綿不斷，最終延伸至英吉利海峽海灘邊的懸崖。雖然這片松林不大，但卻顯得荒涼，中間有一道深深的裂縫，被稱為「峽谷」，上面架著一座已有近五十年歷史的簡易木橋。當時我十八歲，正值假期。我的弟弟十二歲，堂弟十四歲，我們一起玩耍。他們追逐我，經過二十分鐘的追趕，我已筋疲力盡，決定穿過這座橋。然而，當我跑到橋中間時，驚恐地發現追逐我的人已經兵分兩路，分別站在橋的兩端，我似乎注定要被抓住。就在此時，我靈機一動，想到了一個妙計。橋下的峽谷裡長滿了年幼的冷杉樹，細長的樹梢伸過了橋面。我問自己：「是否能跳到其中一棵冷杉樹上，順著樹幹，壓斷一層層樹枝，一直滑到地面？」我邊估算邊翻過橋的欄杆。我的兩個弟弟驚訝地站在橋的兩端。是跳，還是不跳？這是一個問題！剎那間，我決定跳下去，甩開雙臂擁抱冷杉樹的樹梢。這個想法雖然看似合理，但實際上是錯誤的。三天後，我才恢復意識，三個多月後，我才能從床上爬起來。從我跳下來的地方到堅硬的地面足有二十九英呎（約九公尺），毫無疑問，是樹枝救了我。我的母親聽到兩個小孩大喊「他從橋上跳下去了，我們叫他也不理」，便急忙趕來救助，還不合時宜地給我灌了幾口白蘭地。我父母對待嚴重事故或疾病的原則是，必須給予最好的治療，無論花費多少錢。很多知名的醫學專家站在我的床前為我診治。後來，當我恢復意識後，聽說醫療費數額巨大。我感到十分震驚，但也受寵若驚。我摔傷時，父親正在都柏林的菲茨吉本勳爵家過聖誕節，聽到消息後立刻乘特快列車趕回來，並帶來了倫敦最好的外科醫生。除了普通的骨折外，我的一個腎臟破裂了。由於這位外科醫生的精湛醫術和我強烈的求生欲，讀者今天才能讀到這本

第三章　考試

書。此後整整一年，我都行動不便。當年卡爾頓俱樂部的人還開玩笑說：「我聽說倫道夫的兒子出了嚴重的事故。」、「是嗎？是在玩『追隨我的領袖』的遊戲嗎？」——「不過，倫道夫是不可能為此感到難過的！」

* * *

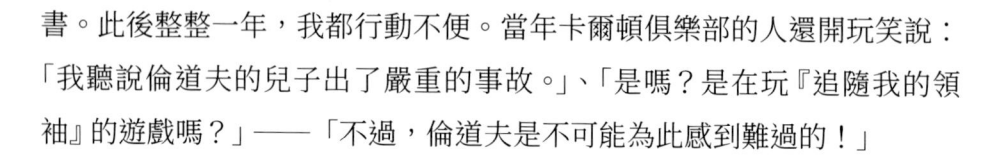

在 1892 年的夏季選舉中，保守黨的聯合政府以四十個議席的差距落敗，格萊斯頓先生在愛爾蘭民族主義者的支持下登上了權力的舞臺。新議會在政府改選後，按照慣例，欣然休會六個月。因此，1893 年的議會會議及對愛爾蘭地方自治問題的重新討論也不得不在焦急中等待。我們全家對上一屆政府的失敗並不感到非常失望，因為我的父親曾經說過：「這個政府和政黨對我進行了五年的抵制和誹謗。」事實上，我們家族有許多有影響力的分支，我們整個大家族和我父親的所有朋友都對充滿希望的新局面抱有期待。有人認為，一旦我的父親處於反對黨的位置上，他可以迅速在議會和黨派內恢復優勢，這個黨在六年前因我父親的辭職而遭受打擊。

事實上，沒有人比我更渴望父親能在政界東山再起。儘管過去我很少聽到政治話題，尤其是與祖母和姑姑們在一起時更是如此。然而，作為父親屋簷下成長的孩子，我無法忽視他在政治上的挫折。父親在陌生人、小孩和僕人面前從不提及此事，以維護他的尊嚴。我記得他曾有一次在我面前抱怨過自己的命運，但僅此一次，而且一帶而過。那是 1892 年的秋天，我們還住在紐馬基特。當時我在他窗外用雙筒獵槍射擊草地上的兔子，槍聲驚擾了他，他很生氣並責罵了我。當他得知我很傷心後，便找機會安慰我，親切地與我談了很久。在我的一生中，父親與我長時間親密交談僅有三、四次，每次都讓我無比自豪。他向我解釋，老年人有時對年輕人考慮不周，是因為他們正專注於自己的事情，一時生氣，說話會粗暴一些。他表示很高興我喜歡射擊，已安排 9 月 1 日讓我在自家領地打山鶉。

然後，他以絕佳的態度繼續與我談論我的學校、參軍及未來生活。我聽得入迷，父親一向矜持，今天卻如此親密地與我聊天，聊我的事情。我對他如此關心我的事感到驚訝，最後他說：「記住，事情在我身上並不總是一帆風順的，我的行為被人誤解，我說的話被人歪曲……因此，請多體諒我！」

自然，我站在父親這一邊，而埃弗雷斯特太太也以她溫柔的方式支持著他。如今，她成為了我祖母家的管家，為了節省開支，我們全家搬到了倫敦格羅夫納廣場 50 號的祖母家。埃弗雷斯特太太在我們家忠誠地服務了二十年，退休時領到一筆退休金，她將這些積蓄託付給我父親保管。為了安全且有效地投資這筆積蓄，我父親駕駛著自家的兩輪馬車前往倫敦，與羅斯柴爾德見面。[026] 勳爵和我一同享用了午餐。我十分明瞭，父親致力於重振托利黨。[027] 當民主奮力前行時，保守黨內的「老人幫」才能長期掌握政權。而當我的父親首次失勢時，這些老傢伙毫無寬容或感恩之意。我們自然都希望父親能重掌大權。兒時，我們見過路人脫帽向父親致敬，工人們見到他的大鬍子便露出笑容。多年來，我讀遍他說的每句話和報紙上對他的每一篇報導。儘管他僅為下院議員，且極為孤立，但他在街市上的每一句話都會被報紙逐字刊載，並被眾人仔細審視和反覆推敲。如今，他的機會似乎再次來臨。

我隨家人一起來到倫敦，雖然躺在病床上，但我仍然密切關注著 1893 年的政治事態。在這方面，我有一個優勢，因為我的母親會將她所聽到的消息全部告訴我。愛德華・馬奇班克斯先生，也就是後來的特威德茅斯勳爵，是格萊斯頓先生的首席祕書，他與我父親的妹妹范妮結了婚，因此我們以一種超然的態度分享自由黨結束長期下野後重新執政的喜悅之情，我

---

[026] 羅斯柴爾德：羅斯柴爾德集團乃歐洲歷史悠久的家族銀行之一。
[027] 英國保守黨的前身為 1679 年成立的托利黨，1833 年改稱保守黨。儘管如此，對手政黨仍習慣稱其為托利黨。

第三章　考試

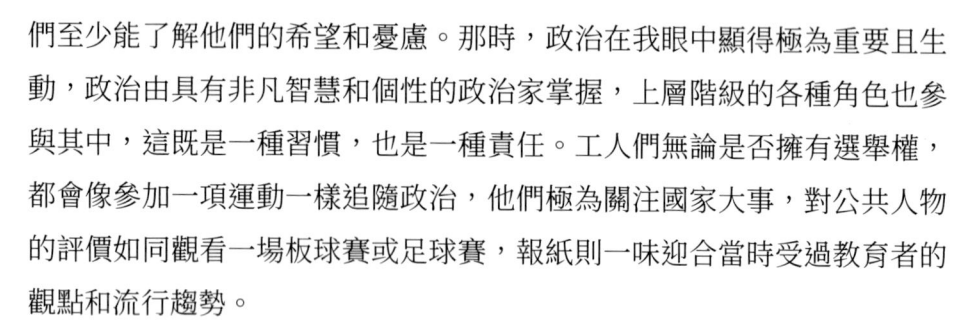

　　們至少能了解他們的希望和憂慮。那時，政治在我眼中顯得極為重要且生動，政治由具有非凡智慧和個性的政治家掌握，上層階級的各種角色也參與其中，這既是一種習慣，也是一種責任。工人們無論是否擁有選舉權，都會像參加一項運動一樣追隨政治，他們極為關注國家大事，對公共人物的評價如同觀看一場板球賽或足球賽，報紙則一味迎合當時受過教育者的觀點和流行趨勢。

　　由於傷病，我有充裕的時間關注政治。我一直密切關注著格萊斯頓先生的最後一次議會之爭，事實上，在我心中，這場議會之戰遠比我 8 月即將參加的最後一次考試重要得多。隨著時間的推移，我感覺父親的演講不如從前那般出色，儘管這些演講仍有成功之處，但從整體上看，他似乎很難維持自己的成功。我當然希望自己能快點長大，好幫助他一臂之力，我知道他會因此暗自高興並感到欣慰。我想到了為其父親助戰的奧斯丁・張伯倫，還有幫助老格萊斯頓砍倒橡樹並整天跟著他的赫伯特・格萊斯頓，我夢想有一天托利黨的民主既能把「老人幫」趕走，又能打敗激進派。

　　在這一年中，我在父親家中遇到了許多議會衝突雙方的重要人物，經常與他們共進晚餐。在餐桌上，父親的同事和對手們友善地討論當時的熱門話題。就是在那時，我首次見到了巴爾弗先生、張伯倫先生、愛德華・卡森先生，還有羅斯伯里勳爵、阿斯奎斯先生、約翰・莫利先生，以及其他一些有吸引力的內閣人物。這些人所處的世界看起來非常偉大，由最高法則統治著，公共事務中的每一件小事都顯得重要。儘管這個世界如同一個殘酷的決鬥場，但對立雙方仍然保持禮貌和尊重。當然，只有當父親邀請他的親密朋友或政界要人來家中做客時，我才能見到這樣的社交場面。我聽別人不帶偏見地說過，我的父親脾氣非常暴躁，經常會口出惡言，甚至還會說出最野蠻的話。毫無疑問，那些不了解他的人總是會刻意地提防他。

康復後，我便開始前往下議院聆聽辯論。當格萊斯頓先生第二次宣讀《自治法案》接近尾聲時，我甚至設法擠進了名人旁聽席。我至今仍記得當時的情景和一些細節，格萊斯頓看起來就像一隻威嚴的白鷹。他在臺上莊重且滔滔不絕地演講，手勢激動；臺下聽眾中有人喝采，也有人伺機嘲諷。當他談到自由黨每次都能成功實現其支持的政策時，正得意之際，他口誤道：「從未有任何一件事能像《自治法案》一樣，使自由黨受到如此巨大的打擊。」托利黨人頓時歡呼雀躍，但格萊斯頓先生揮動右手，張開五指，制止騷動，重新開始說道：「但我們又爬起來了⋯⋯」

　　我也親眼目睹了他在奧斯丁・張伯倫首次演說後對張伯倫先生的讚美之詞。他說：「我無意對這次演講作過多讚揚，只想用最簡潔的語言表達我的感受：這是一場讓父親倍感欣慰和振奮的演講。」當時我蹲在旁聽席地上，透過欄杆，我能看出這番話對張伯倫先生的影響。他彷彿被一顆子彈擊中，蒼白近乎蠟黃的臉頓時變得通紅，顯露出一種無法抑制或無需抑制的情感。他站起身，微微鞠躬，隨後低頭坐下。這些話無論多麼精心挑選，寫下來都顯得平淡無奇，但卻讓兩人冰釋前嫌。

　　另一次，我在旁聽席上見到父親與威廉・哈考特爵士進行激烈而粗魯的辯論。威廉爵士看起來非常憤怒，辯論時也毫不講理。然而，令我驚訝的是，僅僅幾分鐘後，他走到我坐的地方，微笑著自我介紹，並詢問我對這次辯論的看法。

＊　＊　＊

　　由於我事發後身體虛弱，加上對政治有濃厚興趣，詹姆斯上尉似乎難以幫助我準備考試。然而，我仍順利通過第三次考試，進入桑赫斯特軍校的騎兵班。因騎兵學員生活費用較高，步兵的競爭更加激烈，而考入騎兵班的最低錄取標準相對較容易。我對通過考試感到欣喜，成為騎兵更讓我

第三章　考試

滿意。對於騎馬與步行的優劣，我已有明確看法，騎馬多有趣！而且騎兵軍服比步兵軍服更美，因此給父親寫信時興致高昂。出乎意料，他持相反態度，認為我未考上步兵很丟臉。他原計劃讓我進第六十步兵團，這個團很有名，由四個營組成，穿黑軍服，袖口和領口為紅色。他曾說：「進入第六十步兵團，你可在地中海某要塞服役兩、三年，成熟後可赴印度服役。」他似乎已寫信給第六十步兵團的團長坎布里奇公爵，希望我能進他的團，並得到了肯定答覆。現在這些計畫全被打亂，帶來諸多麻煩和高昂開銷。公爵無法再歡迎我，地中海要塞也不需騎兵。父親曾說：「當步兵，只需養活一個人；當騎兵，還需養活一匹馬。」這話確實一點也不過分。但他未料到，需要養活的不僅是一匹馬，而是兩匹戰馬，外加一到兩匹狩獵用馬，更別提打馬球用的小型馬了。他非常不滿，不久我收到他的一封長信，措辭嚴厲，表達對我教育前途的失望，他對我考試成功毫不欣賞。他認為我僅勉強通過，警告我不要成為「社會中的浪蕩子」。對此，我感到傷心和驚訝，趕快承諾將來一定取得好成績。儘管如此，能進桑赫斯特軍校，我仍感到萬分高興，不到十八個月，我將成為真正的騎兵軍官，於是開始忙於訂購士官生所需裝備。

* * *

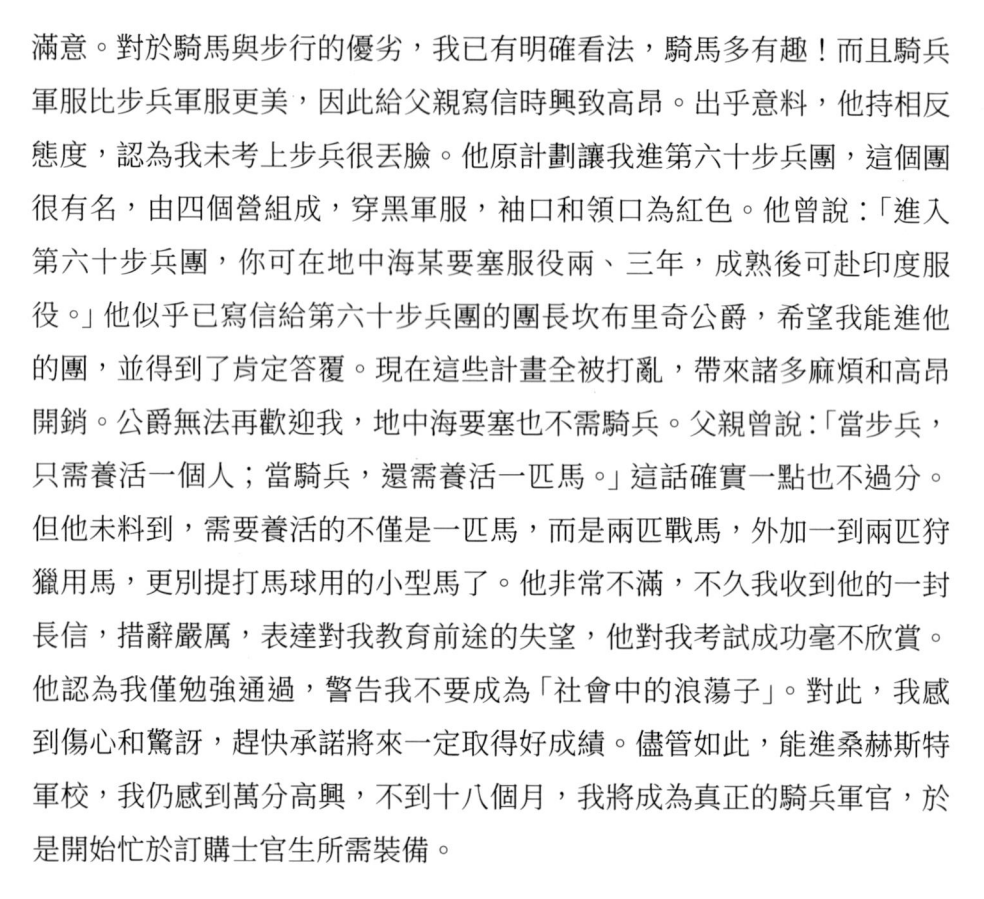

那年夏天，父親安排了一位家庭教師帶著我和弟弟前往瑞士進行所謂的徒步旅行。毋庸置疑，我們實際上只要有錢就會選擇火車出行。家庭教師和我一起攀登了幾座山峰，其中包括維特霍恩山和羅莎峰。在伯恩的奧伯朗特山峰頂，我們目睹了壯麗的日出奇觀，那是我生平第一次見到光與色彩如此完美交融的奇蹟。我渴望攀登馬特洪峰，但這不僅費用昂貴，而且家庭教師認為過於危險。縱然我們時刻保持謹慎，但我依然在洛桑湖遭遇了一次意外。我記錄下這次意外，是希望能對他人有所警示。那天，我與另一名比我年幼的男孩一起划船，當我們的船離岸大約一英里時，我們決定跳入湖中游

泳。我們脫下衣服，興高采烈地跳進水裡。當我們遊累了，發現船已經漂出約一百碼。微風吹過，攪動水面，船尾的小紅色遮陽篷在風的推動下，猶如帆一般使船前行。我們幾次嘗試遊向船，但每次都被風推得更遠。風勢漸漸地加大，我們也愈加疲憊，尤其是我的同伴。此時，我還未意識到危險逼近。碧藍的湖水在陽光照耀下熠熠生輝，周圍的山谷、豪華酒店和別墅似乎在向我們微笑。然而，我察覺到死神就在附近，我確信曾見過他，他在我們身邊的水中游動，伴隨著風聲輕語，讓風以我們游泳的速度將船推得更遠。周圍無人來救，我們無法靠自己到達岸邊。游泳向來是我的強項，我不僅遊得輕鬆自在，速度也很快。在哈羅公學時，我曾代表班級擊敗所有對手，但此刻我必須為生存而遊。有兩次我幾乎觸及船隻，但每次都被一陣狂風推得更遠。我竭盡全力，終於在更猛烈的風再次鼓滿紅色遮陽篷之前，抓住了船的邊緣。我爬上船，將船划回到同伴身邊，他已經筋疲力盡，但顯然還未意識到致命危險的逼近。我對家庭教師絕口不提這次驚險經歷，但我從未忘記過。或許有些讀者也會銘記這件事。

　　我在皇家陸軍學院[028]這段經歷是我生命中的一個過渡階段。在這裡，我度過了將近十二年的學校時光，三十六個學期中，我幾乎沒有體會過成功的喜悅，幾乎沒有學到任何實用或有趣的知識，也幾乎沒有被允許玩有趣的遊戲。回想起來，這些年是我一生中既痛苦又無意義的一段時光。我最愉快的時光是在兒童遊戲室裡與我的玩具度過的日子。成年後，我的幸福感逐漸增強，但學校生活卻是我人生中一段陰鬱灰暗的旅程。在這段時間裡，充滿了無休止的擔憂，生活中充斥著不安、束縛和單調。

　　思緒的火車不會誇大學生時代令人不快的一面。事實上，學生時代的年輕人毫無疑問都是充滿歡笑、朝氣蓬勃的。哈羅公學是一所非常優秀的學校，教師們皆具備高度的敬業精神。絕大多數男孩子在這裡都很快樂，

---

[028]　即桑赫斯特皇家軍事學院。

第三章　考試

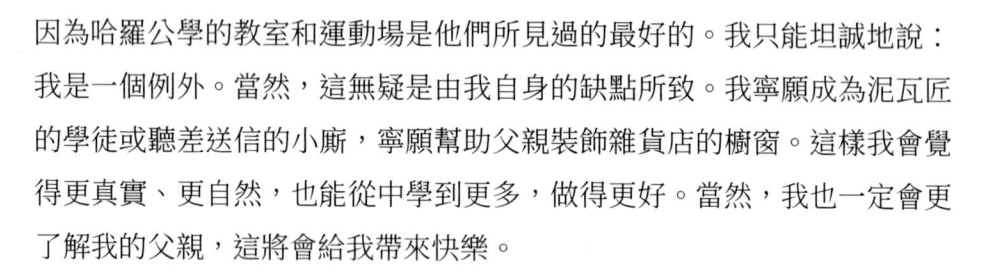

　　因為哈羅公學的教室和運動場是他們所見過的最好的。我只能坦誠地說：我是一個例外。當然，這無疑是由我自身的缺點所致。我寧願成為泥瓦匠的學徒或聽差送信的小廝，寧願幫助父親裝飾雜貨店的櫥窗。這樣我會覺得更真實、更自然，也能從中學到更多，做得更好。當然，我也一定會更了解我的父親，這將會給我帶來快樂。

　　社會的進步不可避免地需要延長教育的時間，但這是違背人的本性的！一個男孩渴望與父親一同覓食，他希望盡其所能地做一些有意義的事；他期盼自己賺錢養家，即使收入微薄；他渴望擁有一些自由時間，隨心所欲地支配；他所追求的只是以勞動來養活自己的權利。也許在某個夜晚，求知的慾望會降臨在那些真正值得擁有它的人身上，知識和思想將會開啟心靈的「魔幻之窗」。但是，為什麼要強行把知識灌輸給那些不喜歡學習的人呢？

　　總體來說，我的學校生活相當不如意。除了在擊劍方面曾在公立中小學比賽中奪冠，其他領域並無突出的表現。同齡甚至比我年幼的男孩，似乎都比我更能適應這個小環境，因為他們在運動和學業上都表現得比我優異。如果在比賽剛開始就被遠遠拋在後面，感受自然不會好。我與韋爾登博士告別時，他自信地預言我未來會一帆風順，這讓我十分驚訝，因為我看不出他這麼說的理由。不過，我一直對他的話心存感激。我對於公學的辦學模式深表贊同，但我不打算再回去就讀。

　　在哈羅公學，我最親密的朋友是傑克・米爾班克。他年長我近兩歲，即將繼承男爵頭銜，家族世代居住在奇徹斯特。雖然他在運動和學業上並不出類拔萃，只略勝同齡人一籌，但他擁有一種獨特的魅力，成熟的外貌和老成的言談，這些特質在哈羅公學的其他學生中無人能及。他是一位典型的紳士，沉穩、冷靜，穿著總是整潔無瑕。每當我父親來學校看望我時，常會帶上我們兩人去國王大飯店共進午餐。聽著他們的對話，我感到

無比興奮，彷彿在這個世界上，他們是兩位彼此信任且平等的對話者，談話間總是那樣從容不迫。我對他心生妒意，渴望我與父親之間也能擁有這樣的關係。然而，遺憾的是，我僅僅是一個成績落後的學生，每當我插話時，幾乎總是顯得笨拙和愚蠢。

米爾班克和我計劃一起展開一場冒險。我們發現，根據古老的規矩，在考試週期間，踢足球並非強制，但多年來這一規矩早已被忽視。於是，我們決定遵循舊規，聲稱需要專注於學習，因此拒絕參加足球活動。此舉引來班長們的一陣鞭打。然而，我們對他們提出了控訴，學校高層就此事進行了嚴肅的討論。整整三、四天，我們都處於焦慮中，不知道最終的結果會如何。他們對我們抱有偏見，懷疑我們並未專心學習，反而可能有很多閒暇時間。不過，最終學校決定，這一週是否踢足球可以由我們自己選擇。我相信，這個先例一旦建立，未來幾代學生也會享有這個權利。

米爾班克注定要投身軍旅，他心儀的是第十輕騎兵團。他的父親准許他先加入民兵組織，選擇這條路雖然稍微耗時，但可以避開大部分的考試。因此，他比我早一年離開哈羅公學，不久便成為民兵副官。我們保持定期通訊，假期時常見面。在本書後續部分，我們還會再次提到他，他注定會獲得最高的軍事榮譽。在南非戰爭中，他雖身負重傷，卻在火海中救出了一名手下騎兵，因而獲得維多利亞十字勳章。在殘酷的蘇維拉灣戰役中，他孤軍奮戰，最終陣亡於加里波利半島。

＊　＊　＊

我對哈羅公學的校歌情有獨鍾，其他學校的校園歌曲皆無法相比。我們過去常常在演講廳或教室裡齊聲合唱這些動聽且著名的校歌。我深信，這些校歌是哈羅公學最珍貴的資產。伊頓公學並沒有如我們這般的校歌，他們僅有一首關於划船的歌，雖然旋律還可以，但節奏並不適合划船，歌

第三章　考試

詞也不盡如人意。在哈羅公學期間，我們經常聆聽名人的講座，主題多為科學或歷史，這些講座給我留下了深刻的印象。能夠聽權威人士講述振奮人心的故事，尤其如果他們還使用幻燈機，對我來說是最佳的學習方式。一旦專注聆聽他們的講座，我自己也能做出同樣水準的講座。其中有五個講座我至今記憶猶新。第一個是鮑恩先生的講座，他是哈羅公學最著名的老師，也是這些優美校園歌曲的作者，他用通俗易懂的方式為我們講述了滑鐵盧戰役的故事。隨後，他還舉辦了一個關於色當戰役的講座。[029] 對於這場講座，我也懷抱著濃厚的興趣。數年之後，我才意識到，他的講座內容幾乎逐字逐句抄襲自胡珀的《色當》，這本書是我上校最為推崇的作品之一，這實在是再糟糕不過的事情了。還有一位是偉大的溫珀[030]先生，他主持了一場關於攀登阿爾卑斯山的講座。他展示了許多照片，照片中的嚮導和遊客，有的將臉緊貼著懸崖，有的背對著懸崖。這些場景即使在照片中也讓人不禁心驚膽顫。第四場講座探討了蝴蝶如何透過改變身體顏色來保護自己：味道不佳的蝴蝶以其鮮豔奪目的顏色警告鳥類不要吃牠們；而味美的蝴蝶則透過將自己偽裝成普通的樹枝或樹葉來保護自己。這一現像是經過數百萬年的進化形成的，在此期間，那些未能適應的蝴蝶被其他動物捕食，最終滅絕。因此，現存的蝴蝶都是多姿多彩的。最後，帕金先生舉辦了一場關於「帝國聯盟」的講座。他告訴我們納爾遜[031]在特拉法加海戰中，「英國期望每個英國人都各司其職」的指示[032]中發揮了怎樣的作

---

[029]　色當位於法國東北，是一座重要的軍事要塞。1870 年 9 月 1 日，普法戰爭期間，色當戰役爆發。二十萬普魯士軍隊包圍色當，迫使法皇拿破崙三世和他的十萬法軍投降。此戰役奠定了普魯士在普法戰爭中的勝利。

[030]　愛德華・溫珀（Edward Whymper，1840－1911）：這位英國登山家、探險家兼插畫家，是首位征服阿爾卑斯山馬特洪峰的人。

[031]　納爾遜（Nelson）：18 世紀末至 19 世紀初英國著名的海軍指揮官及軍事策略家，他在 1805 年特拉法加海戰中擊敗了法國和西班牙的聯合艦隊，但自己也在戰役中殉職。

[032]　1805 年，特拉法加海戰成為英國海軍史上最輝煌的勝利之一。法軍主帥維爾納夫遭到俘虜，法國海軍自此元氣大傷，英國的海上霸權因此穩固。

用，他還說如果我們和我們的殖民地能聯合起來，總有一天納爾遜的指令不僅會在一支艦隊中產生作用，而且還會在眾多國家中產生作用。我們在有生之年已看到這成了現實，老帕金先生在他生命的最後一年裡來參加過世界大戰的慶功宴會，當時我還向他提起過這次講座。

　　我無法理解的是，為什麼他們不增加這類講座的頻率呢？他們完全可以每兩週舉辦一次，讓所有男生先記下他們所記得的內容，再寫下他們的見解。如此一來，教師便能迅速辨別出哪些學生學得好，哪些學生是遲鈍的，然後讓那些學得好的學生繼續學習新知識，學校也能基此對學生進行優劣分類。如此一來，哈羅公學就不會一直愚蠢地把我歸類為差生，而我的生活也會更加幸福一些。

第三章　考試

第四章　桑赫斯特軍校生涯

不要將金錢交給你們的兒子，如果你們有能力，可以贈予他幾匹馬。

　　我在桑赫斯特軍校展開了我的新生活，從此不再因為過去不擅長的拉丁文、法語或數學而感到自卑。現在，我們學習新的知識，大家都從零開始，處於公平起點。我們的課程涵蓋戰術、設防、地形學（繪圖法）、軍法和軍政等，此外，還有體操和馬術訓練。除非自願，否則沒有額外的體育活動。這裡的紀律非常嚴格，學習和訓練的時間都很長，一天下來，每個人都筋疲力盡。我對即將學習的內容充滿興趣，尤其是戰術和設防。我的父親讓他的書商貝恩先生寄來了一些可能用到的書籍，因此我訂購了哈姆利的《戰爭行動》、克拉夫特的《關於步兵、騎兵和砲兵的信函》、梅因的《步兵射擊戰術》，以及許多與美國南北戰爭、普法戰爭和俄土戰爭相關的歷史書籍，這些戰爭是當時最新且最具代表性的戰爭範例。很快，我便擁有了一個小型的軍事圖書館，為我的正規課程提供了一些背景知識。我不太喜歡操練，在「後進生班」裡待了好幾個月，這個班級是為那些需要特別輔導的學員設立的。然而，野戰實習是最令人興奮的，我們挖戰壕、築掩體、壘沙袋，用工具在防護牆上設定蒺藜，製造防護柵欄和定向地雷（一種原始的地雷）；我們用火藥切斷鐵路交通線，還學會了如何炸石橋，用木渡船搭浮舟橋；我們繪製坎伯利周圍所有山的等高線輪廓地圖，往各個方向勘探道路，並布置警戒線，為前鋒部隊和後方警衛部隊制定模擬計畫，甚至還制定過簡單的戰術方案。我們從未學過關於炸彈和手榴彈方面的知識，因為這些武器早已過時，在現代戰爭中毫無用處。

第四章　桑赫斯特軍校生涯

　　毫無疑問，這些都是最基本的，我們所學的內容僅限於下級軍官應掌握的範疇。然而，有時我會受邀前往距學校不到一英里的參謀學院用餐，這所學院專門培訓全軍最優秀的軍官與高級指揮人才。在那裡，學習內容涵蓋如何指揮一個師、一個兵團，甚至整個軍隊；涉及軍事基地、軍需供應、通訊連繫以及鐵路運輸策略等。這是何等令人振奮！遺憾的是，這一切都僅僅是模擬。文明國家之間的戰爭時代已經一去不復返了。假如我早出生一百年，我們會置身於一個多麼輝煌的時代啊！設想一下，如果我們在 1793 年是十九歲的年輕人，我們就有機會參與長達二十多年的反拿破崙戰爭！然而，這一切都已成過去。自從克里米亞戰爭[033]以後，英國軍隊再也沒有與其他白人軍隊交火。如今，這個世界逐漸變得更加明智、和平和民主，偉大的戰爭時代已經結束。幸運的是，世界上仍存在一些野蠻的民族：祖魯人、阿富汗人、蘇丹的德爾維希人。或許有一天，他們也會興起一些騷動，在印度甚至可能會發生叛亂。那時，當地人會神祕地在芒果樹上亂畫。《旁觀者》週刊上的一篇文章聲稱，幾個月後我們可能需要再次征服印度，這引起了我們的關注，我們都想知道事情的真相。當然，我們都希望能儘早獲得委任，前往印度的平原上征戰，獲得獎章和榮譽，也許會像克萊夫[034]一樣，年輕時便成為高級指揮官！這些想法僅能提供些許安慰，因為與參與一場真正的歐洲戰爭相比，與可憐的印度人作戰就像是在玩「犬兔越野追逐賽」。[035]」來代替全國障礙賽馬一樣。儘管如此，我們仍然非常熱愛馬術訓練，我的馬術技巧與大多數騎手同樣嫻熟。父親安排我假期前往騎士橋兵營，與皇家騎兵隊共同練習馬術，這對我來

---

[033]　克里米亞戰爭亦稱第九次俄土戰爭，1853 年在歐洲大陸爆發，因爭奪巴爾幹半島的控制權而起。鄂圖曼帝國、英國、法國等相繼向俄羅斯帝國宣戰，戰爭持續至 1856 年，以俄羅斯敗北告終。

[034]　克萊夫（Clive）：英國的冒險家、軍事家、外交家兼政治家。

[035]　一項在戶外進行的活動，參與者中有一人化身為兔子，在前方奔跑並撒下紙屑，其他人則扮演獵犬在後方追逐。需要盡力抓住時代的契機。

說又增添了一節馬術課。後來，我加入了騎兵團，在那裡進行了五個月的訓練。將這些訓練課程加在一起，我認為我已經能夠很好地駕馭一匹馬了，這可是世上最重要的事情之一。

在桑赫斯特軍事學校，騎馬是我最大的樂趣。我和同學們把所有的錢都花在從當地最好的馬房租馬上。為了準備未來的使命，我們很快就欠了一身債。我們多次在一位友善的貴族狩獵園裡組織定點賽馬，甚至還舉辦過一次越野障礙賽馬，在鄉野上愉快地策馬奔馳。在此，我向所有父母，特別是那些富有的父母說：「不要給你們的兒子錢，如果你們能負擔得起，給他幾匹馬吧。」騎馬的人不會感到悲傷，即使有悲傷，那也是榮耀的悲傷。馬背上的時光不會被浪費，年輕人可能會因為養馬或賭馬而毀掉自己，但從未有人因騎馬而毀了自己。當然，除非他們在騎馬時摔斷了脖子，但這也是一種好的死法。

當我成為士官生後，我在父親眼中獲得了新的地位。只要情況允許，父親便會讓我與他一起外出。他熱衷於觀賞雜技、魔術和動物表演，我第一次去帝國劇院就是與他同行。他也帶我參加位於特林的羅斯柴爾德勳爵府上的重要政治活動，保守黨的領袖和新秀們時常在此聚會。此時，他開始帶我結識他的賽馬朋友們，我們因此有了新的夥伴和話題，這些同樣令人著迷。在我眼中，他似乎擁有一切，或者說他幾乎擁有他應得的一切。然而，只要我表露出任何想要與他平等的意圖，他便會立刻反感。曾經我提議幫他的私人祕書寫幾封信，他對此毫不在意。現在我明白，那只是過渡階段，如果他再多活四、五年，沒有我的幫助，他將難以應對。然而他未能再活四、五年！就在我們的友善關係即將發展到相互理解，可以達成協議、結成聯盟，甚至至少達成君子協定之時，他卻永遠地離開了我。

1894年春天，人們普遍知道我的父親病情嚴重，然而他依然堅持參與政治活動，幾乎每週都會在某個重要場合發表演說。顯而易見，他的演說

第四章　桑赫斯特軍校生涯

效果逐漸減弱，媒體對他演說的報導篇幅從三欄減至兩欄，最終減至一欄半。有一次，《泰晤士報》甚至報導說，演講廳未能坐滿。最後，我聽到母親和老公爵夫人[036]大家都勸他休息，我祖母一向反對父親帶病工作，但他堅持說自己沒事，一切都很好。我明白，這兩位與他最親近的人若非不得已，絕不會對他施加壓力。

　　如今，我對父親的看法與當初撰寫他的傳記時已有所不同。我已經超過了他去世時的年齡。我深知，他的辭職對他而言是一個致命的錯誤。他曾是一位「在絕境中勇敢的領航者」，那時正是他施展才華的時機。然而，1886年保守黨統一政府上臺後，情勢發生了變化。當時，政治上需要的是穩定，索爾斯伯利勳爵代表了國民所需要和渴望的一切。他穩健地統治了很長時間，自然偏愛大權獨攬，不會願意與一位控制了下議院和政府財政的動盪對手分享權力。對一個人來說，失去的職位很難再找回來，他也許能在五、六十歲時獲得另一個職位，但肯定不會是他三、四十歲時失去的那個。要想掌握一個黨派或國家的領導權，領導者的素養和思想不僅要符合黨派和國家的需求，還要能夠迎合其喜好。

　　倫道夫·邱吉爾勳爵上任財政大臣後，肩負起國家的重大責任。自此，他在相當程度上已經不再是典型的托利黨人，逐漸傾向於格萊斯頓的觀點，唯一的例外是《愛爾蘭自治法案》。在所有的社會問題和勞工問題上，他的立場與當時的輝格黨一致。[037]輝格黨人或中產階級的自由黨人無法接受他的立場。即便在愛爾蘭問題上，他的見解也異常獨立，這一點保守黨人亦不滿意。我認為，如果他仍在世，他很可能會反對南非戰爭。他的觀點中包含親工人階級的元素，因此會引來嫉妒。如果他想重振旗鼓，唯一的真正優勢是制止張伯倫的貿易保護主義運動。據我所知，他完全有

---

[036]　此處指的是邱吉爾的祖母。
[037]　輝格黨：這一歷史黨派名稱包括英國輝格黨和美國輝格黨。英國輝格黨起源於17世紀末，並在19世紀中葉轉變為英國自由黨。

可能成為該運動的主要反對者之一，他不是那種會被黨派核心成員左右的人。在派系爭鬥中，他會抓住每個機會爭取勝利。然而，當他肩負起重任時，他會全心全意地為國家的公共事務而努力。他從不會坐下來冷靜地計算利益，心裡想什麼就說什麼，這樣反而更好。

格萊斯頓先生作為演說家的聲望，不是依賴於他所撰寫的演講稿，而是取決於他的演說對聽眾所產生的影響；倫道夫‧邱吉爾勳爵在英國政治史上的地位，不是因為他的言行，而是因為他的人格在同時代人心中留下了深刻的印象。如果局勢一直對他有利，那麼這種深刻的印象或許會發揮決定性的作用，因為他天生具有這種魄力和魅力。

那個年代流行通訊，因此我父親曾不辭辛勞地親手給我寫了許多信件。如今，我重新翻閱這些信，感受到自己當時並未真正領會到他的關心。我深感遺憾我們共同生活的時間過於短暫，彼此了解得還不夠。在羅斯伯里勳爵[038]在生命的最後幾年，我經常探望他，不僅因為我對這位偉大的人物懷有深厚的敬意，還因為我喜愛聆聽他敘述有關我父親的故事。每當我與這位與我父親有深厚私交的知名人士交談時，我感覺自己與父親的距離越來越近。最後一次見到羅斯伯里勳爵時，我曾表示，我多希望時間能倒流，讓我可以平等地與父親對話。這位年邁的政治家說：「哦，他會理解的。」

* * *

1894年6月的一天，我正在繪製喬巴姆科蒙的公路圖時，一位騎腳踏車的信差給我送來了學院助理的訊息，命令我立即前往倫敦。我父親第二天將啟程進行環球旅行，家人申請讓我請假送別父親，但學校按照慣例拒絕了申請。於是，我父親致電給陸軍大臣亨利‧班納曼爵士：「今天是我

---

[038] 羅斯伯里勳爵（Rosebery），英國自由黨的政界人士，曾於1894年至1895年間擔任英國首相。

第四章　桑赫斯特軍校生涯

在英國的最後一天。」……不再浪費任何時間，我被迅速送上了前往倫敦的路。

次日清晨，我與母親和弟弟一同開車前往車站。雖然父親四年前在南非旅行中留了大鬍子，但我仍能辨識出他因內心的痛苦而顯得憔悴不堪。他輕拍我的膝蓋，這個簡單的動作蘊含著深意。

自那時起，他展開了漫長的環球旅行，而我再也沒有見過他，只餘下他那瞬間消逝的身影留在記憶中。

* * *

在桑赫斯特軍校，我學到了一些重要的知識。這些知識教會了我如何為人處世，並且指導我理解不同軍銜的軍官之間應如何相處。我的連長鮑爾少校來自威爾斯團，他是一位作風嚴謹、脾氣急躁且嚴格執行紀律的軍人。他一本正經、生性矜持、謙恭有禮，是一個無可挑剔、令人敬畏的人。他從未上過戰場，但我們依然確信，他是個寧死不屈的硬漢。

軍校有明文規定，學員外出離校前，必須先在連隊的請假簿上登記姓名，這樣才能視作請假已獲批准。某日，我駕駛著一輛租來的雙馬馬車前往奧爾德肖特[039]，前往看望一位正在民兵營訓練的朋友。當馬車沿著馬爾博羅路行駛時，偶遇鮑爾少校駕車疾馳回桑赫斯特軍校。我向他脫帽致意，猛然意識到自己因為懶惰或粗心，未在請假簿上登記。我有些焦慮，但心想：「還有機會的，晚餐前他應該不會檢視請假簿，我一回去就補上名字。」我匆忙看望了朋友，然後迅速趕回學校。回到學校時已是六點，我沿著走廊跑向放置請假簿的桌子，一眼便看到少校在請假簿底部簽下的首字母「O.B.」，我回來得太遲了。他在奧爾德肖特見過我，卻沒看到我的名字在請假簿上。我再次檢視，驚訝地發現我的名字以少校的筆跡寫在

---

[039] 奧爾德肖特：位於英國中南部的自治市，坐落於倫敦西南方，是一處重要的軍事訓練基地。

那裡，他的簽名顯示他批准了我的假。

這件事讓我對古老的英國軍隊生活有所認識：儘管軍中紀律極其嚴格，但軍官們彼此尊重。當然，這次事件之後，我再也不敢掉以輕心。

1915年的冬天，類似的事件再次發生。當時，我正隨英國近衛步兵第一團駐守在拉旺蒂的前線。我們的上校傑弗里斯，以極度嚴厲著稱，雖然在前線經歷了十六個月的防守戰，但他依然保持著一貫的作風。他反對在執勤時飲酒（除了軍隊定期配給的蘭姆酒），即使在寒冷的冬天和前線也不例外。儘管沒有正式下達命令，但他希望士兵們不要把酒帶入戰壕。一天，在一個黑暗潮溼的戰壕裡，大家正喝著一瓶波特葡萄酒[040]自娛自樂之際，忽然有人喊了一聲「指揮官」，只見傑弗里斯上校放緩了步伐，徐徐走近。一位頗具軍事才華的年輕軍官本能地將戰壕中的一支即將熄滅的蠟燭插入酒瓶口，這種簡易的蠟燭臺十分常見，一切都被完美地掩飾了。然而，六個月後，這位年輕軍官在休假期間於近衛軍俱樂部遇見了傑弗里斯上校，上校問：「來一杯波特葡萄酒如何？」中尉欣然同意。酒端上來後，喝完一杯，上校又問：「有沒有聞到燭油的味道？」兩人隨即笑了起來。

＊　＊　＊

若讀者容許我稍作偏離主題，我願分享一段在桑赫斯特軍校最後一個學期發生的憤慨之事。這件事源於奧米斯頓・錢特夫人發起的淨化運動。這位倫敦郡議會成員於1894年夏季，積極推動一項針對劇場淨化的運動，特別是帝國劇場的幕間休息區。每當夜間演出，特別是週六，第一層樓廳前排座位後的大空間總是擠滿了人。青年男女不僅在演出期間和幕間休息時交談，還時不時喝點酒助興。奧米斯頓・錢特夫人和她的夥伴們指

---

[040]　一款強化甜葡萄酒，歷來被譽為葡萄牙的「國酒」。

第四章　桑赫斯特軍校生涯

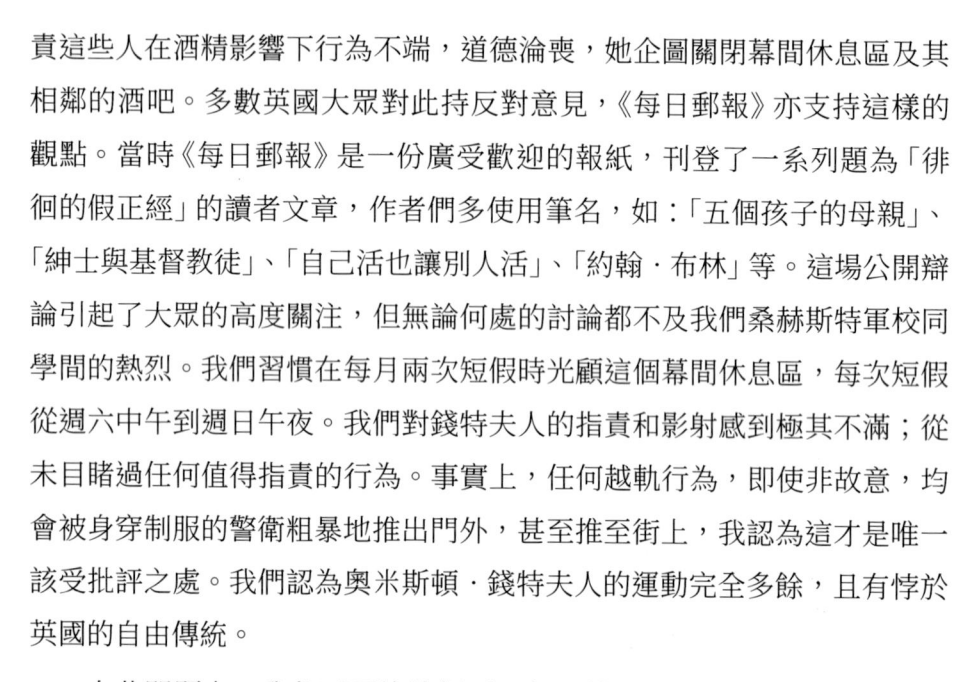

責這些人在酒精影響下行為不端，道德淪喪，她企圖關閉幕間休息區及其相鄰的酒吧。多數英國大眾對此持反對意見，《每日郵報》亦支持這樣的觀點。當時《每日郵報》是一份廣受歡迎的報紙，刊登了一系列題為「徘徊的假正經」的讀者文章，作者們多使用筆名，如：「五個孩子的母親」、「紳士與基督教徒」、「自己活也讓別人活」、「約翰・布林」等。這場公開辯論引起了大眾的高度關注，但無論何處的討論都不及我們桑赫斯特軍校同學間的熱烈。我們習慣在每月兩次短假時光顧這個幕間休息區，每次短假從週六中午到週日午夜。我們對錢特夫人的指責和影射感到極其不滿；從未目睹過任何值得指責的行為。事實上，任何越軌行為，即使非故意，均會被身穿制服的警衛粗暴地推出門外，甚至推至街上，我認為這才是唯一該受批評之處。我們認為奧米斯頓・錢特夫人的運動完全多餘，且有悖於英國的自由傳統。

　　在此問題上，我急不可待地想要反擊。某天，我留意到《每日郵報》上一位紳士提議組建一個公民團體，以抵制及反擊錢特夫人及其支持者的不寬容運動，然而我已經忘記了他的名字。這個團體被命名為「娛樂保護聯盟」，該聯盟建議設立委員會並選舉一名執行官，以執行公共職責、吸納成員、募集資金、舉行公共會議並發行刊物，來支持其立場。我立即寫信表示願意為該組織效力，並按照他的連繫地址寫了一封信給這位虔誠的創始人，誠摯地表達了我對其提議的支持，並樂意在法律範圍內合作。不久，我收到了一封印有抬頭的回信，信中表示非常歡迎我的援助，並邀請我參加下星期三晚上六點在倫敦某酒店舉行的執行委員會首次會議。

　　星期三是半天假，表現優異的學員可獲准前往倫敦。我在前三天的空閒時間裡撰寫了一篇演講稿，預感自己或許會被要求在一大群嚴肅的執行委員面前發表演講，我將要讓那象徵英國人自由的旗幟迎風飄揚，為了這

自由，漢普登[041]戰死沙場，西德尼[042]因為我從未在公開場合演講過，所以這次發言對我來說是一個艱鉅的任務。我把演講稿反覆修改了三、四遍，盡量寫得完美，然後記在大腦裡。這篇演講稿是為英國國民天賦的權利辯護，指出國家干涉守法公民的社會習慣的危險性，分析了不受健康的大眾輿論支持的一味壓制會帶來許多不可避免的惡果；這篇演講稿既沒有誇大這個事件，也沒有無視這個事實，而是以適度的、幽默的口吻和通俗的邏輯來說服聽眾；在結束語中，我甚至請求聽眾對那些誤入歧途的對手要有耐心。在人類事務中，不都是過失多於惡意嗎？寫完講稿之後，我急切又緊張地等待著這個重要時刻的到來。

星期三上午的任務一結束，我便迅速地吃完午餐，換上便服，匆匆趕往火車站，搭乘一輛開往倫敦的慢車。值得一提的是，那時我的經濟狀況非常窘迫，事實上，買了回程火車票後，我的口袋裡僅剩幾個先令，而距離下個月的十英鎊津貼發放日還有兩個多星期。在火車上，我一直默背著演講稿的要點和關鍵段落。下車後，我乘坐雙輪馬車，從滑鐵盧來到萊斯特廣場，執行委員會的會議就在這個廣場附近的一家酒店舉行。當我看到這條昏暗甚至有些骯髒的小街時，我感到既驚訝又尷尬。當馬車最終在酒店門前停下時，我更是感到不知所措。我對自己說，他們避開豪華地區可能是正確的。如果這運動要成功，就必須基於民眾的意志，響應各階層民眾的基本需求，不能向紈褲子弟和上層社會妥協。我對酒店的守門人說：「我是來參加『娛樂保護聯盟』今天在你們酒店舉行的會議的。」

守門人顯得困惑，他說：「我認為吸菸室裡有一位紳士應該負責這件事。」我被引導到吸菸室，那是一個昏暗的小房間，我見到了新聯盟的創

---

[041] 漢普登（1594－1643）：作為英國議員，他在持久的議會對抗中猛烈抨擊國王的政策，成為1642年查理一世欲逮捕的五名下院議員之一，並在內戰中於一場戰役中喪生。

[042] 西德尼（1622－1683）：英國輝格黨政治人物，反對天主教徒約克公爵詹姆士繼承王位，1683年因涉嫌謀劃刺殺查理二世及詹姆士而被處決。

第四章　桑赫斯特軍校生涯

始人,他孤零零地坐在那裡。儘管我感到沮喪,但我努力克制自己的情緒,問道:「我們什麼時候開會?」他也顯得同樣尷尬,回答道:「我給一些人寫過信,但他們都沒有來,所以現在只有你和我。如果你願意,我們可以草擬一個章程。」我說:「可是你是用印有聯盟抬頭的信紙給我寫的信。」他說:「嗯,那種信紙只花了五先令。聯盟剛成立時,用印有抬頭的信紙寫信是一個好主意,可以鼓勵人們主動參加。你看,你不就被引來了嗎?」他似乎因為我的沉默而有些失望,停頓了一下,然後補充道,「如今在英國,想讓人們做點事很困難,他們習慣了逆來順受。我不知道這個國家怎麼了,人們看起來像是沒有靈魂的軀殼。」

　　繼續這件事也不會有什麼顯著的效果,與這位聯盟的創始人生氣更是毫無意義,因此我委婉而堅定地向他告別。我走上大街,演講詞仍在我心中激盪,口袋裡僅剩半個克朗。人行道上擠滿了匆匆行走的行人,他們專注於個人的瑣事,對國家和人類的大事漠不關心。我以同情和鄙視的目光看著這些只關心個人小事的路人。顯然,要引導大眾的觀點到正確的方向,並不像我先前想像的那麼簡單。如果這些在民主政治下的懦夫如此不珍惜他們的自由,那麼他們又如何來守護歷經幾個世紀的貴族和寡頭專制統治得來的廣大領土呢?突然間,我對大英帝國感到了絕望。這時我想起我還沒吃晚餐,但我只有半克朗!不,這絕對不行!在這個美好的半休日裡,我滿懷期待地來到倫敦,帶著可能改變國家命運的演講稿,卻無法說出口,然後就這樣回到桑赫斯特軍校,吃點心,喝杯茶嗎?絕對不行!於是我做了一件我從未做過、且以後也不會再做的事情:我來到斯特蘭德大街,看到了阿滕伯勒先生著名的典當行門前掛著的三個金球。我有一塊非常精美的金錶,是我上次生日時父親送給我的禮物。畢竟,國王皇冠上的寶石在艱難時期也曾被典當過。「你想要多少錢?」典當行的店員小心翼翼地掂了掂這塊手錶後問我。「我想要五英鎊。」我說。店員將一些詳情

記錄在一本冊子裡，給了我一張票據和一張五英鎊的紙幣，這種票據迄今為止我只在歌劇院的歌聲裡聽說過。我再次來到倫敦市中心，順利地回去了。

次日，桑赫斯特軍校的朋友們都急於了解會議的進展。我早已告訴他們，我的演講中將使用極具說服力的論據，因此他們對結果充滿好奇。他們對我能夠在由成年人、政治家、市議員等組成的執行委員會前演講，並代表他們表達觀點，感到十分羨慕。他們想知道一切細節，但我沒有勇氣坦白，只能籠統地說，我提到在一個生活舒適、容易滿足的國家中，激起民眾熱情非常困難。我強調了循序漸進的重要性，每一步都需要做好，才能進行下一步。第一步是建立執行委員會，這已經完成；第二步是草擬聯盟的章程，分配各種職責和權力，這正在進行中；第三步是呼籲民眾支持，而民眾的反應至關重要。同學們對我的話持懷疑態度，但我又能如何呢？若我有一份報紙，我會將演講稿逐字刊登在頭版，並用醒目的標題標註出得到喝采的部分，隨後連續發表支持我的文章。如此，娛樂保護聯盟或許能取得進展。在1890年代初，許多事情尚未成形，該聯盟本可在英語國家中激發強大的大眾輿論，向民眾發出警告。如果如此，強大的美國後來或許不需要依賴禁酒令。[043] 自救了。在此，我們再度目睹命運的影蹤，它們繞過了令人欣悅的青翠草地，選擇了乾燥崎嶇的石徑。

我注定要在這次運動中再次出擊。錢特夫人發起的運動並未失敗，來勢洶洶。我們認為，若採取英國式的妥協，實在是過於謹慎。最終的解決方案是，用帆布屏風將違規的酒吧與幕間休息區隔開。如此一來，從技術上來說，鬧事者就不在幕間休息區之內；從法律角度看，這些酒吧與幕間休息區之間的距離遠得彷彿它們已經搬去了鄰郡。分隔屏的進出口可以按法律規定留出足夠的寬度。當然，為了有效通風，也可以同時降低隔離屏

---

[043]　1919年至1933年間，美國實施了禁酒令。

第四章　桑赫斯特軍校生涯

的高度。這樣，維納斯[044]和巴克斯[045]雖然神廟距離不遠，但仍被分隔開來。若維納斯和巴克斯欲攻擊人性的弱點，只能逐一攻擊，或輪流進攻，無法同時出擊。那些「徘徊的假正經」的堅定支持者對此讚不絕口；劇院的業主在經歷了一陣痛苦的抗議後，似乎也只能接受現實；然而，桑赫斯特軍校的學員們並不認同，在這妥協的過程中，沒有人來徵求我們的意見。我本人對這種虛偽行徑充滿鄙視。當時，生活在自由和民主國家中的偉大民族，其社會生活正被欺騙所支配。對此，我毫無辦法。我希望能有一個對國家職責和個人權利的清晰定義，這些職責和權利可以根據民眾的習慣和傳統需求修改。

在帝國劇院安裝隔離屏後的首個星期六，我們桑赫斯特軍校的許多學員恰巧都去了那裡，那天還有許多與我們同齡的男大學生出現。這些男大學生多半是些書呆子，既沒有組織紀律，也缺乏責任感。大家仔細觀察了劇院的新結構，開始提出反對意見。一位年輕的紳士用手杖戳穿了隔離屏，其他人紛紛效仿。當我的同伴們也開始這麼做時，我自然不能退縮。突然，奇怪的事情發生了，全場大約三百人都開始騷動，並且憤怒不已。他們衝向這薄薄的隔離物，把它們撕成碎片，劇院方面無能為力。人們拆毀護欄，撕碎帆布屏，清除了障礙物，酒吧和過去長時間一直相連的幕間休息區又再度連在了一起。

在這混亂的場景中，我進行了人生中的首次演講。我站在碎片之上，向著騷動的人群發表演講。我的演講內容並未被記錄下來，但當時在場的人聽得非常專注，後來我還聽到不少人討論過幾次。我完全拋棄了制定章程的立場，直接激發人們的熱情，最後說道：「今晚你們目睹了我們拆除這些障礙，未來你們要在即將到來的選舉中，推翻那些應為此事負責的

---

[044]　羅馬神話中的愛與美之女神。
[045]　羅馬神話裡的葡萄酒之神。

人。」聽眾對我的演講給予了熱烈的掌聲。大家蜂擁而出，來到廣場上，手中揮舞著我們當作戰利品的碎木頭和布片。這情景讓我聯想到尤利烏斯‧凱撒遇刺時的場面：陰謀者衝上街頭，手中揮舞著血淋淋的短劍。我也想起了攻占巴士底監獄的情景，對這件事的細節，我瞭如指掌。

顯然，推動革命的過程比發起一場革命要困難得多。當晚，我們必須趕上最後一班火車返回桑赫斯特軍校，否則便會被認為失職。這班火車在午夜剛過時從滑鐵盧站出發，載著當天的遺體前往倫敦的墓地，如今依舊如此。終點站是弗里姆利，靠近奧爾德肖特，抵達時間是凌晨三點。下車後，還需步行八到十英里才能到達皇家軍事學院。抵達弗里姆利這個小村莊後，我們發現已無任何交通工具，只得敲當地一家旅店的門。或許是因為敲門聲過於響亮，我們等了很長時間，耐心幾乎耗盡時，門的上半部分突然開啟，一支大口徑的短槍對準我們，後面是一張蒼白而凶狠的臉。在英國，情況很少會如此極端。我們一動不動地解釋我們的需求，並表示願意支付報酬。旅店老闆這才放下警惕，最終牽來一匹老馬和一輛更老的馬車。我們七、八個人擠在這輛馬車上，順利返回了坎伯利。我們沒有驚動警衛，沿小道回到宿舍，正好趕上了早晨的集合檢閱。

當時，這個事件引發了巨大的轟動，許多報紙都以頭版報導。有一段時間，我非常擔心，害怕因為參與此事而受到過多的關注。如果真是這樣，的確存在很大的風險，畢竟我父親的名字一向備受矚目。儘管如此，我仍為自己參與抵制暴政感到自豪。當然，這也是每個渴望生活在自由國度的公民應盡的責任，但我深知，有些人會持反對意見，甚至這種反對可能成為主流觀點。期望年長者或當權者對被他們視為年輕人的輕率行為持開明和理解態度，是不切實際的。他們有時會想出一些糟糕的點子，挑選典型來「殺一儆百」。雖然我已做好以身殉難的準備，但我仍希望這一天能夠來得晚一點。幸運的是，當我的名字開始與這一事件連繫在一起時，大

第四章　桑赫斯特軍校生涯

眾對此已失去興趣，軍事學院和戰爭辦公室也沒有人再提起這件事。這種幸運令人難忘，每當遇到壞運氣時總會被想起，它讓我覺得，人生中既有背運也有幸運，都是公平的。對我來說，唯一值得記錄的事情是郡議會的選舉用了錯誤的方式，那些自詡為進步分子的人勝利了，障礙物被用磚和泥重新砌起來，我們所有的努力都付諸東流，但沒人會說我們未盡全力。

＊　＊　＊

我在桑赫斯特軍校的課程即將結束。我的學業成績不再墊底，相反，我在同屆的一百五十名學員中，以第八名的優異成績畢業。我提這件事是為了說明，我學習重要知識的速度非常快。這段經歷雖然艱辛，但充滿了快樂。整個課程僅有三個學期，每個學期結束時，學員自動從初級升到中級，再從中級升到高級。學期之間的間隔時間很短，僅一年後就進入了高級班。幾乎每個星期，我們都能感受到自己的成長。

1894 年 12 月，我自軍校畢業返家，已完全具備承擔女王委任的能力。與求學時相比，我在軍校期間結交了許多朋友，其中三、四位至今仍然健在，其餘的多已經離世。南非戰爭不僅帶走了我許多朋友的生命，也奪去了我們連隊中許多人的性命。世界大戰幾乎奪去了其餘所有朋友的生命，僅存的幾位，有些大腿中彈，有些胸部受傷，有些臉部中彈。我向他們致敬！

我自桑赫斯特軍校畢業後，踏入社會，這個世界彷彿阿拉丁的神祕洞穴般展現在我的面前。自 1895 年初至今，我寫下這段文字的此刻，我都未曾有過回憶的暇餘。對我而言，閒暇的日子少之又少，我如同一部永不停歇的電影中的一名演員。整體來說，這些日子還是充滿趣味的！1895年至 1900 年這段時期是我生命中最豐富多彩的一段歲月。當然，世界大戰剛開始的那幾個月除外，這段時光將是本書的主要內容。

回顧過往，我由衷感謝至高無上的上帝賜予我生命的機會。我所經歷的每一天都是美好的，而且日益美好。生活中的起伏，充滿了冒險與坎坷，雖感變幻莫測，卻也充滿了希望。來吧，世上的年輕人們！現在比以往任何時候都更需要你們去填補被戰爭奪去的一代人的空缺。你們不能浪費一分一秒，你們必須在生命之戰中找到你們的位置。二十至二十五歲正是大好年華，不要滿足於現狀！「世界是你們的，你們要讓她更加豐富多彩！」要繼承前輩的遺志，承擔起你們的責任。重新舉起光榮的旗幟，向著新的敵人出發。人類大軍的前方總會有敵人，只有去攻打他們並擊敗他們，不達目標絕不罷休，絕不向失敗低頭！不要被個人的成功沖昏了頭腦！你們會犯這樣那樣的錯誤，但只要你們心胸寬廣、真誠相待，並且勇敢熱情，就不會傷害這個世界，更不會讓她痛苦！世界需要你們的追求，並戰勝她。只有不斷征服，世界才能生存，才能繁榮昌盛！

第四章　桑赫斯特軍校生涯

第五章　加入第四輕騎兵團

某次，他詢問奧爾德肖特火車站的站長：「通往倫敦的火車在哪裡？」「已經離站了，上校。」「離站了！那就再叫一輛來。」

現在我必須向讀者介紹一位在當時的生活中開始發揮重要作用的人物，他性格獨特且儀表堂堂，這位便是第四輕騎兵團的指揮官——布拉巴宗上校。第四輕騎兵團於一年前自愛爾蘭轉駐至奧爾德肖特，進駐東部騎兵營地。布拉巴宗上校是我家多年的故友，我在求學時期曾數次見過他。在桑赫斯特軍校求學期間，我曾受邀與他在該團食堂共進晚餐，這令我深感榮幸。那次款待隆重非凡，騎兵團的食堂對一個年輕人而言，展示出令人印象深刻的壯麗景象。二、三十名軍官，身著藍色鑲金的騎兵盛裝，圍坐在一張長桌旁，桌上陳列著該團二百多年來在各種比賽和戰爭中獲得的獎品和獎盃，猶如國宴般盛大。整個場面富麗堂皇，洋溢著莊重而嚴肅的氛圍，在騎兵團絃樂隊的伴奏下，我們享用了美好而豐盛的晚餐。我慎重而謙遜地接受了他們對我的熱烈歡迎，之後我又受邀前往數次。數月後，我母親告訴我，布拉巴宗上校非常希望我能加入他的騎兵團，但我的父親卻說「不行」。他似乎依然堅信，透過他的影響力，我仍有機會進入步兵團。卡布里奇公爵對我未能加入第六十步兵團深感不快，他表示，適時他會設法克服這些困難。「同時，」我父親寫道，「我知道布拉巴宗是軍中最優秀的軍人之一，但他不能帶走我的兒子去第四輕騎兵團。」

然而，我最終還是加入了第四輕騎兵團。父親最後一次從國外回來後，對我的事情不再關心。母親向他解釋事情的進展，他似乎也默許我成

第五章　加入第四輕騎兵團

為騎兵軍官，甚至顯得頗為高興。實際上，他生前對我說的最後幾句話之一就是：「你有馬了嗎？」

* * *

我的父親於 1 月 24 日凌晨辭世。當時我正在附近的一棟房子裡休息，聽到這個消息後，立刻在黑暗中穿過積雪深厚的格羅夫納廣場趕回家。他的離世毫無痛苦，因為他已昏迷多時。我曾幻想能與他平等相待，進入議會並站在他這一邊，期望得到他的支持，但現在這一切都已成為過去。我現在唯一能做的，就是繼承他的遺志，並珍藏對他的回憶。

我在相當程度上已經能夠掌握自己的命運，母親總是在我身邊給予幫助和建議。那時我已經二十一歲了，她從未認為應該對我進行家長式的控制。事實上，她迅速成為我的熱心盟友，利用她的一切影響力和無窮的精力來推進我的計畫，維護我的利益。她已經四十歲了，但依舊年輕、美麗，令人著迷。我們平等地一起工作，更像一對姊弟，而不像母子，至少在我看來是如此，這樣的關係一直維持到最後。

* * *

1895 年 3 月，我正式入伍第四輕騎兵團，並比預定時間提前六週報到。報到後，我立即與其他幾位低階軍官一起，接受嚴苛且艱辛的新官訓練。我們每天在馬術學校、馬廄或兵營的廣場進行數小時的訓練。由於我已參加過兩次馬術課程，因此可以很好地適應馬術訓練，但我必須承認，第四輕騎兵團的訓練嚴格程度，超過了我以往經歷的任何軍事訓練。

當時的規定是，新任軍官在頭六個月內必須接受訓練，與士兵一同參加騎馬和徒步操練，並接受相同的訓練。在馬術學校裡，新軍官必須站在佇列的最前面；在廣場上，則站在其所在班的右側，他必須努力為士兵們樹立榜樣。我並非總能出色地完成任務。在沒有馬鞍的馬背上疾馳，或慢

跑時上下馬；在沒有馬鐙甚至沒有馬鞍的情況下跳過高樁，有時還需要雙手反扣在背上騎馬越過高樁，或雙膝夾著光滑的馬背策馬快跑。這樣的訓練不可避免地會發生一些小意外。不知有多少次，我在馬術學校裡被顛得渾身痠痛，感覺身體疲憊不堪，但仍然必須扶正金邊的軍帽，裝出一副有尊嚴的樣子。因為此時，那二十個新兵正在竊笑，他們看到軍官也在遭受他們經常要遭的罪，感到很開心。我的運氣不佳，訓練一開始就拉傷了肌肉，而且恰好是拉緊馬最需要用到的肌肉，之後，我深受其苦。當時，電療法尚未問世，我唯一能做的就是不得不使用受傷的肌肉忍痛堅持，因為哪怕請一天假，都會被認為是懦夫。

該團的騎術教練，綽號「黑猩猩」，是一位令人畏懼的暴君，恰巧這幾週他的脾氣異常暴躁。一位資深的中尉在《奧爾德肖特時代報》上刊登了一則廣告：「×××少校，騎術教授，駐東部騎兵營地。能在十二課時內授完狩獵課程，十八課時內授完障礙越野賽馬術課程。」這則廣告成了他的笑柄，讓他覺得馬術學校學員臉上浮現的每一個微笑都是在嘲笑他。

然而，在某種程度上，我完全支持年輕人接受嚴苛的訓練。除此之外，那段時光我的生活是愉快的。當時，年輕的軍官在騎術學校畢業之前，經常能夠帶領騎兵連進行騎馬訓練或長途行軍，有時甚至會排成縱隊進行演習。叮叮噹噹的騎兵演習既刺激又充滿魅力。如果同樣的演習是在飛奔的快馬上進行，那將更加令人振奮。馬群的騷動、馬具的叮噹聲、動作的刺激感，以及帽上羽毛飛揚的景象，彷彿是一部活的機器，再加上莊重的制服，所有這些都使騎兵的訓練演習成為一件美好的事情。

我需要向讀者們闡明，騎兵在行軍時排列成縱隊，而在戰鬥中則變換為橫列隊形。騎兵訓練的核心目標是使部隊能夠迅速而靈活地從一種隊形轉換為另一種。因而，騎兵部隊透過梯形隊形的轉換，幾乎在任何時刻、任何方向上都能有一隊騎兵充當前鋒，這一策略特別適用於大規模的騎兵

第五章　加入第四輕騎兵團

作戰。無論是騎兵團、騎兵旅，甚至騎兵師，都能在瞬間組成前鋒佇列，隨時準備發起衝鋒。

當前的戰爭已經摒棄了以往的一切，走向了貪婪和卑鄙的機會主義道路，並依賴戴著眼鏡的化學家、駕駛飛機的飛行員或機槍，這實在是可恥。然而，在1895年的奧爾德肖特，這種恐怖情景尚未出現。正如眾所周知，重騎兵、槍騎兵，尤其是輕騎兵，仍在戰場上保持著其光榮地位。過去的戰爭雖然殘酷但偉大，如今卻變得殘忍且卑劣。事實上，現代戰爭已經完全變質，這一切都要歸咎於民主和科學。自從這兩個干擾因素之一被允許介入現代戰爭，戰爭的命運就已注定。過去，只有一小部分訓練有素的職業軍人，使用古老的武器和複雜的古代謀略，時刻保衛國家。而今，所有人，包括婦女和兒童，都被捲入戰爭，互相殘殺，僅剩一些視力模糊的官員在統計死亡人數。自從民主影響戰場，或者說強行控制了戰場，戰爭不再是紳士的遊戲。讓戰爭見鬼去吧！讓國際聯盟也見鬼去吧！

在1890年代，目睹陸軍總監拉克將軍指揮一個由三、四十個騎兵中隊組成的騎兵師進行操演，實在是難得的機會。這龐大而壯麗的騎兵師整裝待命，只待一聲號令，便以十五度的角度變換隊形，外圍的騎兵旅必須在厚重的塵土中奔馳兩英里。馬蹄揚起的塵埃遮天蔽日，使人難以看清五碼之外的景象。一個上午的操練中，發生了二十起墜馬事件和六起事故，這正是這類演習的典型特徵。當陣型最終完成，騎兵團與騎兵旅接到衝鋒的命令時，所有人都忍不住興奮地歡呼起來。

回到營房後，我想到德國人能一次調遣二十個騎兵師，而且每一個師都與我們唯一的師一樣強大。接著，我又想到，如果六個人在一個兵洞裡守著一架馬克沁機槍，冷靜地與騎兵對壘，又會怎麼樣呢？這樣一想，剛才演習中的熱情一下子就低落下去。

當維多利亞女王端坐在皇家四輪馬車中檢閱部隊時，閱兵隊伍的壯麗

場景令人驚嘆：整個奧爾德肖特駐軍全數出動，約有兩萬五千名騎兵、步兵、砲兵，以及工程兵和後勤輜重部隊，穿著藍金與紅灰相間的軍服，威風凜凜地從女王面前走過。若要讓所有歐洲強國——法國、德國、奧地利和俄羅斯，在同一天於各自國家的二十個不同地點舉行同樣的閱兵儀式，似乎也難以實現。我不禁疑惑，為何我們的政治家們不召開一個國際會議，讓每個參戰國派出代表團，像奧運會一樣，每個國家的代表團都是一支菁英軍團，透過比賽來解決世界的統治權問題。然而，維多利亞時代的大臣們缺乏冒險精神，錯失了這一機會，讓戰爭從這些菁英和訓練有素的軍人手中溜走，變成了令人厭惡的人、金錢和機器的問題。

我們已經意識到戰爭的墮落無可避免，因此得出結論：英國軍隊將不再參與歐洲衝突。我們僅有一個陸軍軍團、一個騎兵師和一個民兵組織——上帝保佑他們——以及志工，憑這些力量我們如何能夠取勝呢？當然，奧爾德肖特指揮部裡沒有一個沙文主義者。[046] 在 1895 年，即便是最具戰鬥意志的中尉或參謀，也難以預見我們這支小軍隊會再次被派往歐洲戰場。然而，那年春天與我們一同訓練的，有一位名叫黑格的人。[047] 騎兵上尉終將意識到其手中兵力的不足。在後來的一場重要戰役中，他僅能集結四十個英國師，加上第一美國兵團，總共只有六十萬兵力，且支援部隊不超過四百個砲兵旅。

我時常思考，是否有其他任何一代人見證過我們這代人所經歷的那些令人驚愕的事實與價值觀的轉變。從小接受的教育使我相信某些事物是永恆且重要的，然而如今，這些事物卻很少能夠持續，我所堅信或教育使我堅信不可能發生的事情已然發生。

---

[046] 沙文主義最初是指極端、無理且過度的愛國主義，如今其涵蓋範圍已擴展至其他領域，主要指對自身所屬團體的盲目熱愛，並且常常對其他團體懷有敵意或仇恨，這是一種偏見的情感。

[047] 道格拉斯・黑格（Douglas Haig，1861－1928）：英國陸軍元帥。生於蘇格蘭愛丁堡，1884 年進入桑赫斯特皇家軍事學院，於 1910 年晉升中將，第一次世界大戰中在法國戰場任英國遠征軍總司令。

第五章　加入第四輕騎兵團

＊　＊　＊

　　布拉巴宗上校是位愛爾蘭的貧困地主，他的一生皆奉獻於英國軍隊。他是奧維達[048]小說中的英雄形象。自1860年代初加入英國近衛軍步兵團以來，他一直引領時尚潮流，成為倫敦社交圈中最耀眼的軍事明星之一，並且是威爾斯親王長久的親密朋友。無論是在宮廷還是俱樂部，無論是在賽馬場還是狩獵場，他都是一位受人尊敬的人物。儘管他一直未婚，但他對女性毫無反感。他年輕時必定十分英俊，體態符合標準男性的範本，實際上他的身高不到六英呎，但看起來卻顯得高挑。如今，他正值壯年，風度翩翩。他的面部輪廓分明勻稱，一雙灰色眼睛炯炯有神；結實的下巴和一撮小鬍子使他看起來更加帥氣，即使是凱撒大帝見了也會視他為美男子的典範。此外，他還擁有上一代花花公子的風度和氣質，無論是真實還是裝出來的，他從未把「R」這個字母的音發正確過。他健談且思路敏捷，引人注目的個性在任何場合都不會讓人感到冷場，無論談話的氣氛是否融洽。

　　他戎馬一生，經歷許多波折。他在英國近衛軍步兵第一團服役六年後，因經濟困難而退役，隨後經歷了一段非常艱難的時期。1874年，他參加了阿善堤戰役的志願軍，這是一項極大的殊榮。在這次戰役中，他表現出色，上層人士為他奔走，請求恢復他的軍職。事實上，他得到了前所未有的恩惠。威爾斯親王非常希望他能被委派到他所在的第十輕騎兵團，這個團在當時軍隊中限制最嚴、最難進入。然而，由於該團當時沒有空缺，他暫時被派往前線的一支步兵團任職。有人問他：「你現在屬於哪個團，布拉巴宗？」他回答道：「我自己也記不清楚了，不過他們的軍服上有綠色鑲邊，就駐紮在滑鐵盧附近。」

---

[048]　奧維達（1839－1908）：維多利亞時期英國知名女作家，出生於英格蘭，成長於巴黎，後定居倫敦。她在英國展開小說創作，並取得了極大的成就。

有一次，他向奧爾德肖特火車站的站長詢問：「到倫敦的列車在哪裡呢？」「已經發車了，上校。」「發車了！那就再調一輛來。」

最終，他被調入第十輕騎兵團。1878 年和 1879 年的阿富汗戰爭，以及 1884 年的薩瓦金戰役，他的卓越表現使他在團內聲望日益提升。由於他在現役中連升兩級，他的軍銜實際上超過了團長的級別。這情況在當時的英國軍隊中極為尷尬。某次，第十輕騎兵團的團長對布拉巴宗上校所指揮的中隊表示不滿，命令他們返回營房，這令布拉巴宗感到極為羞辱。然而，幾個星期後，第十輕騎兵團與另一個騎兵團組成一個旅進行演習，團的權威不再奏效，布拉巴宗憑藉其高軍銜自然擁有了指揮權。面對曾是自己上司的團長，如今成為自己的下屬，布拉巴宗重複了其指揮官的話，乾脆俐落，並在最後嚴厲命令：「先生，把你的團帶回去。」這件事在軍中引起了極大的關注。不可否認，布拉巴宗的行為有其道理。當時，人們習慣於以刻板的方式捍衛自己的權利，現在看來並不合適。然而，每件事都有兩面看法。

顯然，由於他在團裡的資歷不足以指揮第十輕騎兵團，戰爭辦公室於 1893 年任命他指揮第四輕騎兵團。這一決定不可避免地在該團的高層軍官中引起了反彈，因為沒有一個團會因一個想要改變他們團面貌的陌生人到來而感到高興。當這位多次榮獲獎章，在社會和軍隊中享有崇高威望的上校首次掌管第四輕騎兵團時，該團氣氛非常緊張。況且，這個團的歷史比第十輕騎兵團還要悠久。布拉巴宗毫無意圖去迎合該團，相反，他展現了善於控制局面的自信，不僅使全團的人毫無異議地服從他，而且還贏得了軍官們，至少是團裡的尉官們的高度崇敬。一些資深的軍官也被迫屈服。某晚，他對一位性情暴躁的後勤主任說：「你是從哪個藥劑師那裡弄到這種香檳酒的？」

對我來說，他是一位嚴於治軍的軍官，除此之外，他還是一個很有魅

第五章　加入第四輕騎兵團

力的人。我發現他常常在食堂用餐時談論一些關於戰爭、體育、宗教或非宗教的話題，我從中發現上校博覽群書，知識面很廣。比如，有一次我引用「上帝讓風輕輕吹拂在剪過毛的羊羔身上」，布拉巴宗問：「你從哪裡看來的？」我得意地回答，雖然人們常認為這是出自《聖經》，但它實際上出自斯特恩[049]的《感傷旅行》。「你讀過這本書嗎？」他冷靜地問道。所幸，我不僅誠實，還很警覺，我坦承我沒讀過，這本書似乎是上校最喜歡的其中之一。

然而，上校也曾遭遇挫折。在我加入第四輕騎兵團之前不久，他與當時在奧爾德肖特擔任指揮的伊夫林・伍德爵士發生了激烈的爭執。布拉巴宗對該團的操練制服進行了一些小改動，這些改動大多是合理的。例如，他將制服上的金飾帶換成鉻黃色條紋。他下巴上的一小撮帝王式鬍鬚已留了三十多年，這顯然違反了女王的第七條法令，即「下巴與下唇之間的鬍鬚都要剃光」（除非是那些擁有開疆功勳的人可以留鬍鬚）。但三十多年來，無論戰爭還是和平時期，從未有上級挑戰過布拉巴宗的帝王式鬍鬚，這鬍鬚成了他的特權和習慣，令他非常自豪。他剛把團隊帶進奧爾德肖特指揮部時，伊夫林・伍德爵士便急於表現出對所有人一視同仁的態度。第四輕騎兵團操練褲上的鉻黃色條紋消失了，操練時穿的寬鬆卡其褲也被禁止。[050]毛衣消失了，取而代之的是傳統的鑲金邊操練褲和緊身夾克。上校被迫遵從，但私底下他曾向戰爭辦公室抱怨過這件事。毫無疑問，他有他的理由。事實上，不到一年，他那些既合理又經濟的改革已在全軍推廣。然而，在戰爭辦公室或倫敦，沒有人敢挑戰伊夫林・伍德爵士的決定，因為他掌握著女王的軍規。當伊夫林・伍德爵士得知布拉巴宗批評了

---

[049]　勞倫斯・斯特恩（Laurence Sterne，1713－1768），18世紀英國傑出的小說家之一，著有《項狄傳》等著作。

[050]　卡其（khaki）一詞源自古波斯語，意指灰塵或泥土的顏色。在英國或歐洲，卡其布指的是一種略帶淺綠色的淺褐色布料。

他的決定，他決定進行一次大膽的反擊，給上校下達了一道書面命令，要求他在下一次檢閱時「依照女王的法令剃鬚」。這對布拉巴宗來說是一種極大的侮辱，但他別無選擇，只能服從。那天晚上，他做出了妥協，刮掉了鬍鬚。第二天清晨，當他以這種自毀形象出現在部下面前時，大家都驚呆了，聽了他的解釋後更加震驚。這件事對上校的打擊太大，以至於他在任何場合都不願再提起此事。從那以後，除非是軍務上的需要，他再也不提伊夫林·伍德爵士。

我曾有幸在布拉巴宗上校麾下效力，隨後的二十年間，我們之間始終保持著深厚的友誼。上校是一名頑固不化的正統托利黨人，堅信三大核心原則：保護貿易、強制徵兵以及恢復《傳染病防治法案》。他評判政府和政治家的是非標準，完全取決於他們是否與這些信條一致。然而，政治事務，甚至是自由貿易爭端、勞合·喬治預算案，以及阿爾斯特[051]爭議等問題，並未對我們的關係造成影響。

＊　＊　＊

1895年夏天，我們都感到非常愉快，因為我們得知主張地方自治的激進政府在下議院遭遇挫敗，索爾斯伯利勳爵再次組閣上臺。我們每個人都對羅斯伯里勳爵充滿好感，因為他被認為是一位愛國者。然而，他的同僚表現不佳，將他拖下了臺。人們認為羅斯伯里過於軟弱，不得不屈從於他的那些同僚。此外，愛爾蘭民族主義者支持他的執政，但眾所周知，愛爾蘭民族主義者不會在沒有削弱大英帝國的情況下罷休。我為約翰·莫利辯護，但他們認為他是最糟糕的那類人，並且與芬尼亞組織成員及其他賣國賊有牽連。令人感到特別欣慰的是，政府因削減火藥供應而被趕下臺，如果戰爭爆發，沒有火藥如何作戰？有人說實際上火藥供應是充足的，但用

---

[051]　原本屬於愛爾蘭的一個地區，現今被北愛爾蘭和愛爾蘭共和國瓜分。

第五章　加入第四輕騎兵團

任何理由作為武器都足以將這幫無賴趕下臺！當時，自由黨在奧爾德肖特非常不受歡迎。大選結果顯示，多數國民與我們有相同的看法，因為索爾斯伯利勳爵以一百五十席的多數票重新執政。此後，保守黨執政十年，期間他們發動了許多戰爭，這些戰爭占據了本書很大篇幅。事實上，直到貿易保護問題提出後，保守黨才被選下臺，隨後自由黨上臺，打了所有戰爭中最大的一仗，但現在一切都已經結束了。

內閣慶功宴結束後，我受邀參加在德文郡大廈舉行的晚會。在那裡，我看到所有的新內閣大臣都穿著鑲金邊的藍色制服，顯得十分幹練。這些制服雖不如我們的華麗，但其設計深得我心。我特意與喬治‧寇松交談，他是新任的外交事務次官，看起來意氣風發，前途無量。他謙遜地接受了我的祝賀，並解釋說，儘管他的職位較低，但在下議院代表外交部，因此他希望能參與制定外交政策，而不僅僅是捍衛和解釋政策。現場也有一些落選的年輕人，這些可憐的人不得不強顏歡笑，並比其他人笑得更開心，向所有奪走他們職位的人表示祝賀。因為沒有人考慮為我安排職位，所以我也沒有什麼嫉妒心需要克制。

*　*　*

就在那時，埃弗雷斯特太太去世了。當我得知她病重的消息後，立刻趕往倫敦探望她。她住在倫敦北部的姊姊家中，明白自己病危，但她只為我擔心。那天大雨滂沱，我的夾克都溼透了。當她的手觸碰到我的夾克時，她非常擔憂，怕我會感冒。我只好脫下夾克烘乾，她才安下心來。她唯一的心願是見一見我的弟弟傑克，可惜無法安排他們見面。我趕往倫敦市區請來一位優秀的專家，兩位醫生會診後認為她患的是腹膜炎。當時我不得不乘午夜火車趕回奧爾德肖特，以便參加第二天清晨的早檢閱。檢閱一結束，我又趕回她的床邊，她還能認出我，但逐漸失去了知覺，很快就

去世了。她一生清白，熱愛生活，始終為他人服務。她有一種單純的信念，因此無所畏懼，似乎對死亡也毫不在意。她是我二十年來最可敬、最親密的朋友。她曾照料過一位牧師將近二十五年，我發了一份電報給這位牧師，他對埃弗雷斯特太太的忠誠服務與精心照料記憶猶新，他現在已是一位副主教，住在坎伯蘭郡。我們在埃弗雷斯特太太的墓前見面，他沒有帶小艾拉一起來。

當我憶起這位可憐老婦的命運，想到許多老婦在人生將盡時無人照顧，生活無以為繼。我曾參與養老金和保險政策的制定，這些政策是其他國家無法相比的，對老婦尤其有益。這令我深感欣慰。

第五章　加入第四輕騎兵團

第六章　古巴之行

　　那時，與我們同代的士兵皆渴望奔赴戰場，這種訴求注定會被滿足，而且我們的所有期望很快便得到了最充分的實現。

　　在維多利亞時代的末期，大英帝國享受了一段持久而無間斷的和平，這使得所有的勳章及其背後的經歷和冒險在英國軍隊中變得極為稀少。參與過克里米亞戰爭和鎮壓印度叛亂的老兵們都已退伍。參加過 1880 年代初阿富汗戰爭和埃及戰爭的勇士們也已經榮升高位。自此，幾乎再也聽不到戰爭的怒吼。1895 年 1 月，當我加入第四輕騎兵團時，女王陛下的軍隊裡幾乎找不到一個曾親眼見過哪怕是最小規模戰爭的上尉，而想在下級軍官中找到一個有戰爭經歷的人，更是難上加難。物以稀為貴。軍事當局從未像現在這樣珍視參戰的機會，各級軍官也都在尋找一切可能的機會參戰，因為這是晉升的捷徑，是通往榮譽的金光大道。有機會參戰的幸運兒在年長的紳士和年輕的女士眼中也更具魅力。我們這些年輕軍官多麼羨慕資深少校在阿布科里戰役中的冒險經歷啊！我們又是多麼羨慕上校獲得的一排排榮譽勳章啊！他們不止一次為我們講述他們過去的振奮人心的經歷，我們百聽不厭。我們多麼希望也能擁有類似的回憶匣子，如果需要的話，可以向一群意氣相投的聽眾一遍遍地開啟展示。在食堂吃完晚餐後的愉快氛圍中，我們常常幻想自己的機會也會來臨，也能有機會一仗接一仗地打。在馬球比賽中，在狩獵場上，以及在軍事演習中的英勇表現也許會有價值；但如果一個年輕軍人上過真正的戰場，經受過槍林彈雨的洗禮，那麼他的將軍、他的部下以及他所追求的女孩，都會對他刮目相看，都會

第六章　古巴之行

一致地、真誠地、發自內心地賞識他，佩服他，崇拜他。

當時，與我們同代的軍人皆渴望上戰場，這種願望注定會被滿足，而且我們所有的要求迅速得到了最充分的實現。我們這些下級軍官原以為在自由黨的民主政府執政下不會發生戰爭，這種觀點很快被證明是錯誤的。和平時期結束了，戰爭將不再稀缺。哎，戰爭多得打不完。一批又一批有抱負的桑赫斯特軍校學員和皇家軍隊中那些無憂無慮的年輕軍官中，很少有人能從命運安排的過量且可怕的戰爭中倖存下來。戰爭中的小插曲──印度邊境和蘇丹都為軍人提供了參戰的機會，英國軍隊上上下下都在激烈地爭奪這來之不易的參戰機會。不久，更大規模的南非戰爭爆發了，完全滿足了我們這支人數不多的軍隊的參戰需求。從那以後，戰爭如洪水般氾濫成災！

軍隊中的一年劃分為七個月的夏季訓練和五個月的冬季休假，每位軍官享有固定連續兩個半月的假期。我所有的錢都花在打馬球上了，無法負擔狩獵的費用，因此只能尋找能夠帶來冒險和刺激的地方。人類普遍感到的長期和平，只在地球的一小區域域被打破。據說，西班牙人和古巴叛軍之間曠日持久的游擊戰已進入最嚴峻的階段。西班牙軍隊的司令是著名的馬丁內茲·坎波斯元帥，他因征服摩爾人及向西班牙人發表宣言而聞名。他已被派往這座叛亂之島，並有八萬援兵迅速跨洋運來，試圖平息那裡的叛亂。古巴戰爭正在進行。從我兒時起，我就對士兵和戰爭問題深思熟慮，經常在夢中或白日夢時想像初次參戰的感覺。小時候我以為，四周到處能聽到子彈的呼嘯聲，時刻面臨死亡和受傷的風險一定很刺激，是了不起的經歷。如今，我既然肩負了軍人的職責，便想最好私下進行一次預演，一次與世隔絕的嘗試之旅，以確認我的性格能否經受這嚴峻的考驗，於是，我將目光投向了古巴。

我向好友雷金納德·巴恩斯中尉透露了這個計畫──他後來在法國

長期擔任騎兵師團的指揮官——發現他對此事非常熱衷。上校及整個團隊都支持我們在戰爭中找到立足之地的理念，大家認為這幾乎與參加一個季節中的重要狩獵活動一樣有吸引力；若沒有這些經歷，沒有一個中尉或上尉能夠過上受人尊敬的生活。這更加堅定了我的決心，於是我寫信給我父親的老友亨利·沃爾夫爵士——當時的英國駐馬德里大使——請求他協助我們獲得西班牙軍事當局的許可。這位備受尊敬的老紳士在外交界資歷最深，他在西班牙宮廷長期累積的影響力在外交界無人能及，他為我的事竭盡全力。不久，我們收到了一個包裹，裡面有多封極具分量的推薦信，包括官方和私人信件，大使還向我們保證，我們一到哈瓦那[052]司令官將熱情接待我們，並帶領我們四處參觀。因此，1895年11月初，我們搭船前往紐約，接著轉往哈瓦那。

這一代人因戰爭而心力交瘁，他們變得殘忍、殘缺，並且充滿厭倦。他們或許無法體會一個長期生活在和平年代的年輕英國軍官，首次接近真實戰場時那種既興奮又戰慄的心情。那天黎明時分，當古巴的海岸從深藍色的地平線上浮現，映入我的眼簾時，我感受到一種如同與西爾弗船長[053]與夥伴們踏上航程，初次目睹金銀島的景象。這裡是真實事件正在上演的舞臺，有重大活動的實景。在這裡，任何事情都有可能發生，一切又似乎注定會發生。這裡或許還會成為我的長眠之地。這些念頭在早餐時逐漸消散，匆忙登陸時完全被我拋諸腦後。

古巴是一座美麗的島嶼，西班牙人稱其為「安地列斯群島中的珍珠」。[054]這裡被譽為「海上的明珠」，擁有溫暖的氣候、充足的降水、茂密的植被和肥沃的土壤，景色極其迷人。這一切不禁使我責怪我們的祖先在那個漫不經心的早晨，讓如此美麗的土地從他們手中滑落到他人手裡。然而，當

---

[052]　哈瓦那：古巴的首都。
[053]　英國作家史蒂文森所著小說《金銀島》中的角色。
[054]　安地列斯群島：西印度群島中的主要群島。

第六章　古巴之行

下的民主政府已經繼承了豐厚的財產，關鍵在於能否守住這些財富。

三十五年前的哈瓦那城與哈瓦那港雖不及今日壯麗，但各方面仍相當不錯。我們入住一家頗為不錯的酒店，享用了大量橙子，抽了不少雪茄，並將我們的證件呈交給當局，一切進展順利。當我們的信件送達後，我們立即被視為一個強大而古老的盟國在緊急時刻派來的重要非官方代表。我們越是試圖低調處理此次訪問，他們越是讚揚我們來訪的潛在意義。司令官正在巡視各處營地和要塞，但一切安排都如我們所願。我們將在聖克拉拉市見到元帥，乘車前往那裡是可行的，因為火車裝甲堅固，首尾兩節特殊車廂有護送衛隊，車廂兩側還有堅硬鋼板保護，一旦遇到炮火攻擊，只需趴在車廂地板上即可安全抵達。我們於次日早上動身前往聖克拉拉。

馬丁內斯·坎波斯元帥熱情地迎接我們，隨後將我們交給他的一名參謀。這名參謀是一位年輕的陸軍中尉，是德士安公爵的兒子，名叫胡安·奧唐納，他的英語相當流利。我對這個名字感到驚訝，後來才知道，自從愛爾蘭旅[055]自組建以來，這個名字已經轉變為西班牙語。奧唐納向我們解釋說，如果我們想參與戰鬥，應該加入機動縱隊。然而，這支縱隊當天早上已在瓦爾德斯將軍的指揮下，從聖克拉拉出發前往四十英里外被叛軍包圍的聖斯皮里圖斯鎮。遺憾的是，我們錯過了。由於縱隊才出發一天，我們認為追上他們應該不難。年輕的西班牙中尉搖頭道：「你們走不了五英里。」我們問：「那麼，敵人在哪裡？」他回答：「他們無處不在，五十個騎兵可以隨意行動，但兩個人卻寸步難行。」儘管如此，我們仍有可能攔截瓦爾德斯將軍。我們必須先乘火車到西恩富戈斯，再乘船到圖納。他說，從圖納到聖斯皮里圖斯的鐵路線有堅固碉堡防衛，軍隊的火車仍能順利通行。這樣，我們可在三天內行駛一百五十英里，到達聖斯皮里圖斯，

---

[055]　有超過十五萬的愛爾蘭人在南北戰爭期間加入了聯邦軍隊。1861 至 1863 年間，由愛爾蘭士兵組成的愛爾蘭旅因其作戰時的英勇善戰而聞名。

而瓦爾德斯將軍及其部隊要到第四天晚上才能抵達。我們可以在那裡加入他們的縱隊，參與後續的戰鬥。至於馬匹和勤務兵，他們會為我們準備妥當，將軍也會歡迎我們作為參謀加入。

我們一路平安無事，最終抵達了聖斯皮里圖斯。這個鎮子規模不大，衛生狀況卻極為糟糕，天花和黃熱病肆虐。夜晚我們住進了一家骯髒、嘈雜且擁擠的小旅館。第二天晚上，瓦爾德斯將軍率領他的縱隊進駐了這個小鎮。這支部隊相當強大，包括四個營，約三千名步兵，兩個騎兵中隊和一個砲兵中隊。士兵們看起來個個強壯精力充沛，沒有人因行軍而疲憊不堪。他們身穿棉質軍服，原本潔白，如今卻因泥土和灰塵變成了卡其色。他們背著沉重的背包，佩戴著兩排子彈帶，頭上戴著大大的巴拿馬草帽。鎮上的友軍熱烈歡迎他們，看來當地居民也對他們表示歡迎。

稍後，我們在司令部拜見了將軍，他已經閱讀了推薦我們的電報，並以極大的熱情迎接我們的到來。蘇亞雷斯·瓦爾德斯是一位師級將軍，他率領部隊在叛亂地區進行了兩週的行軍，目的是巡視西班牙人駐守的小鎮和要塞，並隨時打擊出現的叛亂者。透過翻譯，他向我們表示，能有來自兩個強大友善國家的傑出代表加入他的縱隊，對他而言是極大的榮幸，他非常珍視大不列顛帝國給予的道義支持。我們透過翻譯向他表示感謝，並說我們相信在這裡一定會很愉快。翻譯將這句話譯得非常好，將軍聽後十分高興。隨後，他宣布黎明出發。這個小鎮疾病橫行，若非必要，他一刻也不願多待。黎明之前會有人準備好我們的馬匹，與此同時，他還邀請我們共進晚餐。

看啊，次日凌晨，一位年輕軍官的生命中，一種多麼異常的感覺！依然是夜晚，但天空已經微微泛白。我們彷彿置身於一位名不見經傳但才華橫溢的作家所描述的「朦朧而神祕的黎明殿堂」。[056] 我們騎馬前行，身著

---

[056] 出自麥凱的《印度的二十一天》。——原注

第六章　古巴之行

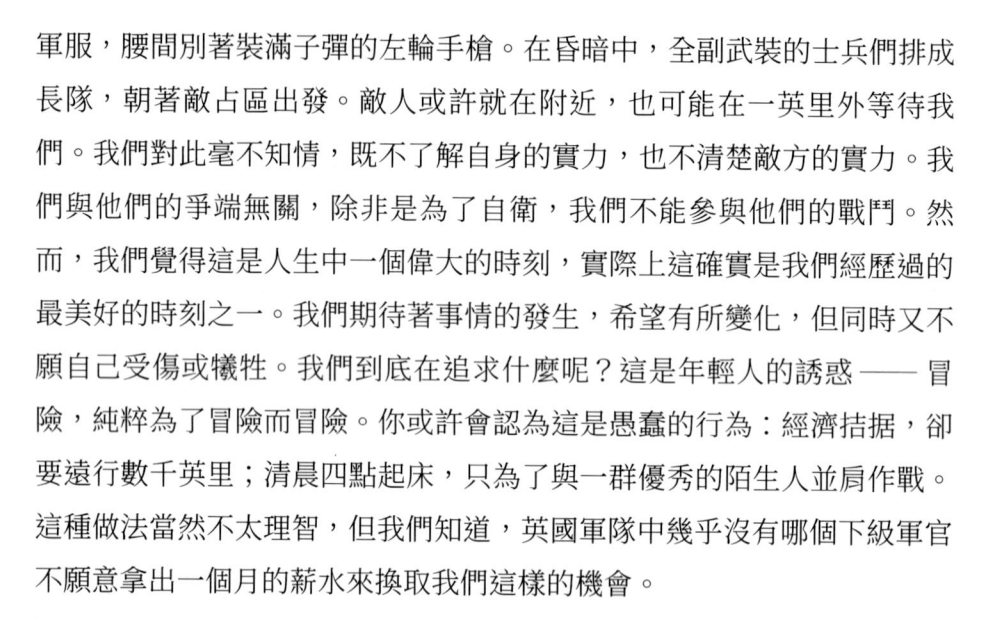

軍服，腰間別著裝滿子彈的左輪手槍。在昏暗中，全副武裝的士兵們排成長隊，朝著敵占區出發。敵人或許就在附近，也可能在一英里外等待我們。我們對此毫不知情，既不了解自身的實力，也不清楚敵方的實力。我們與他們的爭端無關，除非是為了自衛，我們不能參與他們的戰鬥。然而，我們覺得這是人生中一個偉大的時刻，實際上這確實是我們經歷過的最美好的時刻之一。我們期待著事情的發生，希望有所變化，但同時又不願自己受傷或犧牲。我們到底在追求什麼呢？這是年輕人的誘惑——冒險，純粹為了冒險而冒險。你或許會認為這是愚蠢的行為：經濟拮据，卻要遠行數千英里；清晨四點起床，只為了與一群優秀的陌生人並肩作戰。這種做法當然不太理智，但我們知道，英國軍隊中幾乎沒有哪個下級軍官不願意拿出一個月的薪水來換取我們這樣的機會。

然而，什麼也沒有發生。天色逐漸變亮，西班牙軍隊如一條長蛇般，在無邊無際的森林和起伏不平的地形中蜿蜒前行。陽光照射下，溼潤的大地閃閃發光。行進了大約八英里，將近九點時，我們到達一片空地，傳令停止前進，準備享用早餐和午休。早餐是一天中重要的一餐，步兵們生火烹飪食物；戰馬卸下馬鞍，在一旁啃食青草；咖啡和雜燴被端上桌，供參謀人員用膳。這場景宛如一場野餐。將軍的副官拿出一個長金屬瓶，裡面裝著他自製的飲料，這種飲料被他稱為「朗可特酒」。我清楚記得這個名稱，但直到最近幾年我才明白這個詞的含義，這種飲料無疑是「用蘭姆酒調製的雞尾酒」。無論它叫什麼名字，都非常美味。此時，樹叢間已經掛起吊床，我們接到命令上吊床休息，而士兵和團裡的軍官，在採取了必要的防備措施後，躺在地上休息，每個人在樹蔭下睡了四個小時。

午休在下午兩點結束後，寂靜的露營地開始變得忙碌起來。到了三點，我們重新出發，以每小時至少二點七五英里的速度行進了四個小時。當夜幕降臨時，我們抵達了夜營地。這一天縱隊行進了十八或十九英里，

步兵們絲毫不顯疲態。這些堅韌的西班牙農民，大地的孩子，以令人欽佩的毅力背負著沉重的裝備在小路上健步如飛。對他們來說，長時間的午休相當於一整夜的休息。

我堅信羅馬人的作息時間比我們的安排更加合理。他們一年四季都在日出前起床，而我們除了在戰爭時期，幾乎從未見過黎明。偶爾我們能夠看到日落，但日落象徵著悲傷，而黎明象徵著希望。午休和午睡比整晚的睡眠更能讓人恢復體力，振作精神。我們並非天生就能從早上八點工作到深夜或玩樂到深夜，每天都把弦繃得很緊是不合理且短視的。無論是工作還是娛樂，無論是心理還是生理，我們都應該將時間和進度分成兩部分。在大戰期間，我在海軍部工作時，發現午餐後小憩一小時能使我每天多完成將近兩個小時的工作。拉丁人的生活方式比我們盎格魯-撒克遜人或條頓人更有智慧，更接近自然，儘管他們擁有較優越的氣候條件。

根據這樣的日程計畫，我們已經行進了好幾天，穿越美麗的鄉村，既看不到戰爭的跡象，也聽不到任何戰爭的訊息。在這段時間裡，我們與西班牙主人相處得十分融洽。我們都用蹩腳的法語交流，儘管看問題的角度不同，但我們努力理解他們的一些觀點。比如，參謀長本索中校提到戰爭時說：「我們打這場戰爭是為了維護國家的完整。」我對他的說法深有感觸。由於教育有限，以前我從未意識到其他國家也有這種意識，只知道英國人受到的教育要求我們有這樣的認識。看來他們對古巴的看法與我們對愛爾蘭的看法相似，這給我留下了深刻的印象。這些外國人對他們的國家和殖民地竟然與我們持相同觀點，甚至表達這種觀點的語言也與我們類似，彷彿他們就是英國人，這真是厚顏無恥。然而，我接受了這個事實並牢記在心。在此之前，我私底下還同情那些反叛者，至少同情他們的反叛；但現在我開始意識到，如果西班牙人失去他們美麗的「安地列斯群島的明珠」，他們會多麼傷心啊，我開始為他們感到難過。

第六章　古巴之行

我們無法理解他們如何能夠贏得這場戰爭。設想一下，每個縱隊有近四千人在無邊無際的潮溼叢林中徘徊，每小時的開銷是多麼龐大啊。那裡大約有十二支這種規模的西班牙縱隊，還有許多小規模的縱隊，都在連續不斷地行軍。各個營地和要塞，以及鐵路線兩側的碉堡內駐紮著二十萬西班牙軍隊。我們知道，當時的西班牙並不富裕，我們也知道，西班牙政府為供養這五千英里外的大洋彼岸的二十五萬大軍要付出多大的努力和犧牲。這就像是伸長手臂舉一隻啞鈴。而敵人如何呢？我們根本看不到他們，我們甚至連一聲槍響也沒有聽到，但他們的確存在。西班牙軍隊採取周密防備的措施和安排強大兵力都是因為常有災難發生。在深山老林裡，有成群結隊衣衫襤褸的當地人，他們並不缺少槍支彈藥，尤其可怕的是他們每個人都佩有一把大砍刀。對他們來說，戰爭的代價只需付出貧窮、危險和痛苦——而他們從來不缺少這些東西。現在輪到西班牙人在游擊戰中吃敗仗了，他們就像當年的拿破崙衛隊，一隊一隊地、日復一日地在半島上移動，到處都充滿了神祕莫測的敵意，隨時可能遭到猛烈的攻擊。

11月29日晚，我們在戒備森嚴的阿羅約布蘭科村過夜。我們派出兩個步兵營和一個騎兵中隊，隨護送隊的主力前往幾個要塞運送生活物資，其餘約一千七百人的部隊則負責尋找敵人，伺機作戰。這一年11月30日是我二十一歲的生日，那天我首次聽到了憤怒的槍聲，以及子彈射入肉體和在空中呼嘯的聲音。

清晨，我們出發時，薄霧悄然而至。驀然，隊伍後方傳來了槍聲。當時，交戰雙方距離甚近，且使用大口徑來福槍，槍聲震耳，硝煙與子彈出膛的火光清晰可見。槍聲彷彿只有一弗隆。[057] 遠處傳來的聲音刺耳且驚悚。然而，因為沒有子彈飛近，我很快就安心了。我感到自己相當樂觀，抱著「事不關己，高高掛起」的態度。薄霧遮蔽了視線，過了一會兒，霧

---

[057]　英國的長度單位中，一弗隆等於八分之一英里，大約是二百公尺。

氣開始散去，我們發現自己正穿越森林中的一片空地，這條小徑被稱為軍用路，寬約一百碼。我們沿著這條路行進了好幾個小時，路上灌木叢生，軍官們用大砍刀砍掉樹枝；或者為了尋開心，把掛在樹枝上的多汁果實劈成兩半，冰涼透明的液體滴落在那些不留神的人身上。

那一天，我們停止行軍準備吃早飯時，大家都坐在各自的馬旁，吃著口袋裡的食物。我分到半隻瘦雞，正啃著雞腿時，突然從樹林邊緣傳來一陣刺耳的槍聲，一串子彈在我們眼前掠過，幾乎打到我們的臉。我身後的一匹馬立刻跳了起來，但並不是我的馬。大家都非常激動，場面一片混亂。一隊士兵衝向槍響的地方，只找到了幾個空彈殼。與此同時，我一直在想那匹受傷的馬，那是一匹栗色馬，子彈擊中了牠的肋骨，鮮血滴落在地上，明亮的栗色皮毛上有一圈約一英吋寬的深紅色血跡。牠低垂著頭，但沒有倒下，顯然牠快要死了，馬鞍和韁繩都已經被卸下。看到這一切，我不禁想到，那顆擊中栗色馬的子彈，肯定是從離我頭不到一英吋的地方飛過，無論如何，我可以說我經歷了「槍林彈雨」。真幸運。由此，我開始對我們迄今為止的參戰工作有了更深刻的認識。

翌日，我們整日都在追蹤敵軍。之前走過的林地讓人聯想到英國的叢林，而此刻眼前是一片棕櫚林，這些棕櫚樹形態各異，高低不一，呈現出千奇百怪的景象。在這片棕櫚林裡穿行了三、四個小時後，我們抵達了一片空地。涉水過河後，我們在一間簡陋的小屋附近停留過夜。地圖上竟標註了這間小屋的名稱！天氣炎熱，我和我的同伴說服了兩個較年輕的參謀與我們一同去河中洗澡。這條河三面環繞著我們的營地，河水清澈溫暖，十分宜人，周圍景色怡人。我們上岸穿衣時，突然聽到不遠處傳來一聲槍響，隨後又響起兩聲，接著槍聲連成一片。子彈在我們頭頂呼嘯而過。顯然，敵軍正在發動進攻。我們迅速穿好衣服，沿著河岸返回，盡量顯得鎮定自若。終於，我們回到了將軍的司令部。當我們抵達時，半英里外正爆

第六章　古巴之行

發著小規模的戰鬥，子彈飛落到營地。反叛者主要使用雷明頓步槍，而西班牙軍隊則使用衝鋒槍，這種槍發出的嗒嗒聲與雷明頓步槍的悶響形成了奇特的對比。大約半小時後，反叛者撤退了，抬著死傷的同伴離去。但願這些死傷者有人照應。

我們在走廊式陽臺上從容地進餐，隨後移至小屋的吊床上休息。不久，我被槍聲驚醒。槍聲零星響起，時而連成一片，在夜幕中迴盪。一顆子彈掀起了小屋的屋頂，另一顆子彈擊傷了門外的一名傳令兵。我很想從吊床上跳下來，趴在地上，但見其他人都沒有動，我決定還是保持不動。我給自己壯膽，畢竟在我和敵人之間還隔著一張吊床，上面躺著一名體格強壯的西班牙軍官，事實上他算得上相當肥胖。我對胖子從來沒有成見，至少不會因為他吃得多而厭惡他。這樣想著，我又睡著了。

經歷了一夜的騷擾後，我們的縱隊於次日清晨啟程。在薄霧的掩護下，反叛者的狙擊手在我們渡河時便開始射擊。敵人不斷在我們面前後撤，利用各種有利的地形進行射擊。儘管中彈的人數不多，但子彈在長長的縱隊間飛馳，使每個行軍者都膽顫心驚。八點鐘，西班牙軍隊的先鋒部隊走出了崎嶇不平的地段，進入了一片開闊的平地。草地上有一條寬闊的道路，道路一側是鐵絲柵欄，另一側是一排矮樹。這條道路從大平原延伸，一直通向敵人的防線。道路兩邊是長滿齊腰深雜草的廣闊田野。在中途，大約一英里的前方，道路右側有一片約百棵棕櫚樹的小樹林。道路的盡頭，在適當的角度可以看到一列低矮的小山，山上布滿柵欄，山後是茂密的森林，這裡正是敵人的陣地。將軍決定立即發起進攻。

戰術極為簡單。當西班牙縱隊的先遣營離開崎嶇地形後，派出兩個連隊從兩翼包抄，騎兵隊轉移至道路右側，砲兵則居於中央。將軍與其參謀人員以及兩位英國客人隨後跟進，距戰線約五十碼。第二個步兵營以連為單位縱隊跟隨在大砲後方。行進了三百碼，未遭遇槍擊。此時，遠處山頂

上冒出煙霧，緊接著是反叛者的槍聲，這情況反覆了兩次。隨後，敵人的火力開始密集，從兩側射來。西班牙步兵開始反擊，並不斷推進，雙方火力猛烈。我們四周傳來各種聲音，有時像嘆息，有時像吹口哨，有時像憤怒的大黃蜂嗡嗡作響。將軍和參謀人員持續向前，直到距離煙火中的柵欄約四、五百碼時才停下。我們在這裡停下前進，毫無掩護地騎在馬上，觀察步兵的進攻。此時，空中彈聲四起，擊中棕櫚樹發出啪啪聲。西班牙人士氣高昂，我們也不得不鼓起勇氣，竭力保持鎮定。這場面極為危險，然而令人驚訝的是，在亂槍中中彈者並不多。我們這群人大約二十人，受傷的馬和人加起來才三、四個，無一人死亡。令我寬慰的是，不久後，西班牙軍隊的毛瑟槍齊射開始占據上風，反叛者的火力漸漸減弱，最終完全停止。不久，我看到反叛者匆忙躲進樹林，隨後一片寂靜。步兵繼續前進，占領了敵人的陣地。乘勝追擊是不可能的，因為這片叢林難以穿越。

當我們的隊伍僅剩一天的糧食時，我們穿越平原撤回。西班牙人保持了榮譽，我們的好奇心得到了滿足，於是西班牙隊伍回到海岸，我們則返英國。我們認為西班牙人無法迅速結束古巴戰爭。

第六章　古巴之行

第七章　服役於豪恩斯洛

「有些人每次約會都會遲到十分鐘，我實在無法理解他們的思維模式。」我對此深表認同，唯一直接有效的解決方法是取消一、兩個約會，才能按時赴其他約會。然而，鮮有人能夠下這樣的決心。

1896年春季，第四輕騎兵團向豪恩斯洛和漢普頓宮苑出發，準備於秋季乘船前往印度。在豪恩斯洛，我們將馬匹交給剛從前線歸來的部隊，這樣一來，我們的騎兵訓練也告一段落。我們的軍團將在東方駐防十二至十四年，軍官們獲得長假，以便處理各自的事務。在與戰馬告別前，我們在豪恩斯洛舉行了最後一次閱兵式。閱兵儀式上，任期已滿的布拉巴宗上校做了一次簡短而精彩的軍人式發言，與我們告別。

我度過了六個月的愉快長假，這段時間是我一生中唯一的閒暇時光。我與母親同住，每週兩到三次乘地鐵前往豪恩斯洛軍營。我們在英國馬球總會和拉內勒夫馬球場打馬球，那時羅漢普頓馬球場尚未建立。我擁有五匹優秀的小馬，已開始嶄露頭角，我享受著在倫敦的時光。在那個年代，英國社會古風猶存，它是一個輝煌且強大的實體，擁有一套獨特的行為標準及實施辦法，但如今這一切已被遺忘。這麼多年來，統治英國的幾百個大家族見證了英國的輝煌頂峰。這些家族之間彼此了解，相互聯姻，關係錯綜複雜，到處都能遇見這些家庭的朋友和親戚。英國社會的上層人物大多是議會中的重要政治家，在賽馬場上同樣也是傑出的人物。索爾斯伯利勳爵有一個習慣，當紐馬基特[058]有賽馬時，他絕不召開內閣會議；下議

---

[058]　紐馬基特位於英格蘭東南部，是知名的賽馬重鎮。

第七章　服役於豪恩斯洛

院亦有一個慣例，只要德比[059]有賽馬活動時，議會便會休會。在那些年代，蘭斯頓大廈、德文郡大廈或史丹佛大廈經常舉辦盛大的晚會，出席者皆為熱情高漲、地位顯赫的社交名流，這些人與議會、軍隊及政界領袖有著密切的連繫。如今，蘭斯頓大廈和德文郡大廈已經變成酒店、公寓和餐廳；而史丹佛大廈則成為全球最醜陋且最愚蠢的博物館，它那黯淡的大廳被社會主義政府用作公務接待場所。

然而，1896年的倫敦並未顯露出這樣的徵兆，反之，人們皆翹首以待來年的鑽禧慶典。[060]我在一個接一個的熱鬧社交場所中穿梭，於這些富麗堂皇的建築中愉快地度過週末。這些場所的主人都與大英帝國的輝煌歷史緊密相連。我感到榮幸曾見證這已消逝的世界，儘管時間僅僅幾個月。1897年，德文郡公爵夫人曾舉辦一場化裝舞會，那場景至今記憶猶新。迪斯雷利在他的小說中用了大量篇幅描述當年的舞會，這次舞會重現了迪斯雷利所描繪的場景。事實上，這次舞會使他的描述栩栩如生：夏夜的格林公園裡擠滿了人群，人們聚集在此觀看來來往往的賓客，聆聽舞曲音樂，或許也在思索當時統治者與被統治者之間的巨大差異。

1920年，保羅・康本結束了他在英國的漫長外交生涯，這段經歷對他來說無疑是難以忘懷的。他屈尊來到我家，與我們共進午餐。我們的談話圍繞著我們經歷的重大事件以及自本世紀初以來世界的變遷。「我在英國待了二十年，」這位年邁的外交官說道，「我親眼見證了英國發生的革命，它比法國大革命更具深遠意義，更徹底。統治階級幾乎完全失去了政治權力，在相當程度上，他們的財產和土地也被剝奪了。這種革命在不知不覺中完成，在這一過程中沒有一個人喪生。」我認為他的觀點是正確的。

＊　＊　＊

---

[059]　德比：位於英國中部的一座城市，以其舉辦的大型賽馬活動聞名。
[060]　1897年象徵著英國維多利亞女王登基六十週年。

莉蓮，我的伯父馬爾博羅公爵八世的遺孀，是一位美國海軍准將的女兒，由於第一次婚姻而極其富有。最近，她第三次結婚，嫁給了威廉·貝雷斯福德勳爵，他是沃特福德勳爵三兄弟中最年輕的一位。這三兄弟皆為名人：長兄查利是著名的海軍將領；次兄馬庫斯在上流社會和賽馬場上享有盛名；幼弟比爾是一位軍人，在祖魯蘭[061]在戰爭中榮獲維多利亞十字勳章[062]我始終與他們保持連繫，直至他們辭世。

　　威廉勳爵與公爵夫人莉蓮在年紀稍長時步入婚姻殿堂，然而他們的婚姻卻異常美滿、幸福，甚至堪稱受益匪淺。他們選擇在多金附近風景如畫的迪普頓定居，時常邀請我前去做客。我對比爾·貝雷斯福德非常有好感，他似乎擁有一名騎兵中尉所著迷的一切特質。他閱歷豐富，深諳俱樂部區的世故。[063]與上流社會的各個方面保持連繫。在達弗林勳爵和蘭斯頓勳爵先後擔任印度總督期間，他曾長期擔任他們的軍事祕書。他是一位卓越的運動健將，終其一生與馬為伴。他熱衷於打馬球、獵野豬、賽馬，並喜愛狩獵各類大型動物，這些運動是他人生的重要組成部分。他年輕時在第十二槍騎兵團服役，曾贏得一次大賭注。有一天晚餐後，他從騎士橋的軍人食堂步行到豪恩斯洛的騎兵營，捕獲了第十輕騎兵團養的一隻獾，並將其裝在袋子裡扛回騎士橋的食堂。考慮到其間的距離，他捕獲獾所用的時間極短。在運動及運動賭博方面，幾乎沒有什麼是他未曾嘗試過的。作為軍官，他參加過三、四次戰爭，曾冒著生命危險從祖魯人的長矛和子彈中救出一位戰友。儘管他對公共事務的觀點帶有一些官方色彩，但仍非常實際。在行為和禮儀問題上，他的觀點具有絕對的權威。

---

[061]　祖魯蘭：南非的一個地名，昔日是祖魯王國的所在地。
[062]　維多利亞十字勳章是英聯邦國家中地位最高的軍事榮譽，設立於1856年，旨在表彰在對敵作戰中展現出極度英勇的人士。在英國，這枚勳章通常由國王或女王親自在白金漢宮授予獲獎者或其直系親屬。而在其他英聯邦國家，則由總督負責頒發。
[063]　坐落在倫敦聖詹姆斯宮周邊，這一區域聚集了眾多俱樂部。

第七章　服役於豪恩斯洛

我經常前往迪普頓,那裡既舒適又奢華。對於他那充滿智慧的言論,我總是百聽不厭,也很樂意分享自己的見解。他聲稱文明人之間再也不會爆發另一場戰爭了。這一觀點我牢記在心。他說:「我常看到某些國家之間劍拔弩張,但總有一些因素會使他們撤兵。」他認為,當今世界人們變得越來越理智,文明國家之間不會再發生這種令人震驚的事件。我並不完全認同這一觀點,但它對我產生了一定的影響。有三、四次,當戰爭的謠言四起時,我選擇相信他的觀點,結果證明他的觀點是正確的。這種觀點反映了維多利亞時代的生活現實。然而,威廉·貝雷斯福德勳爵及其同伴們未曾預見的是,後來這個世界陷入了一種他們從未經歷過的深淵之中。

1896 年,我首次在迪普頓遇見了賓登·布拉德爵士。這位將軍是印度邊境上最受信賴且經驗豐富的指揮官之一,同時也是比爾的終身好友。1895 年秋天,他成功攻占了馬拉根德關口。[064],剛剛回國不久。如果印度邊境再度爆發衝突,他必然會重新掌握指揮權,他擁有開啟未來幸福的鑰匙,我們成為了好友。在一個陽光燦爛的星期天早晨,於迪普頓的草坪上,我得到了將軍的一個承諾 —— 如果他能夠重返印度指揮戰鬥,他將帶我同行。

我曾在迪普頓經歷過一次煩人的事件。受邀參加為威爾斯親王舉辦的週末晚會,對於一名二等中尉來說,這是一份殊榮。布拉巴宗上校也在受邀之列。我深知自己需要給人留下好印象,必須守時、謙恭且莊重,簡而言之,要展現出所有的優良品質。我原本應該搭乘六點的火車前往多金,但最終選擇了七點十五分的班次。初始一切順利,但當行程過半時,我才意識到自己肯定會遲到,趕不上晚宴。火車預計八點十八分到站,從火車站到目的地還需十分鐘車程,因此我只好提前在火車上換裝,同車廂的一位紳士對此表示極大的關注。然而,火車行駛緩慢,每次停靠站臺都耽擱

---

[064]　位處於巴基斯坦的疆域內。

幾分鐘，而且每個小站都停。抵達多金時已是八點四十。我急忙跳下車廂，找到在站臺上等得不耐煩的僕人，迅速登上四輪馬車，馬車伕催促著兩匹馬疾馳，我感到前方等待我的必是一場嚴重的危機。不過，我心想：「我會悄悄溜進去，幾乎不引起注意地坐到餐桌邊，然後再道歉。」

抵達迪普頓後，我發現所有人都已經聚集在客廳裡，晚宴的總人數加上我似乎剛好十三人。眾所周知，英國王室對十三人共餐深感忌諱。威爾斯親王毫不猶豫地拒絕進入宴會廳，也不允許重新安排兩張桌子。他一向準時，原本應在晚上八點三十分到達，而現在已是八點四十八分。大客廳裡站著經過精心挑選的賓客，大家情緒低落。我作為一個初出茅廬的年輕人，因為他們對我的特別關照，才有幸參加這樣的宴會，但我卻遲到了。當然，我有一個絕好的藉口，奇妙的是，這個藉口後來我不止一次用過，但當時我卻沒有立即解釋。我忘記了藉口，只是結結巴巴地說了幾句道歉的話，走到威爾斯親王面前鞠了一躬。他用嚴厲的口吻說：「難道在你的軍團裡沒教你要準時嗎，溫斯頓？」說完，他不悅地看向布拉巴宗上校，而上校正怒視著我。這真是一個可怕的時刻！我們兩個兩個並排走進餐廳，坐下來剛好十四個人。威爾斯親王天生真誠善良，過了一刻鐘後，他和藹地對我說了一些玩笑話，讓我重新安了心。

我認為遲到確實是一種極其惡劣的習慣，我一生都在努力擺脫這種不良習慣。數年後，韋爾登博士曾給我寫信，信中提到：「有些人每次約會都要遲到十分鐘，我實在無法理解他們的心態。」我完全贊同這種觀點，唯一直接的解決方法是取消一、兩個約會，這樣才能準時參加其他的約會。然而，極少有人能夠下定決心這樣做。你寧可拒絕一位名人的邀請，也不要讓九個人在悶熱的客廳裡焦急地等你。

＊　＊　＊

第七章　服役於豪恩斯洛

　　1895 年 12 月，南非發生了一件事，當我回顧我的人生時，覺得這件事似乎是個禍害。那年夏天，保守黨取得了一百五十個多數席位，索爾斯伯利勳爵再次上臺。他希望能有七年任期，因為他給自己設定了一個目標：要洗刷格萊斯頓政府在非洲的恥辱。一是戈登將軍在蘇丹被謀殺；二是英國軍隊在馬朱巴山戰役[065]向南非投降。索爾斯伯利首相選擇採取緩慢且穩重的方法，謹慎地處理這兩個問題。他小心翼翼地推進歐洲的和平，同時盡力保持國內的穩定。當俄國在遠東的擴張威脅到英國的利益和日本的生存時，他竟然選擇退讓，任由俄國指揮大英帝國的中國艦隊[066]撤出亞瑟港[067]。他能容忍當時反對黨——自由黨對其優柔寡斷的譏諷。當美國發出奧爾尼照會——實際上是最後通牒——時，他並未憤怒，反而給出了溫和的回應。他做這一切都是為了大英帝國，他一心只想解決英國與蘇丹和川斯瓦的問題，[068]殖民地的議題。

　　在這件事上，張伯倫先生也相當活躍。從 1886 年到 1892 年，約瑟夫·張伯倫[069]一直支持索爾斯伯利勳爵執政。張伯倫鋒芒畢露，於 1895 年將剛執政不久的自由黨人趕下了臺。後來他決定加入索爾斯伯利首相的新內閣。在維多利亞時代中期，殖民事務部被認為是一個不太重要的機構，然而這個部門到了張伯倫手裡，卻成了國家政策的主要操作工具。索爾斯伯利勳爵在喀土穆[070]與哈里談判，並且在普利托利亞交涉[071]與克魯格總統進行會談時，發現這位來自伯明翰的激進帝國主義者在南非問題上

---

[065]　南非的馬朱巴山是 1881 年 2 月 27 日第一次波耳戰爭的關鍵戰場，這場戰役在戰爭中具有決定性意義。

[066]　自 19 世紀起，隨著中外貿易日漸活躍，西方各國為了保障其在中國的利益，相繼派遣海軍前來，組建遠東艦隊，在中國沿海及西太平洋地區進行活動。其中，以英國的「中國艦隊」規模最為龐大。

[067]　亞瑟港座落於澳洲南部的塔斯馬尼亞州境內。

[068]　川斯瓦：南非的一個省名。

[069]　約瑟夫·張伯倫是英國首相亞瑟·張伯倫的父親。

[070]　喀土穆：蘇丹的首都。

[071]　普利托利亞：南非的首都。

是他的關鍵支持者。

在南非問題上，除了這些個人因素外，局勢正逐步陷入危機。幾年來，南非深層金礦開採的發展，使約翰尼斯堡[072]不僅在英國，甚至在全球範圍內，它都成為金融和經濟領域中的一個焦點。布林共和國的農民，[073]在其祖先所移居的荒涼地區過著田園生活，現今卻驚覺擁有巨大的金礦財富，應為一個迅速增長的多民族現代城市的繁榮負責。普利托利亞出現了一個強大、能幹且野心勃勃的政府。在南非，它成為吸引荷蘭移民的磁鐵。金礦的開採量不斷增加，政府透過對金礦徵稅來支撐自己。政府與荷蘭和德國建立了連繫，尋求歐洲人的支持。最為重要的是，它擁有一支不可估量的戰鬥力──五、六萬兇猛、心胸狹隘、有偏見且虔誠的布林農民組成了最精良的持槍騎兵，自蒙古人之後，他們是最具戰鬥力的勇士。

約翰尼斯堡的新來居民被稱為外族人，主要是英國人。他們對布林政府的糟糕和腐敗管理以及沉重且不斷增加的稅收感到不滿。他們重提老話：「我們在政府中沒有代表，政府不應該向我們徵稅。」他們要求選舉權。然而，由於他們人數眾多，若獲得選舉權，肯定會推翻布林政府，取得川斯瓦的最高統治權。這一統治權是布林人在1881年艱難地從英國人手中奪回的，因此這些約翰尼斯堡外族人的正當權利絕不可能被承認。

張伯倫先生致力於保護約翰尼斯堡外族人的權益，索爾斯伯利勳爵緊隨其後。無論是從理論角度還是從民主目的來看，這件事顯得一邊倒，外族人確實有理。然而，無論你提出多麼合理的理由，都無法說服一個人放棄自己的切身利益。不管這些新居民的人口有多麼龐大，多麼有影響力，川斯瓦省的老居民都不會將他們的自治權讓給新居民，哪怕只是一部分。

---

[072]　約翰尼斯堡：這座南非東北部的城市乃該國最大都市。

[073]　19世紀中葉，荷蘭殖民者在非洲建立了殖民國家。1652年，荷蘭東印度公司在現今南非的開普敦設立了據點。1657年，開普殖民地正式成立，移民大部分為荷蘭人，被稱為布林人，意為「農民」，實際上是經營農牧場的農牧場主。

第七章　服役於豪恩斯洛

他們計劃透過徵稅來獲取所需的收入，並以此手段使外族人屈服。如果他們之間的爭端最終引發戰爭，克魯格總統和他的同僚認為歐洲沒有理由干預，也看不出他們不能成為全南非的主人的原因。他們也有自己的道理。英國人不斷挑撥布林政府與當地居民和僕人之間的關係，為了避免英國人的統治，他們不是已經經過艱苦跋涉遷移到這片荒蕪之地了嗎？如果英國人像對待波士頓茶黨事件[074]一樣蠻橫無理，那麼布林人也可以像美國南北戰爭前夕的南方種植園奴隸主一樣隨心所欲。布林人聲稱，英國的帝國主義者為了奪取金子，對布林人步步緊逼，把他的手伸向了他們最後的避難所。張伯倫先生反駁道，事實上布爾政府是拒絕給予這些具有現代化生產能力並為布林創造了十分之九財富的外族人公民的權利，因為布林人害怕他們再也不能虐待卡菲爾人。[075] 罪惡的爭鬥，結束了。

塞西爾·羅茲[076]先生是殖民地開拓公司的創辦人兼董事長，他能夠成為開普殖民地總理，相當程度上得益於荷蘭人的支持。詹姆士博士是該公司的管理人員之一，性格剛強且易於衝動，他在馬弗京[077]召集了一支由六、七百人組成的隊伍。因此，如果外族人為了爭取公民權和政治自由而發動反叛，就像他們經常威脅的那樣，如果有必要且羅茲支持、英國政府同意，他便能帶領這支部隊從馬弗京出發，迅速行進一百五十英里到達約翰尼斯堡，從而阻止不必要的流血事件。無巧不成書，當時約翰尼斯堡確實有人密謀反叛，外族人準備以武力奪取公民權。對他們來說，經費不

---

[074]　1773 年，波士頓茶黨事件在北美殖民地的波士頓爆發，這是當地居民反對英國東印度公司壟斷茶葉貿易的抗議行動。當年，為了傾銷東印度公司的積壓茶葉，英國國會通過了《救濟東印度公司條例》，這一舉措激起了北美殖民地居民的強烈不滿。在波士頓，由韓柯克和塞繆爾·亞當斯領導的一群青年組成了波士頓茶黨。1773 年 12 月 16 日，反英群眾在波士頓茶黨的號召下，將東印度公司的茶葉全部倒入大海。英國政府採取高壓政策，進一步激發了殖民地居民的強烈反抗，矛盾愈加尖銳，公開衝突不斷更新，最終引發了美國獨立戰爭。

[075]　在南非，卡菲爾人通常是對非洲黑人的貶稱。

[076]　塞西爾·羅茲：南非鑽石業大廠，金融家暨政治家。

[077]　馬弗京位於南非的北部地區。

是問題，因為參與的共謀者中包括一些主要的金礦礦主。總之，他們得到了大部分礦工和住在約翰尼斯堡的非荷蘭人的支持，儘管這種支持不是很熱情，但在人數上，他們已經超過了住在川斯瓦的布林人。4月的一天早晨，約翰尼斯堡成立了一個臨時政府，於是詹姆士博士帶領著他的七百名人馬和兩門炮，穿過草原直奔約翰尼斯堡。

這次事件震驚了歐洲，並震撼了全世界。德國皇帝向克魯格總統發出了一封電報，並指示駐紮在附近的德國海軍在德拉瓜灣登陸。英國因此遭到來自各國的強烈譴責。早有準備的布林突擊隊輕而易舉地包圍了詹姆士博士和他的隊伍，經過激烈戰鬥，詹姆士博士被迫率部投降。與此同時，川斯瓦的武裝部隊成功鎮壓了約翰尼斯堡的叛亂，逮捕了所有參與叛亂的領導人和大富翁。當詹姆士博士發動襲擊的消息傳到英國，英國政府立即否認了他的行為。在開普敦[078]塞西爾‧羅茲簡潔地說：「他打亂了我的計畫。」索爾斯伯利勳爵以極大的耐心和堅韌的外交手段來平息民眾的憤怒。那些在約翰尼斯堡被判處死刑的叛亂領袖，被允許用巨額贖金來換取自由。詹姆士的部下參與襲擊的人被引渡回英國接受審判，總指揮和軍官都被判處兩年監禁。

自由黨的領導人進行了一次徹底的調查，以確定張伯倫先生或羅茲先生是否與此事有關聯。這次調查耗時良久，但最終未能得出確切的結論，結果此事不了了之。然而，這次事件引發了一系列嚴重後果，嚴重損害了英國在國際上的聲譽。荷蘭人推翻了塞西爾‧羅茲在開普殖民地的統治。英國將德國皇帝的電報視為敵對情緒的表現，對此深感不滿。德國皇帝在面對英國的海上力量時感到處於劣勢，遂將注意力轉向建立德國艦隊。南非的政治局勢徹底脫離了和平的軌道。英國殖民者期望獲得大英帝國的援助，而荷蘭人則團結在兩個布林共和國的旗幟下。遭受了這次災難性的挫

---

[078] 開普敦：南非的次大城市，同時也是立法首都。

第七章　服役於豪恩斯洛

折後，英國政府開始團結起來，而川斯瓦人則加重了對外族人的徵稅，並大規模地武裝自己。衝突的火焰燃起，唯有更有力的裁決才能解決這場爭端。

在這個動盪的夏季，我的母親頻繁邀請各黨派的政治家、文藝界名流以及一眾俊傑才俊到家裡來。然而，有一次，她過於寬容了。約翰‧威洛比爵士是詹姆士博士襲擊事件的參與者之一，正在倫敦取保候審，他是我們家的老朋友。事實上，正是他教會了我如何用玩具騎兵來布置戰陣。有一天，我從豪恩斯洛回來，發現他早已在我家，準備共進午餐。當時我母親還未回來。突然，門開了，僕人通報約翰‧莫利先生來訪。我意識到麻煩來了，但只能硬著頭皮為他們介紹，因為別無他法。約翰‧莫利停下腳步，僵硬地微微鞠躬，但並未伸出手。威洛比則毫不在意。我心中十分不安，只好輪流對他們說些客套話，努力製造談話的氣氛。不久，我母親回來了，我如釋重負，她能從容應對這種尷尬的場面。午餐時，不知情者難以察覺這餐桌上四人中，有兩人從不直接交談。午餐接近尾聲時，我感覺他們並不介意相互交談，但為了表明各自立場，只能僵持下去。我懷疑這是我母親有意安排，她想緩解我們所關心問題引發的緊張局勢；她試圖將詹姆士襲擊事件降格為普通的政治問題，但流血事件已經發生，性質就不同了。

當時我在第二十一輕騎兵團服役，不言而喻，我完全支持詹姆士博士及其戰友們，對爭端雙方的理由也相當了解。我渴望有一天能「雪恥馬朱巴」。保守黨政府在危機時刻的怯懦令人震驚，當我看到他們屈服於誤導的反對黨——自由黨的意見，甚至打算懲罰這些英勇的襲擊者時，我感到無比羞恥。這些襲擊者中的大多數人我都十分熟悉。在接下來的幾年裡，我對南非有了更深入的了解。

第八章　駐紮印度

在三十年前的印度，若你不願意從事家務勞動，且希望有人為你效勞，那裡是理想之地。

啟程前往東方的時機終於來臨。我們登上了一艘能夠容納一千二百人的運兵船，從南安普敦出發。[079] 啟程，歷經二十三天的航程後，抵達孟買港。[080] 我們抵達了一片異國的土地。

設想一下，我們這群官兵在船上悶了將近一個月，如今突然看到周圍出現了一大片棕櫚樹和帶有明顯伊斯蘭風格的孟買宮殿，那是多麼令人高興啊。我們隔著舷牆，越過碧波蕩漾的海面，凝視著眼前的美景。每個人都迫不及待地想上岸，去一探印度的真容。對於一般旅客來說，晚點和辦理各種下船手續都會耗費大量時間，令人煩躁；而對我們這些乘皇家經費出行的官兵來說，上岸的手續更多，耽擱的時間也成倍增加。不管怎麼說，到下午三點時，上頭傳來一道命令，通知我們將在晚上八點天氣較涼時登陸，在此期間，部分軍官可以獨自上岸。整天都有許多小船停在我們的船旁，隨著波浪起伏不定。我們迫不及待地叫來幾條小船，十五分鐘後，我們就到了薩松碼頭。我非常高興能來到這裡，當我和兩個朋友坐在小船上時，只覺得小船搖晃得厲害，我們全神貫注，不敢有絲毫大意。船划到一個大石牆旁邊，石牆下是溼漉漉的臺階，還有供人抓握的鐵環。小船在波濤中上下顛簸，落差達四、五英呎。我伸手抓住鐵環，但腳還沒站

---

[079] 南安普敦：英國南部的英格蘭港口都市。
[080] 孟買是印度西部的一個邦，其首府為孟買城，孟買港坐落於印度西海岸外的孟買島上，是印度最大的港口。

第八章　駐紮印度

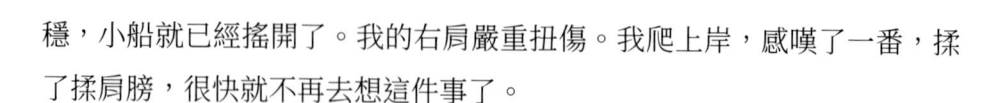

穩，小船就已經搖開了。我的右肩嚴重扭傷。我爬上岸，感嘆了一番，揉了揉肩膀，很快就不再去想這件事了。

在此，我勸誡年輕的讀者，務必要小心肩膀關節脫位的風險。正如其他許多情況一樣，關鍵在於避免第一步的錯誤。因為肩膀脫臼需要相當大的外力；一旦發生，後果不堪設想。雖然我的肩膀當時並未完全脫位，但這次受傷讓我終身受累，使我在打馬球時力不從心，打網球更是不可能。在面臨危險、暴力或需要用力的時刻，肩傷讓我非常尷尬。從那以後，我的肩膀時不時地會脫臼，而且往往是在最意想不到的時刻。例如：當我把手臂放在枕頭下睡覺時，當我從圖書館的書架上取書時，當我在樓梯上滑倒時，或者當我在游泳時等等。有一次在下議院時，我揮動手臂的動作幅度稍大，肩膀差點脫臼。我當時在想，如果下議院的議員們看到演講者突然無緣無故地摔倒在地上，費力地調整著脫位的手臂，他們會有多驚訝。

這次意外對我來說無疑是一件相當不幸的事。然而，你永遠無法確定這是否是塞翁失馬，焉知非福：若不是因為肩部受傷，在恩圖曼[081]在那場戰役中，我或許會選擇使用刀，而不是像毛瑟槍這樣的現代武器。如果真是如此，我的故事可能就不會像現在這樣綿長。不幸的降臨或許是為了讓我們免遭更大的災難。如果你犯了一個大錯，這個錯誤可能比經過深思熟慮所做的決定更能讓你受益。生活是一個整體，運氣同樣也是一個整體，它們中的任何一部分都與整體密不可分。

我們不妨再度將話題聚焦於印度。在布拉巴宗上校的告別演說中，他將印度譽為「大英帝國的著名領土」。我們被派往浦納[082]，深夜才抵達營地。廣袤的平原上矗立著幾個巨大的雙翼帳篷，我們在那裡度過了在印度的第二個夜晚。黎明時分，許多當地人來到營地尋求工作，他們舉止得

---

[081]　恩圖曼：位於蘇丹中部的一座城市。
[082]　浦納：印度西部的一座城市。

體、穿戴整潔，頭上纏著頭巾。他們前來應徵管家、僕役和馬伕的職位，這些職位在當時是下級騎兵軍官家庭的核心。他們每個人都持有之前駐紮於此、現已返回英國的軍官所出具的忠誠可靠的推薦信。簡單寒暄後，他們便接管了我們的財產，負責起我們的家務。如果你不願意做家務，卻希望有人為你服務，三十年前的印度是理想之地。你只需將衣物交給僕役，把馬匹交給馬伕，把財務交給管家，便可無憂無慮。你的「內閣成員」已經齊備，各司其職，知識豐富、經驗老道且忠誠可靠，工作一絲不苟。你只需支付少量薪資，對他們公平對待，說話客氣，他們便能為你打理一切。他們的生活圍繞著你的衣物和一些瑣事展開。在他們的細心照料下，我們的生活變得輕鬆愉快，不會感到難熬，也不會有什麼危險讓我們感到恐懼。即便是王子的生活，也不過如此。

我們營帳接待的求職者中，有幾位馬伕帶著主人寫的介紹信，牽著打馬球的小馬前來。隨後，一位不同尋常的男子出現了，他身著金邊紅色禮服，手持蓋有大印的信封。他是桑赫斯特總督的信使，前來邀請我和同伴雨果‧巴林當晚赴總督官邸參加晚宴。當天我們花了一整天訓斥手下騎兵，命令他們戴上遮陽帽，以免冒生命危險。夜幕降臨，我們前往總督官邸，享受了一場豐盛的宴會，品嘗了冰鎮香檳，並為女王的健康舉杯。晚宴結束後，總督親切地詢問我對一些事務的看法，考慮到他的盛情款待，我覺得不全部回答是不合適的。我已不記得他具體詢問了哪些關於英國和印度的問題，但我記得當時回答得相當詳盡。有幾次，他似乎想表達自己的觀點，但我認為他不說更好，因此沒讓他繼續。他非常周到，特派副官護送我們回營，確保我們能順利找到路。經過四十八小時的仔細觀察，我對印度的總體印象相當不錯。我認為，有時人能夠一眼看穿這類問題，正如金萊克所說：「對事物的研究若過於細緻會產生錯覺，導致誤判，不如籠統地看一眼，反而能見真相。」當我們躺下睡覺時，深切感受到英國在

第八章　駐紮印度

印度完成的偉大工作，以及統治這些未開化但溫順民族的高尚使命，這既為印度人民的福祉，也為我們自身利益。沒過多久，起床號吹響，我們必須趕乘五點十分的火車前往邦加羅爾。[083] 整段過程需時三十六小時。

南印度高原的三角地帶涵蓋了尼扎姆地區和邁索爾的馬哈拉加地區，其面積相當於法國的大小。英國在邦加羅爾和塞康德拉巴德駐紮了兩支守備部隊，維持該地區的和平。每支部隊由兩、三千名英國士兵組成，並配有相當於英軍兩倍數量的印度士兵，用於訓練和演習時總能找到充足的人力。按照慣例，英軍的營地通常設定在距離其防守的繁華城市五、六英里處，而印度軍團則駐紮在中間地帶。英國士兵居住在寬敞、涼爽且有柱廊的營房中，有足夠的空間和時間來策劃和下達命令。這裡有寬闊的林蔭大道、充足的淨水供應、美觀的辦公室、醫院以及各種社會公共設施，還有寬敞的閱兵場和騎術學校，這些設施成為白人士兵集體生活的中心特徵。

邦加羅爾的海拔超過三千英呎，氣候宜人。儘管白天陽光強烈，但除了最熱的幾個月外，夜晚通常涼爽舒適，空氣清新。歐洲玫瑰在無數大花盆中盛開，香氣撲鼻，姿態萬千；鮮花和野薔薇繁茂盛開，競相鬥豔；沼澤地裡棲息著許多鷸和蛇；美麗的蝴蝶在陽光下翩翩飛舞；還有眾多美麗的女子在月光下翩翩起舞。

軍官們在軍營裡並無專屬住所，因此每月可領取一筆住房津貼。這筆津貼連同每月的薪資與其他雜費，足以裝滿一個如大蘿蔔般的網袋。輕騎兵營房外圍有一排單層的孟加拉式大平房，那是軍官們的住所，每戶皆有圈在院內的花園。每到月底，軍官們領取裝有銀幣的軍餉袋後，便悠閒地騎馬回家，進入大平房，把錢袋交給笑容滿面的管家，從此不再為錢操心。然而，在當時的騎兵團裡，除了女王陛下發的津貼外，家裡還提供我三到四倍於津貼的額外支持。我們的軍餉總和是每天十四先令，另外每月

---

[083]　邦加羅爾：位於印度南部的一座城市。

再發三英鎊以供養兩匹馬，此外每年還有五百英鎊的薪資，每季度發放一次，這便是我的全部收入，其餘的錢我只能向當地銀行家借高利貸了。有人提醒我們要警惕這些銀行家，但我覺得他們相當和藹，胖乎乎的，彬彬有禮，誠實卻也貪婪。你所需要做的就是在幾張小紙片上簽上名字，你就能得到一匹打馬球的小馬，宛如變魔術般。滿臉堆笑的金融家站起來，捂著臉，換上拖鞋，滿足地小跑離去，直到三個月後才再度露面。他們只收取百分之二的月息，但因為很少有人賴帳，所以他們的日子過得相當不錯。

雷金納德·巴恩斯、雨果·巴林和我將所有的資金合併，購置了一座華麗的孟加拉式大宅。這座宅邸外牆以粉紅色和白色相間，屋頂覆蓋著重瓦，白色柱子支撐著深邃的門廊。房子四周圍繞著紫色開花植物形成的籬笆，庭院占地約兩英畝。前任住戶遺留了約一百五十株名貴玫瑰。我們建造了一個大型馬廄，泥牆瓦頂，可容納三十匹馬。我們的三位管家組成了一個管理小組，他們之間從未發生過任何不和。我們三人將等額資金投入公共資金後，便從日常瑣事中解脫出來，全心全意投入到實現更重要目標的戰鬥中。

這一目標可以用一個詞來概括，那就是馬球。除了公務，我們的興趣全都集中在馬球上了，但要打馬球，你首先得有小馬。在從英國前往印度的旅途中，我們軍團已經成立了一個馬球俱樂部，所有軍官（無論是否參加馬球）都定期向俱樂部捐款。為了爭取這些不可或缺的盟友，俱樂部必須為馬球運動員提供爭取榮譽的條件。一個剛從英國來的軍團在兩、三年內不可能在印度的馬球賽場上立足，因為要備齊像樣的馬球小馬需要花費兩、三年的時間。然而，我們馬球俱樂部的主席和高級軍官經過長時間的激烈討論，決定鼓起勇氣，出其不意地一搏。孟買的拜庫拉馬場是一個重要的馬市，從阿拉伯進口到印度的馬匹都要經過這裡。浦納輕騎兵團是一

第八章　駐紮印度

支印度當地的軍團，但軍官多為英國人。這個團的駐地靠近馬市，購買阿拉伯馬很方便。在途經浦納時，我們試用了他們的小馬，並深入協商，最終我們軍團的馬球俱樂部決定購買浦納輕騎兵團擁有的二十五匹小馬，這些馬將成為我們軍團在團際馬球錦標賽上取勝的核心力量。我幾乎無法描述我們是懷著何等堅定的信念全身心投入這項大膽而艱苦的事業的。在印度馬球賽史上，還沒有一個來自南印度的輕騎兵團贏得過團際錦標賽的獎盃。要實現這一目標，我們必須犧牲兩、三年時間，努力訓練。如果我們能排除一切干擾，那就一定會成功。為了完成這項任務，我們必須安下心來，全心全意地投入訓練。

　　當然，我必須提及的是，我們還肩負著許多軍事任務。每天天還未亮，一個黑影會用一隻又溼又冷的手靈巧地托起你的下巴，將閃閃發光的剃刀抵在你覆蓋著肥皂泡的、毫無防備的喉嚨上，讓人瞬間驚醒。六點鐘，團裡開始出操，我們騎馬來到一片開闊地進行一個半小時的訓練演習，隨後回到營房洗澡，並在食堂享用早餐。接著，九點鐘我們前往馬廄和值班房，一直待到十點半，趕在太陽最烈之前回家。營地之間距離遙遠，步行是不現實的，我們騎馬穿梭於各個地點。中午時分，太陽最為毒辣，還未到十一點，白人軍官們便全數回到宿舍。下午一點半，我們頂著酷熱趕到食堂用午餐，然後回去小憩，直至下午五點。此時，駐地又開始變得熱鬧起來，正是馬球時間。我們整天都在期待這一刻的到來。當時，只要有機會參加練習和比賽，我總是積極參與。守備部隊組織的馬球比賽規則早已詳細規定，一個精明能幹的印度小僱工會將所有軍官的名字和他們想參加的比賽數量登記下來，並進行平衡，以確保「技術最佳者參加最多的比賽」。我每次打馬球少則八局，多則十局或十二局。

　　夕陽漸漸落下，當斜長的樹影覆蓋整個馬球場時，我們已經汗流浹背、疲憊不堪了。我們慢慢地騎馬回去，洗過熱水澡，稍作休息，八點半

時前往食堂用晚餐。在軍樂隊演奏的樂聲中，聆聽著裝滿酒的酒杯裡冰塊融化的清脆聲響。晚餐後，有些人會玩一種當時流行的紙牌遊戲，叫做「惠斯特」。如果他們打牌沒有被長官發現，那是他們運氣好。在月光下，他們坐著抽菸，直到十點半或十一點，最後聽到「就寢」的軍號聲。這就是「漫長的印度一日」，這種日子我過了三年，感覺相當不錯。

第八章　駐紮印度

第九章　在邦加羅爾的學習經歷

我初次對大學裡那些剛踏入社會的年輕人心生羨慕，因為他們有博學多才的導師指導；那些教授一生致力於各個知識領域的研究，渴望在有生之年將自己累積的寶貴知識傳授給學生。

1896年的冬天，我剛滿二十二歲，突然間強烈的求知欲望湧上心頭，讓我意識到自己在許多重要的思想領域中甚至缺乏最基本的知識。儘管我擁有豐富的詞彙量，熱愛語言，並沉迷於在寫文章時精確使用詞句的那種感覺，就像把硬幣投入投幣口一樣。我發現自己能使用大量的詞語，卻無法準確解釋它們的含義。我不敢貿然使用，擔心會用錯。在離開英國之前，一位朋友對我說：「基督福音是倫理的最高準則。」這句話聽起來很有道理，但倫理究竟是什麼？在哈羅公學或桑赫斯特軍校時，從未有人向我提及過這個詞。從上下文推測，我認為它應該指的是「公學精神」、「公平競賽」、「團結精神」、「行為端正」、「愛國精神」等準則。後來有人告訴我，倫理不僅涉及你應該做什麼樣的事情，還解釋為什麼該做那些事。他還告訴我，有許多專門探討這個主題的書籍。我願意花兩英鎊請人給我做一個小時或一個半小時的倫理講座，講解倫理的範疇、倫理學的主要分支和涉及的主要問題。我想了解這門學科中有哪些爭議問題，誰是倫理學界的權威，倫理學方面有哪些經典著作。然而，在邦加羅爾，沒有人願意因為情感或金錢教我倫理學。對於軍事戰術，我非常精通；對於政治，我也有自己的見解；但倫理學的概要對我來說仍然是新奇的事物，在邦加羅爾當地無法學到。

第九章 在邦加羅爾的學習經歷

這只是當時在我腦海中不斷盤旋的諸多念頭之一。我很清楚，大學裡十九至二十歲的學生整日被灌輸這些知識，他們能用複雜的問題難倒你，或者給出令人費解的答案。我們一向對大學生的自負嗤之以鼻，因為我們認為他們只是埋頭苦讀，而我們則在領兵作戰、保衛國家。儘管有時我對他們中的一些人滿腹經綸感到厭惡，但現在我渴望找到一位稱職的老師來指導我，希望每天能有一小時左右的時間向他請教。

後來，有人提及「蘇格拉底方法」這一詞彙。究竟什麼是蘇格拉底方法？它似乎就是透過提出一些棘手的問題來與朋友辯論，最終使對方陷入困惑和無計可施的境地。那麼蘇格拉底是誰？他是一位能言善辯的希臘哲學家，有一位愛嘮叨的妻子，因為他讓某些人不快，最終被迫自盡。然而，他無疑是一個重要人物，在學術界享有崇高的地位。我想了解蘇格拉底的故事，為什麼他能名垂青史？又是什麼原因使當時的政府僅僅因為他的言論而判他死刑？他的言論肯定為雅典的官員或他自己帶來了巨大的壓力，這樣的敵意不可能源於小事。顯然，蘇格拉底早在很久以前就發表了具有顛覆性的言論。知識的炸藥！道德的炸彈！然而，這一切在女王的軍人手冊中卻絲毫未提及！

另外還有歷史。我在上學時便對歷史產生了興趣，然而我們那時所學的僅僅是乏味且簡化的版本，比如《學生版休謨》。[084] 有一次，我們的假期作業是閱讀《學生版休謨》的一百頁，令我意想不到的是，在我還未返校之前，我的父親就開始檢查我的閱讀進度。我閱讀的部分涉及查理一世時期的歷史，他詢問了一個關於「大諫章」的問題。[085] 的問題。對此，我了解多少呢？我說，最終國會擊敗了國王，並處決了他。在我看來，這已是我所能想像的最極端的抗議形式，但這樣的回答並不滿意。我父親說：「這涉

---

[084] 為中小學生編寫的休謨歷史著作的簡縮版本。

[085] 《大諫章》是 1641 年英國國會與專制主義抗爭中最重要的檔案，揭示了查理一世在無議會統治時期的暴政，並提出了一些重大政策要求。

及到一個非常重要的國會問題，它影響了我們憲法史的整個架構。你雖然接近了核心，但完全沒有理解這事件的複雜性。」我對他的擔憂感到困惑，當時完全無法理解這有什麼重要性。現在我希望能更多了解這段歷史。

因此，我選擇研讀歷史、哲學和經濟學等書籍。我寫信給母親，請求她寄來一些我聽說過的相關書籍，她欣然答應，因此每月我都能收到一大包我認為必讀的書。在歷史方面，我決定從吉朋[086]開始涉獵。有人曾告訴我，我的父親非常喜愛閱讀吉朋的作品，他甚至能夠背誦吉朋的書籍，這些書對他演講和寫作的風格產生了深遠影響。因此，我開始閱讀迪安·米爾曼編撰的八卷本《羅馬帝國衰亡史》。很快，我便被書中的故事情節和寫作風格深深吸引。印度的白天陽光炙熱，上午我們從馬廄出來，直到夜晚才有時間打馬球。在這段空閒時間裡，我如飢似渴地閱讀吉朋的書籍。我一章接一章地閱讀，從中獲得了無窮的樂趣。在書頁的空白處，我匆忙地記錄下自己的觀點。不久，我發現自己成為了作者的狂熱擁護者，極為反感那些自負的編輯對他的輕視。儘管編輯在書中新增了不恰當的註腳，但我對吉朋的信任絲毫未減，反而因迪安的道歉和推諉而感到憤怒。我非常熱愛《羅馬帝國衰亡史》這本書。讀完這本書後，我開始閱讀吉朋的自傳，幸運的是，它與《羅馬帝國衰亡史》裝訂在一起。當讀到他在自傳中提到他的保母時寫道：「如果有人會因我活著而感到高興，我相信這樣的人應該是有的，那麼他們應該感謝這位可親可敬的優秀女士。」讀到這裡，我不禁想起埃弗雷斯特太太，這句話可以作為她的墓誌銘。

閱讀吉朋的作品後，我轉而鑽研麥考利。我曾經背誦過《古羅馬謠曲集》，並且非常喜愛。儘管我知道他著有一本歷史書，但我從未讀過一頁。如今，我開始認真研讀他的歷史著作，並全身心投入其中。我想起埃弗雷

---

[086] 愛德華·吉朋（Edward Gibbon，1737－1794）是近代英國具影響力的歷史學家，他撰寫的《羅馬帝國衰亡史》被視為史學名著，堪稱18世紀歐洲啟蒙時代的傑出代表作。

第九章　在邦加羅爾的學習經歷

斯特太太的姊夫，那位老獄吏，他收藏了一套麥考利的歷史著作，甚至將報紙上的連載都裝訂在一起。他對這本書的崇敬如同對待神明。我一直認為麥考利的作品是福音，因此當讀到他對馬爾博羅大公爵的嚴苛評價時，我感到非常難過。當時，沒有人告訴我這位歷史學家雖然文采斐然，但性格固執自負，是一個大文痞；他偏愛故事而非真相，經常根據文章需要歪曲事實，隨意詆毀或讚美偉人。他辜負了我的信任，也辜負了我那位老朋友──老獄吏的純樸虔誠。對此，我一直耿耿於懷。然而，我也必須承認，從另一方面來說，我從他的作品中確實獲益良多。

我不僅熱衷於閱讀他撰寫的歷史著作，還對他的散文著迷。透過他的散文，我了解了查塔姆、腓特烈二世、紐金特勛爵對漢普頓的紀念，克萊夫、華倫‧黑斯廷斯、巴雷爾、騷塞的社會觀等。最重要的是，我還讀過他那充滿暴戾之氣的文學傑作──羅勃特‧蒙哥馬利先生的詩歌。

自 11 月至翌年 5 月，我每日花費四至五小時研讀歷史與哲學著作。我細讀了柏拉圖的《理想國》，發現他與蘇格拉底一樣提倡實用主義。還精讀了韋爾登博士編校的亞里斯多德《政治學》、叔本華的《悲劇的誕生》、馬爾薩斯的《人口論》以及達爾文的《物種起源》，此外，我也涉獵了一些不那麼知名的書籍。這是一種獨特的教育方式。首先，我如飢似渴地吸收知識，接受能力極強，手中有什麼書便讀什麼書。其次，無人告訴我，「這本書不可信」、「你應當閱讀某某人的解答，將兩者結合才能抓住問題要點」，或是「有一本書對該學科有更透澈的講解」等類似建議。我首次開始羨慕大學中的那些年輕學子，他們有博學的導師指導；那些教授畢生致力於各個知識領域的研究，渴望在有生之年將所累積的寶貴知識傳授給學生。然而，如今我看到許多大學生虛度光陰，未能把握短暫而寶貴的機會，我又對這些大學生感到惋惜。畢竟，人生必須在思考與行動之間做出選擇，沒有工作也就無從享樂。

當我將自己想像成蘇格拉底,並設計一個理想國時,我計劃徹底改革富裕家庭子女的教育。當他們十六、十七歲時,應該開始學習一門手藝,從事對健康有益的手工勞動,並在業餘時間大量閱讀詩歌,參加歌唱、舞蹈和體育活動,將精力投入到有益的事物上。只有當他們真正渴望知識、渴求了解世界時,我才會讓他們進入大學。大學教育應該是一種獎勵,一種令人嚮往的權利,只能提供給那些在工廠和田野中真正展現其價值的人,以及那些擁有卓越素養和執著求知欲望的人。然而,這種構想必然會擾亂許多現狀,並引起混亂,最終甚至可能為我帶來毒藥。

＊　＊　＊

在隨後的兩年中,我廣泛閱讀,開始探討宗教問題。至今,我一直忠實地接受所有灌輸給我的宗教教育,即使在假期裡,每週也會去一次教堂。在哈羅公學讀書期間,除了每天早晚禱告,每個星期天還要參加三次禮拜。參加這些宗教儀式對我來說非常有益,那些年我累積了豐富的宗教儀式知識,終身受用。在婚禮、洗禮和葬禮上,我都累積了不少相關知識,但我從未仔細檢視過自己已經累積了多少這方面的知識,或許我會發現我的知識還不夠。然而,在我快樂的青年時代,我經常提前去教堂做禮拜。在軍隊裡,我們定期列隊進教堂,有時帶領信仰天主教的士兵,有時帶領信仰新教的士兵。在英國軍隊中,不同宗教信仰的官兵能夠相互容忍,幾乎沒有人在意彼此的宗教差異,誰也不會因為自己的信仰而受到任何束縛或歧視,每個人都有宗教信仰的自由。在印度,上百個神靈被畢恭畢敬地供奉在皇家神殿裡。在軍團中,我們有時會爭論這樣的問題——「今生結束後我們還有來生嗎?」「我們曾經有過前世嗎?」「我們死後還會相互記得、相互見面嗎?還是像佛教徒一樣又開始另一個輪迴呢?」「是否有高智慧的人在管理這個世界?或者說世事就是自己向前推進的呢?」大家一致認為,只要光明磊落地生活,盡力盡責,對朋友真誠,對

第九章　在邦加羅爾的學習經歷

弱者和窮人友善，那麼信什麼或者不信什麼都不重要，一切都會好的。我想，這就是我們現在所說的「健康心理宗教」。

有些高階軍官也討論到基督教對女性的影響（「它使她們遵守規矩」），也談到它對下層社會的普遍影響（「現在沒有什麼能讓他們在這裡過上好日子，但想到死後會有好日子，能使他們更滿意」）。基督教似乎還有助於維持軍紀，特別是英國聖公會，它使軍人渴望得到他人的尊重，保持儀表的莊重，從而避免了許多醜聞。從這一點來看，宗教儀式並不重要，因為這些儀式只是被翻譯成不同語言的同一種戒律，以迎合不同的民族與性格。不過，不管是哪一種宗教，講得太多都不是一件好事，特別是在當地人中，宗教狂熱是極其危險的，會導致謀殺、兵變或叛亂。我想，這就是當時的宗教氛圍。

在那段時間，我開始大量閱讀書籍，這些書對我在哈羅公學接受的宗教教育提出了挑戰。第一本是溫武德·里德的《人類的殉難》，這是布拉巴宗上校最喜愛的一本書，他讀了無數遍，並將其視為一種聖經。事實上，這本書簡明扼要地概述了人類的歷史，並尖銳地剖析了各種宗教中的神祕觀念。然而，這本書最終得出的結論卻令人沮喪——我們就像蠟燭一樣終將燃盡。這個結論令我震驚且不安。不過，後來我發現吉朋也持有明顯相同的觀點。這年冬天，我讀了兩本書——萊基先生的《理性主義的崛起和影響》和《歐洲道德史》，這些書最終使我形成了一種世俗觀。曾有一段時間，每當我想到那些校長和牧師向我灌輸了如此多的謬論，我就感到十分憤怒，因為當時年輕的我將他們視為指導者。當然，如果我上過大學，那些著名教授和神學家們本可以幫助我解決這些疑難問題。無論如何，他們至少會讓我看到一些有說服力的、持相反觀點的書。有一段時間，我對宗教極為反感，如果這段時間延續下來，我可能會成為一個令人厭惡的傢伙。然而，在隨後的幾年裡，我在戰場上頻繁面對危險，這使我

的反宗教情緒逐漸平靜。我發現，無論我的思想如何爭辯，在面臨敵人的炮火時，我總會毫不猶豫地祈求上帝保佑。如果我能平安歸來，我總是發自內心地感謝上帝，甚至在一些小事上也會祈求祂的保佑。這些年來，實際上我一生中，我都如願以償。這種做法似乎非常自然，與反對這種做法的理論一樣有說服力，一樣真實。此外，這種祈求上帝保佑的做法能使人的內心得到安慰，而反對這種做法的理論卻無多大作用。因此，我總是跟隨我的感覺，不太在意行動與思想的矛盾。

讓一個未受過教育的人閱讀名人名言是件有益的事情。巴特萊特的《常用語錄》是一本卓越的書籍，我曾經仔細研讀過。當這些名言深深烙印在腦海中後，你的靈感會被激發，會想去閱讀這些作者的作品或更多的書籍。在這本書或類似的書中，我曾讀到一句看似矛盾的法語格言：「內心的情感有其理由，但它卻不明白這個理由是什麼。」在我看來，拋棄內心而追求理智是非常愚蠢的，事實上，我看不出為什麼不能兩者兼顧。我並不擔心思想和信仰之間的矛盾，讓大腦最大限度地探究思想和邏輯似乎是一件好事，但同時讓心靈祈求上帝的保佑也是一件好事，如果真的應驗了，不妨心存感激。我不認為賦予我們思想和靈魂的至高造物主會因兩者不總是協調一致而感到冒犯，畢竟，他肯定在一開始就預見並理解了這一點。

因此，每當我目睹我們的一些主教和牧師竭力試圖將《聖經》中的故事與現代科學和歷史知識相調和時，我常常感到十分驚訝。他們為何要這樣做呢？當你收到一封信，內容讓你感到愉悅，靈魂得到充實，並承諾你將在一個充滿機會和同情心的世界裡與你所愛的人重聚時，你又何必為那個在途中被弄髒的信封的形狀或顏色而擔心呢？又何必擔心信封上是否及時蓋上了郵戳，郵戳上的日期是否正確呢？這些事情也許令人費解，但這並不重要，重要的是信的內容以及你從中得到的好處。如果你仔細推理，

第九章　在邦加羅爾的學習經歷

就會得出十分明確的結論，那就是：「奇蹟是不可能出現的。人的證詞很可能是錯誤的，但自然規律是不可違背的。」與此同時，當讀到耶穌在加利利的迦南[087]當你了解如何將水變為葡萄酒、如何在湖面上行走以及如何死而復生時，你會感到無比興奮。人類的大腦無法完全理解無限，但數學的發現卻讓無限變得相對簡單。認為除了我們能理解的事物之外沒有其他真理的觀點是愚蠢的，而認為人類無法調和的思想會相互抵消的觀點則更加愚蠢。當然，有人說世界上存在無數個宇宙在無目的地運動，這種說法最令人難以接受。所以，我很早就養成了一個習慣：相信我想相信的任何事物，同時讓理智自由地接受它所能探索到的一切。

我的幾位堂兄曾經有幸進入大學深造，他們時常戲謔地告訴我，除了我們的思維，世上並無其他實存，整個宇宙不過是一場夢境，所有現象皆為虛幻。每個人都在構築自己的世界，想像力越豐富，創造出的世界便越絢麗；一旦停止夢想，世界也隨之消失。這些有趣的思想遊戲雖然無害，但也毫無實際用途。我在此勸誡年輕的讀者，僅將其視作娛樂即可，玄學家們擁有最後的話語權，激發你去反駁他們荒誕的論點。

我經常依賴自己多年前形成的觀點。我們抬頭仰望天空，看到太陽，光芒讓我們眼花撩亂，我們的感官記住了這一現象。太陽光輝燦爛地掛在天際，顯然與我們的感官一樣真實。幸運的是，除了我們的感覺器官外，還有另一種方法能證明太陽的真實性，那就是數學。天文學家無需依賴感官，只需透過一系列數學分析就能計算出日食出現的時間；他們可以透過純粹的推理預測某天太陽上會出現黑斑。屆時你去觀察，你的視覺器官會告訴你，他們的計算是正確的。如此一來，龐大的數學運算所得到的證據進一步證實了你的感官所獲得的證據，兩者毫不相關。我們用兩種不同的

---

[087] 加利利位於巴勒斯坦北部，是一片多山的地區；而迦南則是巴勒斯坦北部的一個村莊，據說這裡是一塊「流著奶和蜜」的沃土。

方法分別證明了太陽的真實性，就像在軍事地圖上獲得了所謂的「交叉定位」。我一個信奉形而上學的朋友說，天文學家的計算所需的數據最初一定是透過感官獲得的，我說「不」，這些數據可以由置於陽光下的自動電腦算出來，在任何階段都無需人類的感官，至少在理論上如此。如果這些朋友還堅持說，這些計算結果是他人告訴我們的，為此我們的耳朵發揮了作用，我會回答，數學的推理過程有其自身的真實性和價值，一旦被發現就形成了一個新的獨立因素。在這一點上，我還是想重申我的觀點：太陽是真實的，而且是熱的，像地獄一樣熱；如果玄學家們對此表示懷疑，那麼他們應該自己去那裡看看。

＊　＊　＊

我們初次在印度馬球場的亮相極具戲劇性。我們抵達印度僅六週，在海德拉巴[088]高爾孔達杯馬球錦標賽已經舉行。尼扎姆[089]領地首府及其周邊的英國駐軍，包括駐紮在五英里外的西崑德拉巴宿營地，共有六、七支馬球隊，其中包括剛在邦加羅爾被我們替換下來的第十九輕騎兵團。第四和第十九輕騎兵團之間存在敵意，據說這緣於三十年前第十九輕騎兵團接替第四輕騎兵團駐防時，一名二等兵對第四輕騎兵團的營房狀況發表了不敬的評論。雖然當時的當事人早已不在團裡，但士兵們對此事仍記憶猶新，彷彿這件事剛剛發生。不過，這種敵意並未延伸到軍官層面；我們在第十九輕騎兵團的軍官食堂受到了熱情接待。我被安排住在一位名叫切特伍德的年輕上尉家中，他現任印度戰區總司令。除了其他幾支駐軍的馬球隊外，我們的對手還包括兩支強勁的印度馬球隊：首相隊和著名的高爾孔達旅代表隊，即尼扎姆的保鏢隊。在印度南部，高爾孔達旅代表隊被公認為當地最佳馬球隊，這支隊伍曾多次與印度北部最強的兩支馬球隊——

---

[088]　海德拉巴：位於印度南部的一座城市。
[089]　尼扎姆：1793 至 1950 年間統治印度海德拉巴土邦的君主頭銜。

第九章　在邦加羅爾的學習經歷

伯蒂亞拉隊和焦特布林隊比賽，實力相當。高爾孔達隊非常富裕，擁有大量馬匹，隊員們個個精通馬術和馬球技巧，這是當時年輕印度軍官和英國軍官共同的理想。

我們在德干高原上，購得了浦納輕騎兵團的馬群作為補充。[090] 當我們踏上這段長途跋涉時，心中充滿了躍躍欲試的決心，準備大幹一場。我們的主人，第十九輕騎兵團，熱情地展開雙臂歡迎我們，並非常委婉地告訴我們，我們在抽籤時不幸抽到了第一輪就要對陣高爾孔達隊。他們真心實意地表示，我們才剛到印度，第一場比賽就遇上一支幾乎肯定會贏得此次錦標賽的隊伍，運氣真是不好。

那天清晨，我們觀賞了整個駐軍部隊的閱兵儀式。英國部隊、印度正規軍和尼扎姆部佇列隊從我們面前通過，場面蔚為壯觀，彷彿軍事首腦在檢閱一般。最後登場的是二十頭大象，牠們拖著一門門縱列的巨型大砲。當時的慣例是，閱兵式上的大象在行進中會舉起象鼻以示敬禮，牠們的動作極為精準。後來，大象敬禮的儀式被取消了，因為普通民眾看到會發笑，這會損害大象和象使的尊嚴。再之後，大象拖炮的儀式也被取消了，取而代之的是一列列拖拉機，拖著體積更大、殺傷力更強的大砲。文明雖然進步了，但我仍懷念那些大象及其敬禮的場面。

午後，海德拉巴的馬球錦標賽在萬眾矚目下盛大舉行。球場四周擠滿了來自印度各階層的觀眾，他們目不轉睛地注視著比賽過程。帳篷內與陰涼的看臺上，英國觀眾和德干高原的印度上流社會人士濟濟一堂，大家普遍認為我們隊將在這場比賽中落敗。我們的對手動作敏捷、速度驚人，在比賽的前幾分鐘內便連進三球，而我們一球未得。當時，我們幾乎也認同了這一看法。比賽的詳細情況不再贅述，儘管重要，但隨著比賽的進展和更大事件的發生，這些細節很快被人們遺忘。最終，在觀眾熱烈的歡呼聲

---

[090]　南印度的高地。

中，我們隊竟以九比三擊敗了高爾孔達隊。在接下來的幾天裡，我們輕鬆擊敗了其他對手，創造了剛到印度五十天即獲頂級錦標賽冠軍的紀錄，這一紀錄至今未被打破。

讀者可以想像，為了這個至關重要的任務，我們付出了多大的努力。不管怎樣，所有人都認為我們要完成這個任務需要花費幾年的時間。

1897年最炎熱的季節來臨時，軍中釋出通告，部分軍官可以享受三個月的英國休假。由於大家剛到這裡不久，因此很少有人願意回去。我認為這樣的機會不應該被浪費，於是自願請求填補這個空缺。5月底，我從孟買出發，在極度炎熱和惡劣的天氣中，伴隨著嚴重的暈船症狀，乘船返回英國。當我恢復坐起來的能力時，我們已經航行穿越了三分之二的印度洋。不久，我結識了一位朋友，他是一位高瘦的上校，名叫伊恩·漢密爾頓，當時在印度負責步槍射擊訓練。他告訴我一個我一直忽略的事實，那就是希臘和土耳其之間的緊張局勢。實際上，這兩國之間的戰爭一觸即發。上校是一位浪漫主義者，他支持希臘人，希望能為他們盡一份力。而我天生是保守派，因此支持土耳其人，並認為我可以以戰地記者的身分，隨土耳其軍隊一同作戰。我認為土耳其必定會擊敗希臘，因為土耳其士兵的人數至少是希臘士兵的五倍，且土耳其的武器裝備也遠勝於希臘。聽了我的話，上校顯得十分痛苦，於是我宣稱我並不會真正參加戰鬥，只是去觀察並報導新聞。當我們抵達塞得港[091]當時，我們得知希臘人已經敗北。希臘人非常聰明且迅速地撤離了這場不公的戰爭，而列強正竭力透過外交手段保護希臘人，以免其遭到滅絕。因此我沒有前往色雷斯。[092] 這兩個星期我都在義大利，攀登了維蘇威火山，參觀了龐貝古城，最重要的是遊覽了羅馬。我再次重溫吉朋在晚年首次遊覽這座永恆之城時所記錄的

---

[091]　塞得港是位於埃及的一個港口。
[092]　從愛琴海延伸至多瑙河的巴爾幹半島東南地域。

第九章　在邦加羅爾的學習經歷

心情語句，儘管我的學識不及他，但我仍然懷著敬仰之情追隨他的步伐。

這次遊覽成為我返回倫敦享受那裡愉快時光前的一段精心設計的序幕。

第十章　馬拉坎德野戰軍

在戰鬥的間歇，他們的對話宛如男人之間、朋友之間的交流，而他們與我們將軍的談話，則如同強盜之間的對話。

當普什圖人[093]當印度前線爆發反叛之際，我身處古德伍德。[094]在草坪上，我一邊享受著宜人的天氣，一邊賺取收入。我從報紙上得知，已有三個旅組成了一支野戰軍，領導者正是賓登・布拉德爵士。我立即發了一封電報給他，提醒他不要忘記自己的承諾，隨後便坐火車前往布林迪西。[095]在那裡我登上了前往印度的郵船。我請求威廉・貝雷斯福德勛爵為我提供支持，並請他向將軍提出請求。在我乘火車離開維多利亞之前，他在馬爾博羅俱樂部熱情款待了我。貝雷斯福德家族的人都很有風度，讓人感覺這個世界上的每一個人都很重要。我一直記得他向俱樂部裡比我年長很多的朋友宣布我的去向時的神態。「他今天晚上就要去東方了——到戰場上去。」這種措辭讓我很吃驚。大多數人也許會說「他準備去印度了」，但對於那一代人，東方意味著冒險之路和英國的征服地。「去前線？」他們問。我只能說我希望如此。不過，他們幾乎都非常友善，甚至非常熱情，讓我感覺自己很受重視，但一切自然還要取決於賓登・布拉德爵士的作戰計畫。

我正好搭上這趟列車，心情愉悅，精神煥發。

乘船前往印度一次便已足夠，再次前往則顯得過多。這正是全年中最

---

[093] 居住在印度西北邊界的阿富汗族群。
[094] 索塞克斯郡內有一個獨具特色的小鎮，鎮中坐落著全球聞名的古德伍德賽馬場，其美麗程度無與倫比。
[095] 布林迪西：位於義大利東南部的一個港口城市。

第十章　馬拉坎德野戰軍

炎熱的時節，紅海的熱浪令人難以呼吸。在那個時代，沒有電風扇，唯一的降溫方式是手動拉動的布屏風扇。[096] 布屏風扇在擁擠的餐廳裡來回擺動，使空氣充滿了飯菜的熱氣。然而，這些身體上的不適與我內心的焦慮相比根本算不了什麼。我放棄了整整兩個星期的休假。在布林迪西時，賓登·布拉德爵士還沒有答覆，我想，到亞丁[097]我相信布拉德爵士的回覆一定會如期而至。抵達亞丁後，我急切地等待船上乘務員分發電報，但最終也沒看到自己的名字，這令我非常失望。然而，在孟買，我收到了一個好消息，將軍發來的電報寫道：「太難；無空缺；先來擔任戰地記者；我會盡力把你安排進來。賓登·布拉德。」

首先，我需要向邦加羅爾軍團請假，這意味著我得先乘坐兩天的火車，朝與目的地相反的方向前往軍團。軍團裡的人對我提前回來感到驚訝，但多了一名中尉值班總是受歡迎的。同時，《先鋒報》聘請我擔任戰地記者，而我的母親在英國與《每日郵報》達成協議，《每日郵報》也將刊登我的文章，並按每一欄目支付我五英鎊的報酬。這筆錢不算多，因為我必須自費。我帶著報社的證明，忐忑不安地將賓登·布拉德爵士的電報交給我的指揮官。上校對我非常寬容，命運也對我很慷慨。雖然電報並非正式公函，但我被告知可以試試運氣。當天晚上，我便帶上戰鬥裝備，與一名侍者一起趕往邦加羅爾火車站，買了一張前往瑙謝拉的火車票。印度售票員從我手裡接過一小袋盧比。[098] 從小視窗遞出一張普通車票。我好奇地問瑙謝拉有多遠，這位隨和的售票員看了一下火車時刻表，輕描淡寫地說兩千零二十八英里。印度真是大啊！這就意味著我得在酷暑中坐五天的火車。雖然只有我一個人，但是我帶了很多書，所以時間過得很快，也不乏樂趣。印度火車寬大的車廂都是用皮草做裡子的，且被厚厚的百葉窗擋著，

---

[096]　印度有一種吊在天花板上，由僕人透過拉繩來搖動的扇子。
[097]　亞丁：作為葉門人民共和國的臨時首都。
[098]　印度等國的貨幣單位。

以避免酷熱的陽光；搖著圓形的溼草扇讓車廂裡時不時地變得很涼爽，這些都很適合當地的情況。我在一個陰暗的車廂裡待了五天，看書主要是用燈光或從車窗的縫隙透進來的一線強烈的日光。

我在拉瓦爾品第下車，停留了一天一夜，因為那裡有一位朋友在第四龍騎兵團擔任中尉。儘管拉瓦爾品第距離前線還有數百英里，但這裡已經瀰漫著不安的氣氛。整個駐防部隊都渴望被派往北部，所有的休假都已被取消，大家隨時待命準備投入戰鬥。晚餐過後，我們聚集在軍士食堂，這裡正舉行一場熱烈的演唱會。沒有什麼比氣味更能勾起人們對過去的回憶；在缺乏氣味的情況下，最能有效喚起記憶的便是曲調。我的腦海中儲存了我所經歷過的每一次戰爭的曲調，事實上，甚至儲存了我一生中每一個重要或激勵人心時刻的曲調。總有一天在我乘船回家時，我將把這些曲調全都錄在留聲機裡，然後坐在椅子上，抽著雪茄，回憶那些早已消逝的畫面、人的面孔、心情和感受，這些畫面和感受雖然模糊，但卻真實，隱約再現了往日的時光。我還清楚地記得當時士兵們唱的那些歌，其中有首叫〈新式照相〉，唱的是一種剛剛問世的驚人新發明，這種發明能透過螢幕或其他不透明的物體拍攝照片。我是在一個軍士食堂裡第一次聽到這首歌，讓人覺得這項發明很快將使人們不再有隱私。歌詞中有幾句是這樣的：

你看到的每件東西裡面，

都有一個可怕的東西，

一個令人恐怖的東西，

這便是新型攝影技術。

當然，那時我們只把這當成笑話，但後來我在報紙上讀到，未來有一天他們甚至可能會看到你體內的每一根骨頭！還有一首歌，其中的合唱部分是這樣的：

第十章　馬拉坎德野戰軍

英國在提問：

當危險靠近的時候，

印度的民眾是在抗爭還是靜候死亡？

自然，有人會前來對歌，提供令人安心的回應，但此處最契合的歌詞是：

遠在大洋彼岸的偉大的白人母親，

她將永遠統治這個帝國。

願她的統治久長，

我們偉大的祖國將永遠繁榮昌盛、自由無比。

　　這種崇高的觀點與情緒使我精神振奮，尤其是在該團的食堂裡受到盛情款待以後。我提醒自己要謹言慎行，因為此時此刻，這個著名的團與我自己所在的團之間有些敵意。第四龍騎兵團的一位軍官按照軍隊的常規給我們團的一個上尉發了一封電報，電報裡說：「請報出從你們團調入第四龍騎兵團的最低要求。」我們團的上尉高高興興地回覆說：「一萬英鎊、一個貴族的爵位和一套行李裝備。」第四龍騎兵團對此非常生氣，認為這是對他們團的侮辱。這場矛盾還讓我們兩個團在後來 1898 年和 1899 年的馬球錦標賽中的比賽變得更加激烈。

　　我不應讓讀者忘記我正在迅速前往前線。離開邦加羅爾六天後的早晨，我抵達了瑙謝拉火車站，這是馬拉坎德野戰軍的鐵路終點站。頂著難忍的酷熱，我乘坐輕便的雙輪馬車，穿越四十英里的大平原，中途換了幾次馬，然後開始沿著蜿蜒陡峭的山坡攀登，直至馬拉坎德山的關隘。這條山路三年前被賓登·布拉德爵士攻占，現在司令部和各兵種組成的旅在山頂紮營，為新的戰鬥做準備。當我灰頭土臉地出現在參謀部時，將軍不在，他正率領突擊部隊與奔納瓦爾人作戰。這是一個難纏的部族，他們在一個山谷中生活了幾個世紀，抵擋所有外來者。1863 年，帝國政府曾派出遠

征軍前往奔納，發生了被稱為翁比拉的戰役。奔納瓦爾人以頑強的精神抵抗，與遠征軍展開拉鋸戰，幾百名英國士兵和印度士兵的屍體堆滿了臭名昭彰的皮克特山崖。沒人知道賓登·布拉德爵士需要多長時間對付這些殘忍的土匪。在此期間，他們讓我在參謀食堂用餐，並告訴我可以在任何一個帳篷裡鋪開自己的鋪蓋。我完全聽從安排，謹慎行事，唯恐在新環境中出錯，畢竟，我是好不容易才爬上來的。

　　將軍僅用了五天的時間，透過軟硬兼施的手段，征服了奔納瓦爾人，但對我而言，這段時光似乎漫長無比。我竭力利用這段時間學習新技能。在此之前，我從未喝過威士忌，也對其味道心生厭惡。我無法理解為何那麼多軍中的同僚偏愛威士忌加蘇打水。我喜愛葡萄酒，無論紅白皆愛，尤其鍾情於香檳；在特別的場合，我會小酌一杯白蘭地，但這種帶有煙味的威士忌我從不碰。當時天氣極其炎熱，儘管我尚能忍受，但這種酷熱確實令人難受。整整五天裡，除了茶之外，沒有其他飲品。選擇不是溫水、就是溫水加酸橙汁或溫水加威士忌，面對這些選擇，我決心一試。這種高昂的士氣支撐著我，我希望自己能克服身體上的弱點，適應戰地環境。五天過後，我徹底克服了對威士忌味道的厭惡感，並且這一成果並非短暫的；相反，那幾天養成的習慣，後來伴隨我一生。一旦掌握了訣竅，適應了威士忌之後，原先讓人反感的味道變得極具吸引力。直到今天，儘管我飲酒有節制，但在適當的場合，我從未在這種東方生活中白人軍官常飲的基本提神飲品面前退縮過。

　　在當時時尚的英國，威士忌酒的飲用尚屬新潮事物。譬如我的父親，除了在荒野打獵或處於極其寒冷的環境中，他很少接觸威士忌。他所處的時代更偏好「白蘭地加蘇打水」，這在當時被視為高雅的飲品。然而，經過多次試驗與深思熟慮後，從一個公正的角度來看，我認為在日常生活中，稀釋的威士忌比白蘭地加蘇打水更具實用性。

第十章　馬拉坎德野戰軍

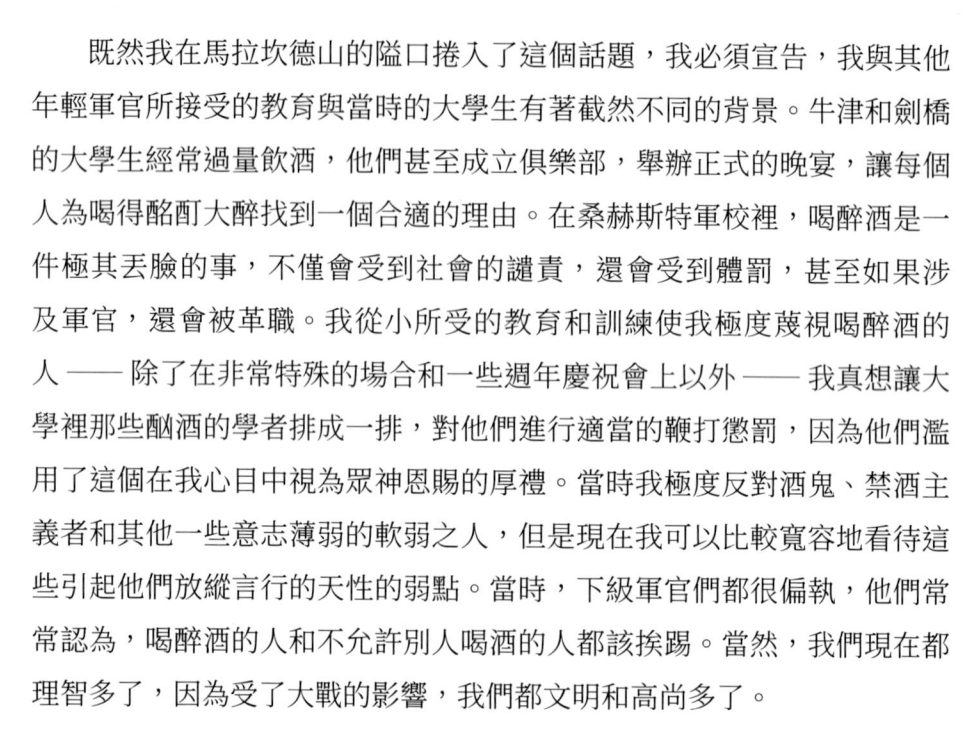

既然我在馬拉坎德山的隘口捲入了這個話題，我必須宣告，我與其他年輕軍官所接受的教育與當時的大學生有著截然不同的背景。牛津和劍橋的大學生經常過量飲酒，他們甚至成立俱樂部，舉辦正式的晚宴，讓每個人為喝得酩酊大醉找到一個合適的理由。在桑赫斯特軍校裡，喝醉酒是一件極其丟臉的事，不僅會受到社會的譴責，還會受到體罰，甚至如果涉及軍官，還會被革職。我從小所受的教育和訓練使我極度蔑視喝醉酒的人──除了在非常特殊的場合和一些週年慶祝會上以外──我真想讓大學裡那些酗酒的學者排成一排，對他們進行適當的鞭打懲罰，因為他們濫用了這個在我心目中視為眾神恩賜的厚禮。當時我極度反對酒鬼、禁酒主義者和其他一些意志薄弱的軟弱之人，但是現在我可以比較寬容地看待這些引起他們放縱言行的天性的弱點。當時，下級軍官們都很偏執，他們常常認為，喝醉酒的人和不允許別人喝酒的人都該挨踢。當然，我們現在都理智多了，因為受了大戰的影響，我們都文明和高尚多了。

這五天裡，我全力為即將到來的軍事行動做準備。我需要購買兩匹良馬，僱用一名馬伕，並備齊所有必需的軍用裝備。按照英印軍隊的慣例，陣亡軍官的遺物，包括衣物，在葬禮結束後（如果有葬禮的話）便會被拍賣。對於陣亡者來說，這無疑是令人遺憾的，但對我而言卻非常便利。因此，我迅速備齊了全套裝備。然而，看到昔日戰友的遺物──大衣、襯衫、靴子、水壺、手槍、毯子和蒸煮鍋──如此隨意地被拍賣給陌生人，我感到非常殘忍。但這樣做也有其合理性，至少符合經濟學的最高原則。拍賣市場運作良好，無需支付運輸費用。事實上，死者的遺物以壟斷形式拍賣，營地裡的拍賣商比任何寡婦或母親更了解某中尉或某上尉遺物的價值。處理陣亡軍官的遺物如此，處理陣亡士兵的遺物更是如此。然而，我必須承認，幾個星期後，當我第一次把一位陣亡戰友的綬帶披在肩上時，心中感到無比悲痛，因為我親眼目睹了這位戰友的壯烈犧牲。

此刻，我應該向讀者闡述這次戰役的整體情況了。英軍已在馬拉坎德山隘駐守三年，牢牢控制著通往山谷的道路。這條道路從斯瓦特山谷起始，蜿蜒穿越其他山谷，跨過斯瓦特河，直達奇特拉爾。當時，奇特拉爾是一個重要的軍事要塞，這片地區似乎一直平靜無事，充滿祥和。然而，毫無疑問，奇特拉爾在當時的重要性毋庸置疑。斯瓦特山谷的土著居民世代居住於此，視山谷為其領地，英軍的出現激怒了他們，憤怒迅速爆發。政府認為這種憤怒源於宗教，其實這種解釋很容易理解，乃人之常情。當地的部落土著向駐守馬拉坎德關口的守備部隊和查克達拉山上的小堡壘發起攻擊，這座堡壘矗立在一塊如直布羅陀般的大岩石上，守衛著斯瓦特河上的長吊橋。誤入歧途的部落土著殺害了許多人，包括許多友善、和平的當地婦女和兒童。土著人的突襲使英軍在防守馬拉坎德關隘時也經歷了危機，但最終進攻被擊退了。黎明時分，嚮導騎兵團和第十一孟加拉長矛輕騎兵團將這些強悍難馴的土著人從斯瓦特山谷的一端驅逐至另一端，聲稱他們已用長矛及其他方式殺死了大量土著。查克達拉山上的堡壘，這座小直布羅陀終於得以解圍，完好無損地保住了，鐵索橋也保持完整。莫赫曼德人是白沙瓦地區周邊另一個極難對付的部落土著。在制服了莫赫曼德人後，這支由一萬二千人和四千頭牲畜組成的軍隊將通過這座吊橋進入山區，穿越迪爾和巴焦爾山谷，經過馬蒙德地區，最終回到印度大平原的文明世界。

不久之後，賓登·布拉德爵士在征服奔納瓦爾人後便班師回營。他作為一位老練的英印軍官，幾乎未費一兵一卒便完成了這次征服。布拉德爵士對這些野蠻的土著心懷喜愛，並且深諳如何與他們談判的技巧。普什圖人是一些非常特殊的人，他們有著各種可怕的風俗習慣和令人震驚的報複方式。這些人非常善於討價還價，如果你能夠以足夠的實力與他們平等談判，他們會感到滿意，從而容易達成協議。如今，賓登·布拉德爵士已經

第十章　馬拉坎德野戰軍

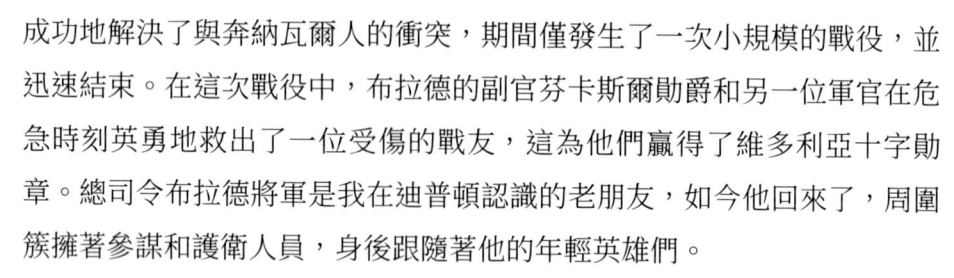

成功地解決了與奔納瓦爾人的衝突，期間僅發生了一次小規模的戰役，並迅速結束。在這次戰役中，布拉德的副官芬卡斯爾勳爵和另一位軍官在危急時刻英勇地救出了一位受傷的戰友，這為他們贏得了維多利亞十字勳章。總司令布拉德將軍是我在迪普頓認識的老朋友，如今他回來了，周圍簇擁著參謀和護衛人員，身後跟隨著他的年輕英雄們。

在這些未經開發、野性十足的山區裡，在這些持槍的原住民中間，賓登‧布拉德爵士顯得尤為引人注目。他身著制服，騎在馬上，與他的旗手和騎兵隊伍同行，比我在英國見到的他更加英姿颯爽。無論是戰時還是和平時期，他對英國軍隊和印度軍隊瞭若指掌，因此他不抱任何不切實際的幻想。身為臭名昭彰的布拉德上校的直系後裔，他對此深感自豪。那位布拉德上校在查理二世在位期間，曾試圖透過武力盜取倫敦塔裡王冠上的珠寶，這件事在歷史書上都有記載。當上校手持御寶準備離開塔門時被捕，他因叛國罪和其他幾項重罪受審，然而最終被宣告無罪釋放，並立刻被任命為國王的護衛隊隊長。這一奇特的結果引發了眾多猜測，人們普遍認為他企圖盜取寶物的行為得到了國王的默許。當然，在那個艱難的年代，國王經常缺錢，而且這種事在歐洲各地早已屢見不鮮。不論真相如何，賓登‧布拉德爵士將他的祖先試圖盜取寶物的事件視為家族史上最榮耀的一件事，因此他對印度邊境的帕坦部落非常同情，因為這些土著人完全能理解這件事的各個方面，甚至可能會熱烈鼓掌。如果將軍能將所有的普什圖人聚集在一起，詳細講述這個故事，那麼我們三個旅原本不需要帶上長長的騾隊和駱駝隊，艱難跋涉到這些山區和人跡罕至的高原來吃苦，然而在接下來的幾個星期，我們的確是在這樣的地方度過的。

當時，將軍雖然已經退役，但依然神采奕奕。在這場戰役中，他面臨了一次嚴酷的挑戰。土著人代表團中的一名激進帳子，突如其來地拔出一

把匕首，從約八碼[099]遠處的敵人衝向將軍。賓登・布拉德爵士騎在馬背上，拔出左輪手槍，距離兩碼處擊斃了突襲者。當時我們大多數人都認為師級將軍佩戴的手槍只是裝飾品。可想而知，野戰軍中的每一個人，包括最低賤的清潔工，看到這樣的場景都非常高興。

描述這場戰役並非我的初衷。針對這段歷史，我曾撰寫過一本書，但遺憾的是，該書已經絕版。因此，我將用幾句話來簡述這場戰役的情況。馬拉坎德野戰軍的三個旅不斷進入並掃蕩了我之前提到的所有山谷，挑釁當地居民，驅趕他們的牲畜作為口糧，割取他們的莊稼作為飼料，這些行動給當地居民帶來了極大的困擾。隨軍同行的政治官員，衣領上鑲著白色領章。[100]他們整天都在與當地的部落首領、宗教領袖和其他顯要人物談判。這些政治官員在軍官中間並不受歡迎，因為軍官們認為他們只是一些製造麻煩的人，總是敷衍了事，誹謗大英帝國，損害其聲譽，而且還不讓別人知道。他們被指責在處理嚴重罪行方面優柔寡斷。我們軍中有一位名叫迪安的少校，他是一位非常出色的政治官員，但大家都不喜歡他，因為他總是干預軍事行動。當我們正準備一場大戰，所有的槍都已上膛，每個人都躍躍欲試時，這位迪安少校會過來命令停止戰鬥。所以我們常說，他是怎麼當上少校的呢？實際上他最多隻能算是一個平庸的政客而已。當地的土著首領都是他的老朋友，關係親密得像是骨肉至親，沒有什麼事情可以影響他們的友誼。在戰鬥的間隙，他們之間的談話就像是男人與男人之間的對話、朋友與朋友之間的談話，而他們跟我們將軍之間的談話，則像是強盜與強盜之間的對話。

我們無法確定芝加哥警察與幫派之間的具體關係，但這情形無疑與之類似。毫無疑問，他們彼此之間定能達成深刻的理解，並且對諸如民主政

---

[099]　一碼等於 0.9144 公尺，八碼相當於 7 公尺多的距離。
[100]　指的是英國政府指派到保護國擔任治理者駐地顧問的官員。

第十章　馬拉坎德野戰軍

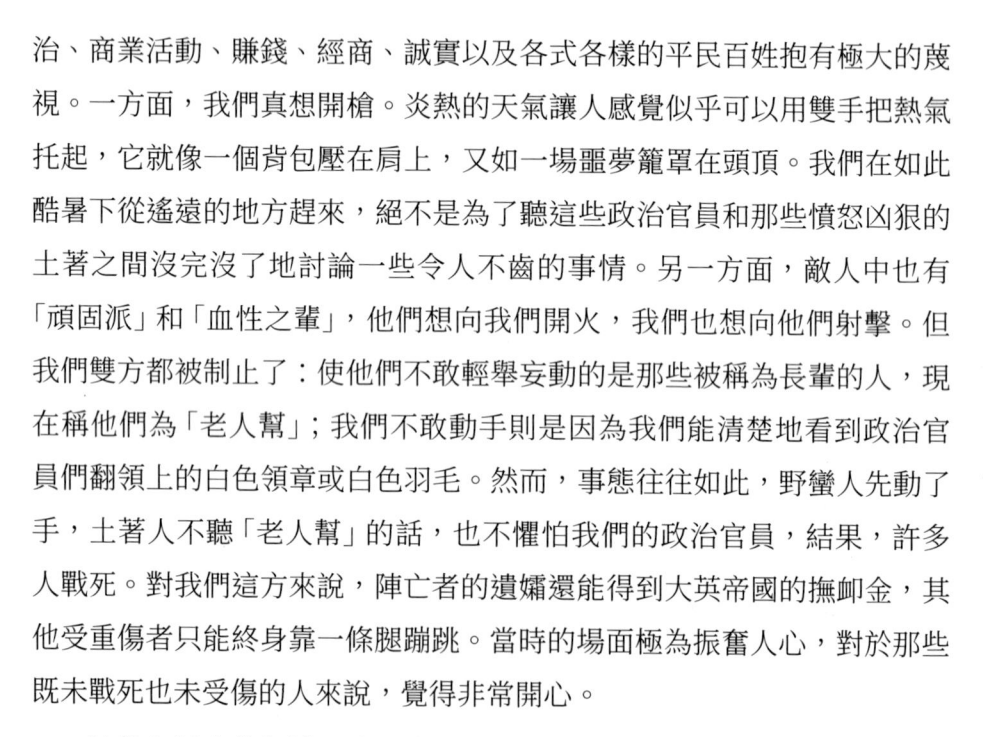

治、商業活動、賺錢、經商、誠實以及各式各樣的平民百姓抱有極大的蔑視。一方面，我們真想開槍。炎熱的天氣讓人感覺似乎可以用雙手把熱氣托起，它就像一個背包壓在肩上，又如一場噩夢籠罩在頭頂。我們在如此酷暑下從遙遠的地方趕來，絕不是為了聽這些政治官員和那些憤怒凶狠的土著之間沒完沒了地討論一些令人不齒的事情。另一方面，敵人中也有「頑固派」和「血性之輩」，他們想向我們開火，我們也想向他們射擊。但我們雙方都被制止了：使他們不敢輕舉妄動的是那些被稱為長輩的人，現在稱他們為「老人幫」；我們不敢動手則是因為我們能清楚地看到政治官員們翻領上的白色領章或白色羽毛。然而，事態往往如此，野蠻人先動了手，土著人不聽「老人幫」的話，也不懼怕我們的政治官員，結果，許多人戰死。對我們這方來說，陣亡者的遺孀還能得到大英帝國的撫卹金，其他受重傷者只能終身靠一條腿蹦跳。當時的場面極為振奮人心，對於那些既未戰死也未受傷的人來說，覺得非常開心。

這幾句話有些無禮，我說這幾句話的目的是希望向讀者說明印度政府的耐心和理解。印度政府之所以耐心是因為它知道，如果情勢惡化到極點，它可以向任何人開槍。印度政府要解決的問題是如何避免這種可惡的結局。這是一個死氣沉沉的政府，處處受制於法律，受制於各種談判和錯綜複雜的私人關係。它不但受制於下議院，而且還受制於各式各樣純粹是英印式的約束與羈絆，這些羈絆大到寬容大度的傳統觀念，小到各種官僚習氣的阻撓與爭執。所以，社會各階層的建設任務應該在和平時期進行。主流是統治者的勢力，同時又要從各個方面牽制其勢力。當然，有些事情總要發生，出現失誤也在所難免，被稱作「令人遺憾的事件」時而也會發生，這也正是我在下面一章裡要講到的內容。

第十一章　馬蒙德山谷之役

19世紀為這片世外桃源引入了兩大新事物：其一是後膛裝彈步槍，另一個則是英國政府。

在印度邊境作戰本身就是一種罕見的經歷。無論是這裡的景緻還是這裡的人們，在這個世界上都是獨一無二的。山谷兩側的峭壁，每一側都有五、六千英呎高，隊伍在迷宮般的大峽谷中緩慢前行，頭頂是黃銅色的天空，山谷底部是融化的雪水，泛起白色的泡沫，急流而下。生活在這些原生態美景中的當地人，他們的性格與他們所處的環境一樣和諧一致。當地的普什圖人經常處於戰爭狀態，不是私人之間的爭鬥，就是公共的戰爭。除了收穫季節，生存的需要迫使他們暫時休戰。在這裡，每個人既是戰士，又是政治家和神學家。每一幢大的房屋都是一個堡壘，這些堡壘雖然都只是用被太陽晒得發硬的泥坯砌成，但堡壘上都有城堆、角樓、射擊孔、側翼護衛塔、吊橋等等，一應俱全。每個村子都有自己的防禦工事，每個家庭都有自己的家族世仇，每個宗族也都有自己的世仇，數不清的部落和各式各樣的部落聯盟之間存在著許多仇恨的帳需要清算；沒有什麼是可以被遺忘的，每一筆帳都要算清楚。在他們的社會生活中，除了收穫季節的慣例外，還有一套非常複雜的禮儀規範，這些規範人人都要遵守。一個懂得這些規範並能嚴格遵守的人，可以不帶任何武器在領地邊界暢行無阻。然而，如果違背了哪怕是一點規矩，也將面臨生命危險。因此，可以說普什圖人的生活是充滿了樂趣。這裡人煙稀少，山谷裡陽光充足，水源豐富，土地肥沃，生活在這裡的人只需少量勞動，就能收穫足夠的糧食，

第十一章　馬蒙德山谷之役

以滿足這少數人口適度的物質需求。

十九世紀為這片世外桃源帶來了兩樣新事物：一是後膛裝彈的步槍，另一是英國政府。前者屬於奢侈品，是令人垂涎的好東西；後者則是極為惱人的存在。後膛裝彈步槍操作便捷，衝鋒槍更甚，這些武器在印度高原上尤為受到青睞。這種武器在一千五百碼的距離內具備精確的殺傷力，擁有這種新式武器的家庭或宗族都會欣喜若狂。因為有了這樣的武器，一個人可以在家中向近一英里外的鄰居開火；也可以躲在高山峭壁上，從前所未有的遠距離向山下的騎手射擊；甚至村莊與村莊之間也可以不出門就相互交火。在印度各地流竄的盜槍賊使得走私槍支活動更加猖獗，這種令人垂涎的武器在邊境上逐漸增多，甚至大大強化了普什圖人對基督教文明的崇拜。

另一方面，大英政府的舉措完全令人失望，讓人興致索然。如果普什圖人突然從山谷中衝出，襲擊平原地區，他們不僅會被驅逐回去（這實際上是不公平的），而且隨後還會引發一連串的干涉行動，其中包括大規模討伐軍隊艱難地穿越山谷，懲罰土著，並迫使他們賠償所造成的損失。如果這些討伐軍隊進山後只是打一場仗，然後撤退，沒有人會在意，因為印度政府長期以來一直奉行「打完就撤」的政策，因此討伐軍隊往往在戰鬥後立即撤離。然而到了 19 世紀末，這些入侵者開始在許多山谷中修築道路，尤其是那條通往奇特拉爾的大道。他們透過威脅恐嚇土著，修建堡壘，或向當地人發放補貼，以確保這些道路的安全。對於後一種方法，沒有人反對，但普什圖人極為厭惡這種不斷修路的趨勢。因為規定沿途居民應保持安靜，不能互相攻擊，尤其不能向路上的行人開火。這一切對普什圖人來說要求過高，這也是一系列爭端的根源。

* * *

我們在前往莫赫曼德地區的行軍途中，必須穿越馬蒙德山谷。這片山谷呈現出碗狀的地形，寬度大約十英里。雖然我們與馬蒙德人之間並無直接衝突，但他們的聲譽不佳，因此我們格外謹慎，避免挑釁。然而，我們的營地布置得井然有序，設有一排排精緻的遮陽帳篷，還有大量的馬匹、駱駝、騾子和驢，這些景象對馬蒙德人來說無疑是巨大的誘惑。夜晚，我們營地的燈火形成一個巨大的矩形，成為這些印度邊境地區土著人的明顯目標。單人狙擊不可避免，天黑後，我們的先鋒旅成為了射擊的靶子。幸運的是，並未造成重大損傷，僅有少數人受傷。有段時間，我們在晚餐時不得不熄滅蠟燭，但賓登·布拉德爵士依然鎮定自若地繼續用餐。次日清晨，我們無視馬蒙德人的挑釁行為，繼續向納瓦蓋前進。然而，土著人的情緒已被激起，兩天後，當我們的第二個旅抵達時，數百名土著人手持各式各樣的武器，從最古老的燧發槍[101]最新款步槍的連續射擊聲在我們周圍響徹三個小時，令人興奮而騷動。幸運的是，大部分官兵已經挖掘了淺壕，且營地周圍設有掩蔽戰壕。然而，那個晚上我們約有四十名官兵陣亡，還有許多馬匹和馱運物資的牲畜也遭到損失。賓登·布拉德爵士在接到報告後，下令進行反擊。第二旅的指揮官是傑弗里斯將軍，他奉命次日進入馬蒙德山谷，嚴懲這些凶殘的敵人。懲罰的手段是沿著小路進入山谷，抵達頂點，摧毀所有農作物，破壞水庫，盡可能摧毀堡壘，射殺所有阻擋他們前進的人。「如果你想觀看戰鬥，」賓登爵士對我說，「你可以騎馬回去加入傑弗里斯的部隊。」於是我找了一名返回第二旅的孟加拉槍騎兵作伴，小心翼翼地穿過兩個營地間的十英里路程，在黃昏前抵達了傑弗里斯的指揮部。

整整一個晚上，營地中彈雨不斷，但現在每個人都有一個良好的地坑隱藏。馬匹和騾子也得到了相當程度的保護。9月16日天剛破曉，我們

---

[101]　一種利用燧石打火的裝置。

第十一章　馬蒙德山谷之役

　　的旅在一支孟加拉槍騎兵中隊的引領下，進入馬蒙德山谷，迅速在廣闊的山谷中分散。全旅分為三個獨立隊伍，各自肩負艱巨任務。三隊呈扇形展開，由於全旅總人數不超過一千二百人，很快就分散成小分隊。我隸屬於中間的隊伍，這支隊伍的任務是前進到山谷的最遠端，我隨騎兵部隊一同行進。

　　我們未曾開一槍便登上了山谷的頂端，村莊與平原一片寂靜無人跡。當我們靠近山前時，透過望遠鏡看到許多微小的身影聚集在一座圓錐形的小山上。那些小點上不時反射出鋼鐵的強光，顯然是土著人在揮動刀劍。這一景象點燃了每個人的興奮，我們的先鋒部隊迅速前進，抵達一片小樹林，距離圓錐形的小山在一顆子彈的射程範圍內。我們下馬，約有十五支卡賓槍從七百碼外同時向山上開火。山上很快冒起白色硝煙，子彈開始在我們的小樹林裡呼嘯。這場有趣的小規模戰鬥持續了近一個小時。與此同時，步兵部隊已經穿越平原，逐漸向我們靠近。當他們到達後，由印度第三十五錫克兵團組成的先鋒隊進攻圓錐形山頭，另外兩個連隊則沿著山左側的小路向村莊出發，儘管山上的巨石和山坡上的玉米地阻擋視線，村莊的屋頂依然清晰可見。在此期間，騎兵部隊的任務是在平原上布防，並與旅長手下的預備隊保持連繫，這支預備隊主要由東肯特團的人馬組成。

　　我決定隨第二組沿著山路前往村莊。我將馬匹交給一位當地人，開始與步兵部隊一同艱難地沿山坡攀登。天氣異常炎熱，烈日直射，炙熱的陽光灼燒著每個人的肌膚。我們步伐沉重，緩慢地向上攀行，經過一片玉米地，翻越巨石，行走在多石的小徑上，穿過裸露的斜坡，但始終在登山。偶爾，山上會傳來幾聲冷槍，但大多數時候一切平靜無事。隨著我們越爬越高，馬蒙德山谷如同一個橢圓形的盤子展現在我們身後。我停下來擦去眉間的汗水，坐在岩石上俯瞰山下，這時已經接近十一點。首先吸引我注意的是，部隊已無蹤影，距離山腳半英里處有幾名槍騎兵下馬。遠處的山

那邊升起一縷縷細煙,那是被燒毀的堡壘冒出的煙。我們的大部隊去了哪裡?幾小時前出發時有一千二百人,如今全被山谷吞沒。我拿出望遠鏡,搜尋山下的平原,只見散落的泥巴壘牆村莊和堡壘,閃閃發光的河道和水庫,偶爾能看到幾塊耕地和零星的樹林——所有景象在明亮的氛圍中展現,背後是鋸齒狀的峭壁——但英印旅的影子卻不見蹤影。

這時我才首次意識到,我們這一小隊人員其實非常稀少:包括我在內僅有五名英國軍官,另有大約八十五名錫克士兵,這就是我們的全部了。我們已經抵達了莊嚴的馬蒙德山谷的頂峰,準備進攻山中最偏僻的村莊。我剛從桑赫斯特軍校畢業不久,還能記得課堂上關於「分散兵力」的警示。早晨我們的大部隊出營時的謹慎與我們現在這幾個人的處境形成了鮮明對比。然而,正如大多數衝動的年輕人一樣,我也渴望一些冒險,只希望會發生一些振奮人心的事情。事情果然發生了!

我們終於抵達這個只有幾間土屋的小村莊,與其他村莊一樣,這裡也是空無一人。這座村莊坐落於一個山頭,與後面的群山相連。我與一名軍官和八個錫克兵在村莊朝著山的那一側躺了下來,其他人則進入那些土屋裡搜尋,或在土屋後面坐下來休息。過了一刻鐘,什麼事也沒有發生。這時,連隊的指揮官來了。

「我們打算撤離,」他告訴中尉,「你在這裡掩護我們撤退,等我們到達村莊下方的小圓丘並建立新陣地後再撤退。」他補充說:「預備隊似乎沒跟上來,上校認為,沒有人接應我們在這裡有些危險。」

我認為這種說法頗有道理,我們又等待了十分鐘。在此期間,我無法看到我們連隊的主力在做什麼,我推測他們應該正在向村莊下方的小圓山丘撤退。忽然,山坡上變得活躍起來,岩石後閃現出刀劍,鮮豔的旗幟四處飄揚,我們前方冒出了十幾縷分散的硝煙,附近響起了巨大的爆炸聲。在我們上方,一千英呎、兩千英呎、三千英呎的峭壁上,出現了穿著白色

第十一章　馬蒙德山谷之役

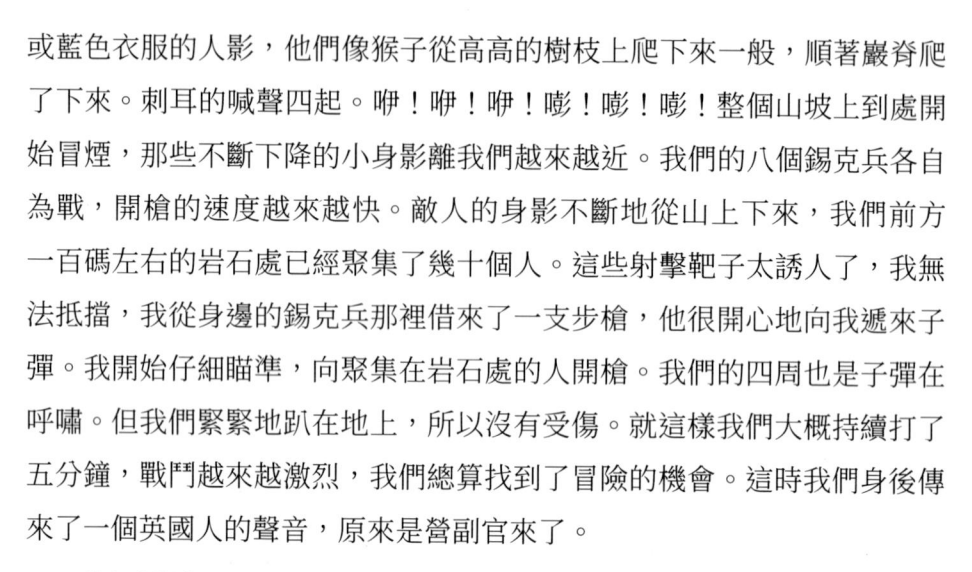

或藍色衣服的人影，他們像猴子從高高的樹枝上爬下來一般，順著巖脊爬了下來。刺耳的喊聲四起。咻！咻！咻！嘭！嘭！嘭！整個山坡上到處開始冒煙，那些不斷下降的小身影離我們越來越近。我們的八個錫克兵各自為戰，開槍的速度越來越快。敵人的身影不斷地從山上下來，我們前方一百碼左右的岩石處已經聚集了幾十個人。這些射擊靶子太誘人了，我無法抵擋，我從身邊的錫克兵那裡借來了一支步槍，他很開心地向我遞來子彈。我開始仔細瞄準，向聚集在岩石處的人開槍。我們的四周也是子彈在呼嘯。但我們緊緊地趴在地上，所以沒有受傷。就這樣我們大概持續打了五分鐘，戰鬥越來越激烈，我們總算找到了冒險的機會。這時我們身後傳來了一個英國人的聲音，原來是營副官來了。

「速速撤離！時光無多，我們會在那座小山丘掩護你們。」

那位借給我步槍的錫克兵將八、九顆子彈隨手丟在我身邊的地上。規矩是不允許任何彈藥落入土著人之手。這名錫克兵似乎過於激動，因此我一顆顆地將子彈遞給他，讓他放回子彈袋裡，幸運的是我及時想到這一點。此時，我們小組的其他成員已經站起來開始撤退，子彈從岩石那邊橫掃過來，呼喊聲和尖叫聲四處迴響。我估計，在那一瞬間，我們中大約有五、六個人倒下。果不其然：兩人陣亡，三人受傷。一人胸部中彈，血流如注；另一人仰面躺在地上，四肢亂踢，身體蜷曲；那位英國軍官在我身後轉來轉去，他的臉血肉模糊，右眼已被擊出。是的，這確實是一場冒險。

在印度邊境，戰時不遺棄傷員是為了保全尊嚴的必要之舉，因為落入普什圖人之手，任何人都會遭到殘忍的處決。此時，營副官回來了，並帶來一名英國中尉、一名錫克軍士長與兩、三名士兵。我們聯手扶起傷員，艱難地向山下撤退。我們十來個人抬著四名傷員，穿過幾間屋子，來到一片光禿禿的空地，連隊指揮官帶著六個士兵正在那裡等候。下方約一百五十碼處應該是我們掩護部隊的位置，但卻看不到他們的蹤影！或許他們在更

下方的一個小圓山丘。我們不顧傷員的抗議，拖著他們繼續前進。我們沒有任何形式的後衛，所有人都在抬著傷員，因此我確信更糟糕的情況正向我們逼近。我們行至空地中間，突然從山上的屋子間竄出二、三十個暴怒的人，他們瘋狂地開火，手中還揮舞著刀劍。

　　隨後發生的事情，我只記得一些零星的片段。與我一同抬傷員的兩名錫克士兵中，有一人被擊中腿部，痛得大聲呼喊，頭巾散開，黑色長髮披在肩上，看起來像一個可憐的怪臉木偶。此時，兩個人從下面趕來扶住傷員，新來的中尉和我則抓住怪臉木偶的衣領，把他往前拖。幸運的是，我們走的是下坡路。顯然，他被路上的尖石頭弄傷了，他要求我們放手，讓他自己走。他一瘸一拐地蹦跳、爬行，雖然搖搖晃晃，但速度不算慢，這樣才得以逃脫。我朝左邊看了看，營副官也中彈了，他的四個士兵抬著他走。他實在太重了，士兵們緊緊揪著他。這時，五、六個手持刀劍的普什圖人從屋後衝出，抬著營副官的士兵見普什圖人逼近，丟下營副官就逃。領頭的一個土著人衝上前來，揮起手裡的刀向倒在地上的營副官砍了三、四刀。當時我忘了所有的一切，只想殺了這個土著人。我身上帶著鋒利的騎兵軍刀，畢竟，上學時我曾獲得擊劍獎牌，我決心與這個土著人決鬥。這個野蠻人見我向他走來，當相距不到二十碼時，他用左手撿起一塊石頭，用力向我扔來，然後揮著刀，等著我上前。他身後不遠處還有其他人在等我，我改變了主意，決定不用刀。我拔出手槍，仔細瞄準，然後開槍，但未射中。我又開了一槍，還是沒有中。緊接著，我再開一槍，不確定是否擊中他，只見他向後跑了兩、三碼，躲到一塊岩石後面。激烈的槍聲持續著，我四周環顧，沒有看到一個朋友，只有我孤身一人與敵人對峙。我竭盡全力，拚命奔跑，子彈從身邊飛過。我跑到第一個小圓山丘，謝天謝地！錫克士兵守在下面那個小圓山丘，他們拚命向我揮手，不一會兒我就來到他們中間。

第十一章　馬蒙德山谷之役

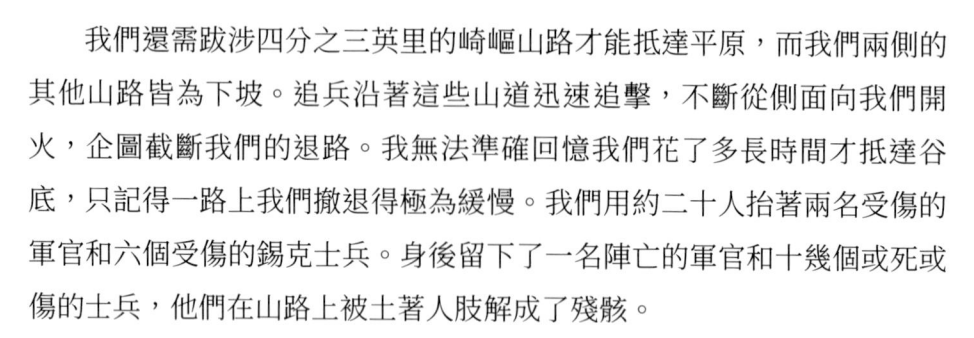

　　我們還需跋涉四分之三英里的崎嶇山路才能抵達平原，而我們兩側的其他山路皆為下坡。追兵沿著這些山道迅速追擊，不斷從側面向我們開火，企圖截斷我們的退路。我無法準確回憶我們花了多長時間才抵達谷底，只記得一路上我們撤退得極為緩慢。我們用約二十人抬著兩名受傷的軍官和六個受傷的錫克士兵。身後留下了一名陣亡的軍官和十幾個或死或傷的士兵，他們在山路上被土著人肢解成了殘骸。

　　在這段期間，我拾起一名陣亡士兵的步槍和彈藥作為武器，對著左側八十至一百二十碼外山上的土著人連續開了三、四十槍，併力求每次都精確瞄準。在這種情況下，射擊的難度在於：人已經累得喘不過氣來，不確定是因為過度疲勞還是緊張，射擊時手會顫抖。但我可以肯定，我從未隨意開槍，總是仔細瞄準。

　　我們抵達山谷底部時，看起來就像一群烏合之眾，但我們還是帶著傷員。預備隊駐紮在那裡，包括一位中校營指揮官和幾個傳令兵。傷員被安置在地上，連隊的倖存者肩並肩排成兩列。我們的兩側有兩、三百名土著人，他們散開呈半圓形，把我們圍在中間。我看見白人軍官正竭力將錫克士兵聚集在一起，儘管這樣的隊形像是一個巨大的靶子，但總比分散兵力要好。土著人也都擠在一起，顯得異常興奮。

　　中校對我道：「東肯特團距此不足半英里，速去召他們前來，否則我們會全部完蛋。」

　　當我轉身準備出發去完成他交付的任務時，突然萌生了一個念頭。在我的腦海中，這個連隊已經全軍覆沒，而我是作為師長的傳令軍官，倖存的唯一一人。如果我氣喘吁吁地跑去報告這個壞消息並請求支援，又該如何解釋呢？

　　「長官，我需要一份書面命令。」我說。

中校略顯驚訝地注視著我，在那件束腰的寬鬆外衣裡翻找一番，掏出筆記本，開始書寫。

　　與此同時，連隊指揮官在混亂的吵雜聲中高聲發號施令，他要求士兵們停止隨意開火。我聽到命令：「齊射，預備，開火。」轟！至少有十幾個土著人倒下了。再一次齊射，這些土著人猶豫了。第三次齊射，他們開始撤退到山腰處。衝鋒號聲響起，眾人高喊，危機解除，感謝上帝！這時，東肯特團的先頭部隊也開始抵達。

　　我們歡慶了勝利，並享用了午餐。但是，天黑之前，我們還有很遠的路要走。

＊　＊　＊

　　東肯特團抵達後，為了挽回顏面並運回營副官的遺體，我們決定重新攻上山坡，戰鬥持續至下午五點。

　　同時，第三十五錫克兵團的另一個連隊在我們右側進攻山丘，他們的情況更加惡劣。最終，當他們撤回平原時，帶回了十幾名傷者，並將幾名軍官和十五個士兵的遺體留在山上，任其成為餌料。夜幕降臨山谷，早上匆忙中未經深思熟慮而分散的各隊伍，在暴雨和夜色中逐漸回到了營地，後面緊跟著殘忍的敵人。我隨著東肯特團和重創的第三十五錫克兵團一起撤回。當我們走進營地周圍的戰壕時，天已經完全黑了，其他各路人馬也都已經返回。這一天的戰鬥雖然損失不大，但也不盡如人意。然而，將軍在哪裡？他的參謀們又在哪裡？那支騾子拉的炮隊去了哪裡呢？

　　營地四周戒備森嚴。在零星的槍聲中，我們吃了些食物。兩個小時過去了，將軍去了哪裡？我們現在知道，他除了帶著炮隊，還帶了半個連的工兵和地雷兵，以及十名白人軍官。突然，從約三英里外的山谷傳來隆隆炮聲。短暫停歇後，又響起約二十幾聲炮響，隨即一片沉寂。這是怎麼回

第十一章　馬蒙德山谷之役

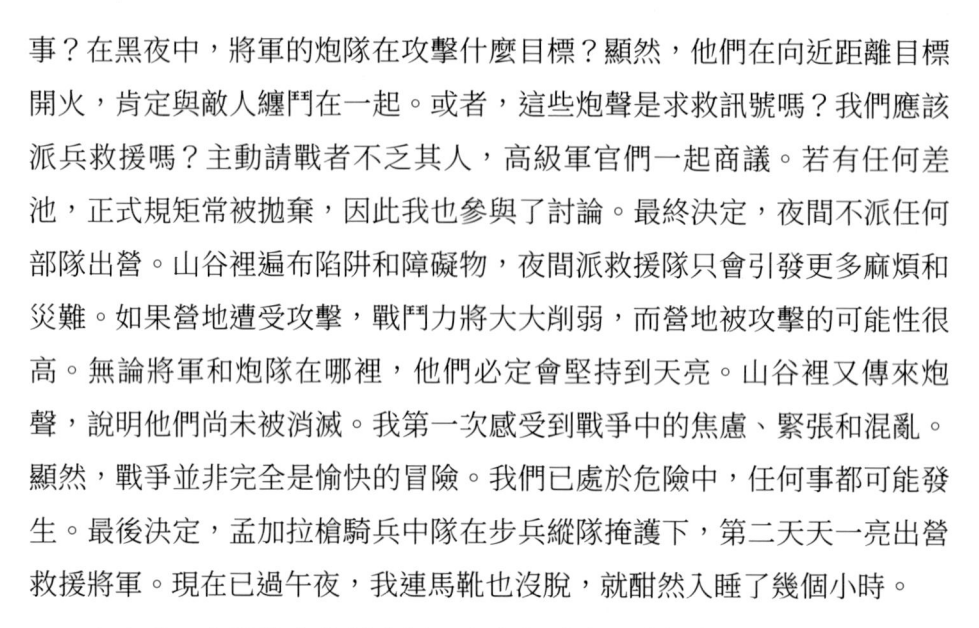

事？在黑夜中，將軍的炮隊在攻擊什麼目標？顯然，他們在向近距離目標開火，肯定與敵人纏鬥在一起。或者，這些炮聲是求救訊號嗎？我們應該派兵救援嗎？主動請戰者不乏其人，高級軍官們一起商議。若有任何差池，正式規矩常被拋棄，因此我也參與了討論。最終決定，夜間不派任何部隊出營。山谷裡遍布陷阱和障礙物，夜間派救援隊只會引發更多麻煩和災難。如果營地遭受攻擊，戰鬥力將大大削弱，而營地被攻擊的可能性很高。無論將軍和炮隊在哪裡，他們必定會堅持到天亮。山谷裡又傳來炮聲，說明他們尚未被消滅。我第一次感受到戰爭中的焦慮、緊張和混亂。顯然，戰爭並非完全是愉快的冒險。我們已處於危險中，任何事都可能發生。最後決定，孟加拉槍騎兵中隊在步兵縱隊掩護下，第二天天一亮出營救援將軍。現在已過午夜，我連馬靴也沒脫，就酣然入睡了幾個小時。

在白晝，廣闊的山谷對我們而言毫無威脅。我們在一個有土屋的村莊裡找到了將軍和他的炮隊。他經歷了一段艱辛的時期，頭部負傷，但並不嚴重。夜色降臨時，他帶著他的部下進入幾間房屋，將這些房屋臨時改造成堡壘。與此同時，馬蒙德人也進入了村莊。整整一夜，這個如同迷宮般的村莊裡展開了一場激烈的戰鬥，從一棟房子打到另一棟房子，從一條小巷打到另一條小巷。攻擊者對地形瞭如指掌，因為他們在自己的家園作戰；防禦者對這裡的地形和房屋毫無了解，只能在黑暗中堅守。土著人穿牆越戶，用槍射擊，用長刀刺殺。這是一場近身戰，就像在兔穴中作戰一樣容易迷路。雙方互相搏鬥，互相射擊，還經常誤射，大炮被當成手槍，對著兩、三碼外的敵人開火。十名英國軍官中有四人受傷，工兵和炮手傷亡達三分之一，幾乎所有的騾子都非死即傷，血流遍地。倖存的軍官個個臉色憔悴，為這個殘酷的早晨增添了一景。無論如何，現在這一切都結束了。於是我們殺死了受傷的騾子，並吃了早餐。

回到營地後，我們的將軍使用日光儀，透過遠處山頭的反射光訊號，

與遠在那瓦蓋的賓登・巴拉德爵士連繫。賓登爵士和我們的先鋒旅在前一夜也遭遇了猛烈的攻擊，他們損失了幾百頭牲口和二、三十名士兵，除此之外沒有更嚴重的損失。賓登爵士命令我們駐守在馬蒙德山谷，並以火與刀劍將山谷夷為平地作為報復。我們按照命令列事，但非常謹慎。我們有條不紊地進行著，逐一摧毀村莊。我們焚燒房屋，填埋水井，炸毀大廈，砍伐大樹，焚燒莊稼，破壞水庫，以懲罰敵人。只要村莊位於平原，破壞起來相對容易。土著人只能坐在山上，無奈地看著他們的家園和生計被摧毀。然而，當我們開始攻擊山兩側的村莊時，遭遇了他們的激烈抵抗。在每個村莊，我們都損失了兩、三名英國軍官和十五至二十名本地士兵。這樣做是否值得，我無法確定。總之，兩週後，整個山谷變成了一片廢墟，我們的尊嚴得到了維護。

第十一章　馬蒙德山谷之役

第十二章　蒂拉赫遠征記

　　軍隊猶如一隻貓，只要你了解如何避開牠的利爪，牠便是一隻令人喜愛的生物；然而，一旦受到刺激或惹怒，牠便會變得不悅，難以應付，而且也難以安撫。

　　9月16日的失利後，我們的部隊進行了一些調整，作為臨時應對，我被調往第三十一旁遮普步兵團。這個團除了團長之外，僅有三名白人軍官。在和平與戰爭年代，我先後在以下軍團正式服役：第四輕騎兵團、第三十一旁遮普步兵團、第二十一槍騎兵團、南非輕騎兵團、牛津自由民兵團、第二近衛兵團、蘇格蘭皇家燧發槍團，最後是牛津砲兵部隊。這些軍團駐守於亞洲、非洲和歐洲各地，各自情況各異，但旁遮普步兵團最為獨特。儘管我是一名騎兵軍官，但在桑赫斯特軍校接受過步兵訓練，我相信自己能勝任各種戰鬥指揮。然而，這個團的語言障礙尤其嚴重，我幾乎無法與當地士兵交流。由於軍官人手不足，這些士兵歸我指揮，但我只能依靠手勢和動作與他們溝通。我只會說他們的三個詞：「Maro」（殺）、「Chalo」（衝）和「Tally ho」（發現目標）。這種情況下，連隊指揮官和士兵之間根本無法像操練手冊要求的那樣建立親密關係。然而，我們還是以各種方式挺過來了。經歷了三、四次小規模戰鬥，我們依然安然無恙。雖然這幾次戰鬥並未帶來特別的榮譽，但對於參戰者來說，卻是一次很好的鍛鍊和激勵。我完全靠以身作則和道德力量完成了這一切。

　　儘管我無法完全進入他們的思想和情感深處，但我逐漸認識到旁遮普士兵的可敬之處。毫無疑問，他們在戰鬥時非常喜歡有白人軍官在他們中

第十二章　蒂拉赫遠征記

間，他們仔細觀察軍官的一舉一動，如果你笑，他們也會跟著笑，因此我經常微笑。與此同時，我不斷地透過電報和信件，向《先鋒報》和《每日郵報》寄發關於戰鬥的稿件。

我現在懷有希望能夠永久加入馬拉坎德野戰軍，以便在山谷中駐留一段時間。然而，戰鬥的性質已經發生了變化。9月16日我們失利的消息已經在土著人中間傳遍了。馬蒙德人很可能散布消息，聲稱他們取得了巨大勝利。他們誇大了我們的傷亡人數，並且宣稱他們的戰鬥是按計畫進行的。我們也是這麼說的，但他們並不讀我們的報紙，至少整個邊境地區都相當興奮。9月底，更為強大的阿夫里迪部族也加入了反叛者的行列。阿夫里迪人生活在蒂拉赫山區，這是一個位於白瓦沙北部、開伯爾山口以東的山區。蒂拉赫山區的山比馬拉坎德地區的山更高更險峻，蒂拉赫山谷的谷底不是平的，而是「V」字形的，這種地形對土著人十分有利，對正規部隊來說卻很困難。蒂拉赫山區的中心有一塊像馬蒙德山谷一樣的平原，但面積更大，只有通過「V」字形的山谷這個屏障，才能進入這個名叫馬坦的平原。在這個平原上就像是在漢普頓宮。[102] 同樣的迷宮中心，僅僅是四周環繞著山巒而非圍欄。

印度政府決定派遣軍隊遠征蒂拉赫山區的馬坦平原，計畫摧毀阿夫里迪部落所有的糧倉、牲畜和房屋。在嚴冬之際，將這個部落的所有人，包括婦女和兒童，驅趕至更高的深山，讓他們在那裡受苦。為了實現這一懲罰，需要動用兩個完整的師，每個師包括三個旅，共約三萬五千人，另外還需要大量人員確保交通運輸和大本營的安全。於是，這支部隊被集結起來，在白沙瓦和科哈特集結，準備進攻蒂拉赫。從來沒有白人的部隊到過馬坦平原，這次軍事行動被認為是自阿富汗戰爭以來邊境地區最嚴重的戰

---

[102]　這座前英國皇家住所，坐落於倫敦西南部的泰晤士河畔，被譽為英國的凡爾賽宮，是都鐸式王宮的代表作。

事，指揮權交給最優秀的、最有經驗的威廉·洛克哈特爵士。另一方面，賓登·布拉德爵士繼續留守在馬拉坎德，牽制當地的土著人。於是，我們現在的軍事行動停止了。與此同時，旁遮普省的白人預備役軍官也被充實到他們的軍團來填補空缺。因此，我將目光轉向蒂拉赫遠征軍，竭盡全力想加入這支隊伍，但我不認識這支部隊的高層。伊恩·漢密爾頓上校指揮這支部隊中的一個旅，本來他是可以幫忙的，不幸的是，在穿過科哈特山口時，他從馬上摔了下來，摔斷了腿，失去了旅長的職位，錯過了這次戰役，他非常傷心。而我剛脫離了一支部隊，還沒來得及加入另一支部隊，在這種情況下，我的團長又在遙遠的印度南部催我回去。儘管賓登·布拉德爵士願意收留我，我的希望還是落空了，只好回到邦加羅爾。

回到部隊後，軍官們對我禮遇有加，但普遍認為我休假的時間已經足夠，現在應該專注於處理日常事務了。部隊正忙於秋季訓練，軍事演習即將展開。馬蒙德山谷的槍聲似乎仍在耳邊迴響，不到兩週，我已經在兩千英里外的地方忙於演習，進行空彈射擊。當周圍響起槍聲時，沒有人躲藏，反而每個人都伸長脖子，這情景實在奇怪。除此之外，生活如常。我們依舊在烈日下日復一日地行軍和露營，口乾舌燥。我們所在的邁索爾地區風景秀麗，樹木繁茂，水泊星羅棋布；我們演習的地點位於努迪德魯格的大山周圍，這座山有金礦，山中滿是紅葉似火的樹林。

當然，這裡沒有什麼可以抱怨的，但隨著日月流轉，我密切關注著報紙上有關蒂拉赫戰役的報導。兩個師的部隊進入山區，經過多次激烈戰鬥，付出重大傷亡後，終於抵達蒂拉赫中部的平原。在嚴冬到來之前，部隊必須撤回，他們迅速著手進行，但撤退速度仍嫌不足。憤怒的阿夫里迪人得意洋洋，沿著山脊向在河床中艱難跋涉的大軍發起致命攻擊。撤退途中，部隊每次行軍都要十至十二次涉過冰冷的河水，數百名士兵和數千頭牲畜被子彈擊中，沿著巴拉山谷撤退的第二師遭到窮追猛打。私下裡我們

第十二章　蒂拉赫遠征記

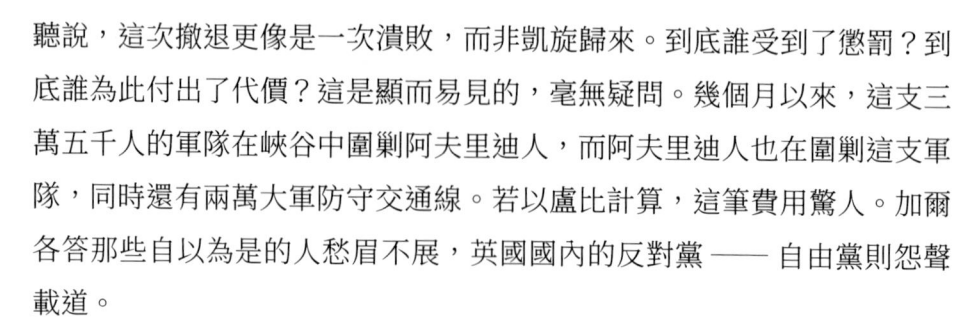

聽說，這次撤退更像是一次潰敗，而非凱旋歸來。到底誰受到了懲罰？到底誰為此付出了代價？這是顯而易見的，毫無疑問。幾個月以來，這支三萬五千人的軍隊在峽谷中圍剿阿夫里迪人，而阿夫里迪人也在圍剿這支軍隊，同時還有兩萬大軍防守交通線。若以盧比計算，這筆費用驚人。加爾各答那些自以為是的人愁眉不展，英國國內的反對黨——自由黨則怨聲載道。

對於遠征蒂拉赫時運氣不佳的遭遇，我並不感到難過，畢竟，他們不讓我加入這支遠征軍是很自私的。我估計第二年春天他們還得再次遠征，於是我加倍努力，想加入他們的大軍。我的母親不遺餘力地幫助我，想盡一切辦法為我打點。在我的指揮下，她下了一番功夫，圍攻沃爾斯利勳爵和羅伯茲勳爵，但這兩座堡壘就是頑固不化。羅伯茲勳爵寫道：

我非常願意幫助您的兒子，但由於喬治·懷特爵士掌握大權，溫斯頓曾在馬拉坎德野戰軍布拉德將軍麾下服役。既然喬治·懷特爵士不同意他加入布拉德的部隊，那麼我再與洛克哈特將軍連繫也無濟於事。我有把握地說，喬治·懷特爵士一定不會允許他參加蒂拉赫野戰軍。

我將發電報給喬治·懷特爵士，然而我確信，在這種情況下，他必定會因我的行動而感到憤怒。

與此同時，我被困在邦加羅爾無法抽身。然而，聖誕節期間很容易獲得十天假期，雖然時間不長，但足以來回邊境地區。當然，在沒有做好充分準備前，我不會輕率地前往野戰軍基地司令部。部隊如同一隻貓，只要你知道如何不被牠的爪子抓到，牠便是一隻討人喜歡的動物；但一旦牠受了刺激或發怒，牠會變得難以對付，且難以平復。因此我決定先前往印度政府所在地加爾各答，希望透過努力協商，獲得前線職位。那時從邦加羅爾到加爾各答，火車需時三天半，留出相同時間返程，我僅剩六十小時來辦理這件重要事情。當時的印度總督是埃爾金勳爵，後來我在他手下擔任

過殖民地事務次官，他對有介紹的年輕軍官非常客氣，我也受到了高規格的熱情款待，並參加並贏得了加爾各答守備部隊舉行的兩週一次的點對點越野賽馬。一切進展順利，除了正事毫無進展。在來加爾各答前，我動用了各種關係，並聽取了軍中最高層人士的意見，他們建議我勇敢面對人事行政參謀部主任，但他是一個相當不友善的人，幸好我已記不得他的名字。如果他同意，我便可上前線；若他反對，其他任何人都無法辦成此事。於是我來到他辦公的候見室，請求接見。他直接拒絕接待我，我意識到事情無望。這兩天我在餐桌上遇到的軍中上層人物，心中竊笑，因為他們知道我此行的目的，也知道我會受到何種待遇。從總指揮官喬治·懷特爵士到普通軍官，大家都非常友善，但他們的友善態度似乎暗示有些話題最好不談。六十小時過後，我不得不再次登上火車，心灰意冷地返回邦加羅爾。

那年的冬季，我完成了第一本書的創作。我從英國得知，我投給《每日郵報》的稿件回響熱烈，儘管我署名為「一名年輕軍官」，這些稿件仍然引起了廣泛關注。投給《先鋒報》的稿件也獲得了不錯的回應，我打算在這些稿件的基礎上進行一些文學創作。朋友們告訴我，芬卡斯爾勳爵也在撰寫一本關於此次遠征的書，我們彼此競爭，看誰的書能先出版。我很快體會到了寫作的真正樂趣，以前每天中午的時間都用來午睡和打牌，現在我把這三、四個小時全花在寫作上，樂此不疲。聖誕節過後不久，我完成了手稿，並寄回家讓母親幫忙出售，她安排這本書在朗曼公司出版。

在養成了寫作習慣後，我開始踏足小說創作的領域。我計劃撰寫一部長篇作品，並認為相比於精確地敘述歷史，小說的創作速度要快得多。一旦故事開頭確立，情節便會如流水般自然展開。我選擇了反叛作為主題，並將故事的背景設定在虛構的巴爾幹地區或南美洲某個共和國。這個故事講述了一位自由派領袖的命運，他成功推翻了一個專制政府，但最終被社

第十二章　蒂拉赫遠征記

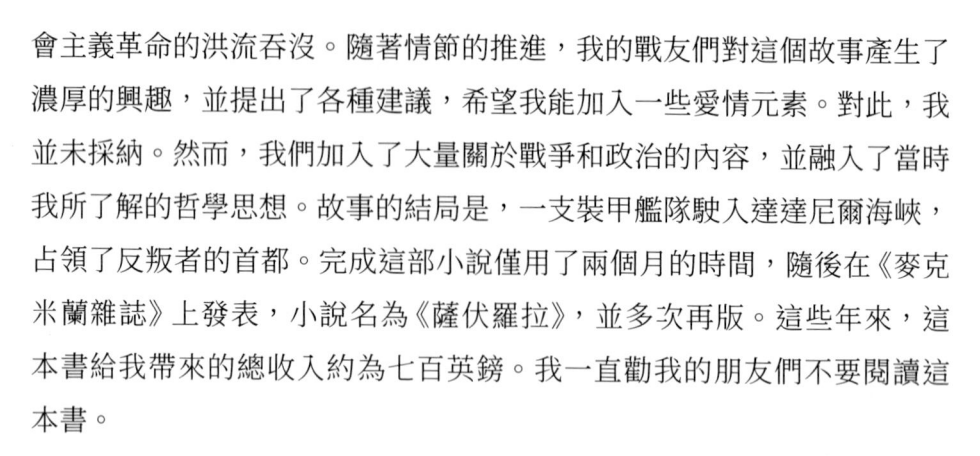

會主義革命的洪流吞沒。隨著情節的推進，我的戰友們對這個故事產生了濃厚的興趣，並提出了各種建議，希望我能加入一些愛情元素。對此，我並未採納。然而，我們加入了大量關於戰爭和政治的內容，並融入了當時我所了解的哲學思想。故事的結局是，一支裝甲艦隊駛入達達尼爾海峽，占領了反叛者的首都。完成這部小說僅用了兩個月的時間，隨後在《麥克米蘭雜誌》上發表，小說名為《薩伏羅拉》，並多次再版。這些年來，這本書給我帶來的總收入約為七百英鎊。我一直勸我的朋友們不要閱讀這本書。

與此同時，我那本探討邊境戰爭的書籍也正式面世了。

將書的校樣寄往印度需要兩個月的時間。為了不浪費這段時間，我將校對的任務委託給我的叔叔，他是一位才華橫溢的作家。然而，由於各種原因，他漏掉了許多明顯的印刷錯誤，並且未修改我的標點符號。儘管如此，《馬拉坎德野戰軍紀實》一書迅速取得了巨大的成功。評論家們對印刷錯誤和其他問題冷嘲熱諷，但仍然爭相讚美這本書。一大疊書評和樣書寄到了我這裡，讀著這些讚美之詞，我既感到高興和自豪，也對書中的錯誤感到惶恐。讀者們可能還記得，我以前從未受到過表揚，在學校時，我的作業評語只有「中等」、「凌亂」、「不整潔」、「差」、「很差」等。如今，主要的文學報紙和博學的評論家都給了我通篇的讚美。這個世界真是不可思議！事實上，對於他們對我「風格」的讚美之辭，現在回想起來，我應該感到臉紅。《雅典娜》的評語是：「滿篇都是納皮爾[103]這篇文章原本是一篇氣勢磅礡的作品，但卻被出版商的一位精神失常的審稿人胡亂新增了標點符號。其他報紙的鑑別能力略顯不足，更多的是溢美之辭。《先鋒報》稱其「智慧和洞察力遠超其年齡」。這些讚美之詞讓我心花怒放。我明

---

[103]　羅伯特‧納皮爾（1810 — 1890）：英國陸軍元帥，曾率兵侵略中國，後擔任駐印度英軍總司令等職。

白，如果這本書能夠獲得廣泛認可，未來的機會將會源源不斷。我感覺自己找到了新的生計方式，前景一片光明。這本薄薄的書在幾個月內為我賺取的收入，相當於一名中尉兩年的薪水。當時世界上多地戰爭頻發，我決定等戰爭結束並且我們贏得馬球賽後，就退伍從文，在英國過上完全獨立的生活，不再受軍紀的束縛，不再讓任何人對我指手畫腳，也不再讓鈴聲或號聲打擾我的美夢。

在我收到的信件中，有一封信使我格外欣喜。我將這封信也列印在此，正是為了說明威爾斯親王[104]他對年輕人總是充滿關懷，這是他一貫的態度。

敬愛的溫斯頓：

我按捺不住想寫幾句話，祝賀你的書取得成功！我懷著極大的興趣細讀了你的鉅著，覺得整體的描寫和語言都非常出色。每個人都在讀這本書，我聽到的盡是對它的讚美。你親身經歷過戰爭，你可能會希望進一步體驗軍旅生活。我相信，你和芬卡斯爾一樣，有很大的機會獲得維多利亞十字勳章。他打算離開軍隊，為的是能夠進入議會。對此，我深感遺憾，希望你不要效仿他的決定。

你前途無量，應該在成為議員之前繼續留在部隊。

願你事業蒸蒸日上！

你的真誠的　愛德華
1898年4月22日，於馬爾博羅公爵府

三月中旬，我們馬球隊將北上參加一年一度的騎兵馬球錦標賽。在此之前，我再無假期。我有幸成為馬球隊一員，並如期抵達比賽地點密拉特。我深信，我們無疑是所有參賽隊伍中第二強的隊伍，唯一曾經擊敗我

---

[104]　即後來成為英國國王的愛德華七世。——原注

第十二章　蒂拉赫遠征記

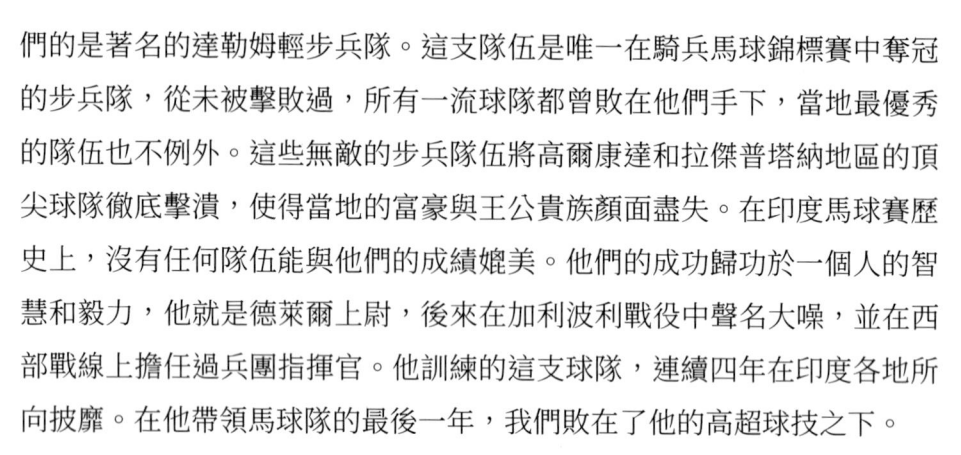

們的是著名的達勒姆輕步兵隊。這支隊伍是唯一在騎兵馬球錦標賽中奪冠的步兵隊,從未被擊敗過,所有一流球隊都曾敗在他們手下,當地最優秀的隊伍也不例外。這些無敵的步兵隊伍將高爾康達和拉傑普塔納地區的頂尖球隊徹底擊潰,使得當地的富豪與王公貴族顏面盡失。在印度馬球賽歷史上,沒有任何隊伍能與他們的成績媲美。他們的成功歸功於一個人的智慧和毅力,他就是德萊爾上尉,後來在加利波利戰役中聲名大噪,並在西部戰線上擔任過兵團指揮官。他訓練的這支球隊,連續四年在印度各地所向披靡。在他帶領馬球隊的最後一年,我們敗在了他的高超球技之下。

密拉特位於邦加羅爾以北一千四百英里,但距離前線仍有六百多英里。我們的假期在錦標賽結束後的第三天便告結束,而乘火車返回邦加羅爾需要三天時間。另一方面,從密拉特到白瓦沙前線僅需一天半時間。至此,我已感到極度絕望,認為是時候冒險一試了。伊恩・漢密爾頓上校已經康復,重新指揮他從蒂拉赫撤回的旅。他在軍中聲望甚高,與喬治・懷特爵士私交甚篤,亦是他的老戰友,與威廉・洛克哈特爵士的關係也相當融洽。我與伊恩・漢密爾頓長期保持通訊,為了支持我,他付出了許多努力。他傳來的消息並不振奮人心,遠征軍中雖然仍有許多職位空缺,但人事安排由加爾各答方面的人事行政參謀部決定,只有一種情況可以例外,即威廉・洛克哈特爵士的私人參謀可以自行任命。我並不認識威廉・洛克哈特爵士,據我所知,我的父母與他也沒有交往。我該如何接近他呢?想說服他讓我成為他最令人垂涎的兩、三個下級參謀之一,幾乎是不可能的,況且他的參謀團隊已經配齊。然而,伊恩・漢密爾頓上校贊成我冒險一試。他說:「我會盡力而為。總司令有個副官叫霍爾丹,他與我在戈登的蘇格蘭團共過事,他的能量極大。事實上,全軍上下都說他的影響力非常大。如果他對你有好感,事情就好辦了。我會盡力為你鋪路。他與你雖無交情,但也沒有過節,如果你能努力一下,也許憑你的決心和口才能說

服他幫你辦成此事。」

　　這便是他來信的核心內容：在錦標賽半決賽失利後的翌日清晨，我收到了這封信。我坐在火車上，望向窗外，四處張望。花了一天半的時間乘火車北上抵達白沙瓦，在那裡停留數小時，然後在假期結束前再花四天半南下趕回邦加羅爾，顯然是不可能的。簡言之，如果我乘火車北上卻無法在前線找到職位，那麼我至少會超假四十八小時。我很清楚，這是違反軍紀的，理應受到懲罰。在正常情況下，發電報申請延長假期是很容易的，但一旦團裡的長官知道了我去前線的目的，那麼我的假期不但不能被延長，他們還會立即召我歸隊。在這種情況下，我還是決定冒險一搏，碰碰運氣，於是我即刻動身前往白沙瓦。

　　清晨的空氣清新怡人，我懷著激動的心情來到司令部拜見威廉·洛克哈特爵士。我向他的副官報上姓名，接著，威嚴的霍爾丹先生出現了。雖然他不太熱情，但顯然對我有些興趣，表現出猶豫不決的樣子。我不記得自己說了什麼，也不記得我是如何陳述這件事，但我肯定有幾次說到了關鍵點。霍爾丹上尉在礫石小路上徘徊了半個小時，然後說：「好吧，我進去問問總司令，看他怎麼說。」他走後，我獨自在礫石路上徘徊。不久，他回來了，「威廉爵士決定，」他說，「任命你為他的個人勤務參謀，你可以即刻到任。我們正在與印度政府和你的團連繫。」

　　彈指之間，我的境遇瞬息萬變。剛才還倍受冷遇，轉眼間卻占據了優勢。紅領章掛上我的衣領，人事行政參謀部主任在政府《公報》上宣布了我的任命，我成為總司令的侍從。團裡甚至從遙遠的邦加羅爾送來了馬匹和隨從。這位魅力非凡的大人物對邊境地區的每一寸土地瞭如指掌，經歷了過去四十年來邊境上的每一場戰爭。我不僅每天都能興味盎然地聆聽他的談話，還有機會檢視他部隊的每一個部分，每次遇見的總是人們的笑臉。

第十二章　蒂拉赫遠征記

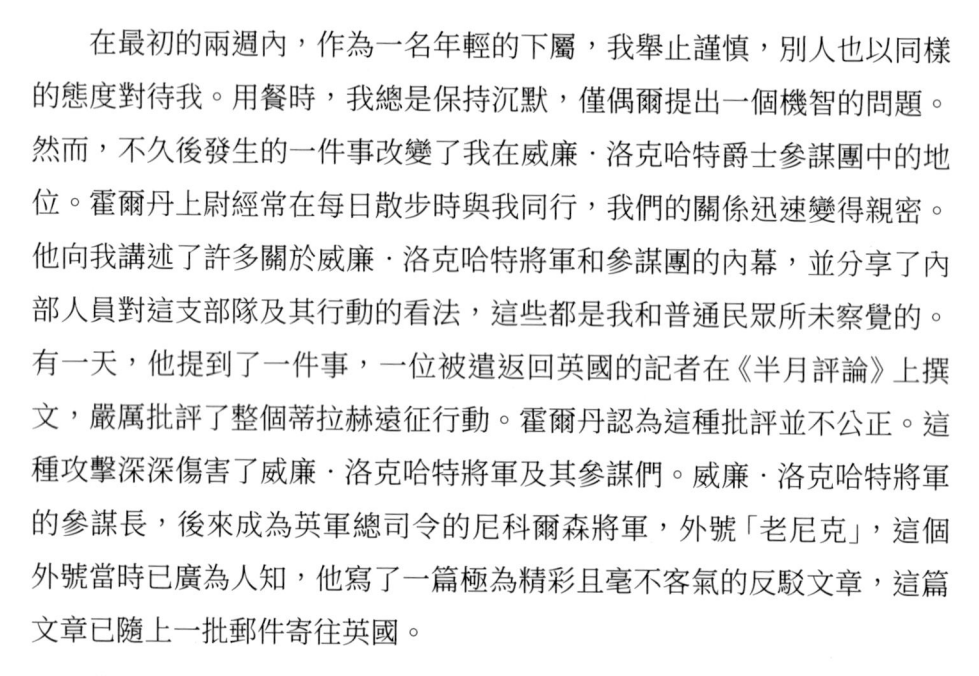

在最初的兩週內，作為一名年輕的下屬，我舉止謹慎，別人也以同樣的態度對待我。用餐時，我總是保持沉默，僅偶爾提出一個機智的問題。然而，不久後發生的一件事改變了我在威廉‧洛克哈特爵士參謀團中的地位。霍爾丹上尉經常在每日散步時與我同行，我們的關係迅速變得親密。他向我講述了許多關於威廉‧洛克哈特將軍和參謀團的內幕，並分享了內部人員對這支部隊及其行動的看法，這些都是我和普通民眾所未察覺的。有一天，他提到了一件事，一位被遣返回英國的記者在《半月評論》上撰文，嚴厲批評了整個蒂拉赫遠征行動。霍爾丹認為這種批評並不公正。這種攻擊深深傷害了威廉‧洛克哈特將軍及其參謀們。威廉‧洛克哈特將軍的參謀長，後來成為英軍總司令的尼科爾森將軍，外號「老尼克」，這個外號當時已廣為人知，他寫了一篇極為精彩且毫不客氣的反駁文章，這篇文章已隨上一批郵件寄往英國。

　　他人對我施以善意，並適時提供良好的建議，如今我看到回報他的契機來臨。我說，一名野戰軍的高級軍官與一名被開除的戰地記者在報紙上爭論戰爭中的是非曲直，會被視為極其有損尊嚴，甚至是不體面的；我說，我敢肯定政府對此也會大為震驚，戰爭辦公室也會因此大發雷霆；我說，軍隊的參謀應該將自辯的事務交給上級或政治家處理；我還說，無論辯論的理由多麼充分，一旦公開呈現出來，無論在何處，都會被視為軟弱和心虛的表現。霍爾丹上尉感到極度不安，我們立即起身返回。整個夜晚，總司令和他的參謀們一直在商議這件事。次日，他們問我如何才能在途中攔截已經寄出的文章？是否應該通知戰爭辦公室，請他們向《半月評論》的編輯施壓，當他收到文章時，阻止釋出這篇文章？這位編輯會同意這樣的要求嗎？我說，他應該也是一位紳士，如果他接到作者發來的電報要求他不要發表這篇文章，那麼他應該會立刻應允，不管他本人有多失望。於是發了一封電報回英國，隨後收到了令人安心的回覆。此事過後，

我開始更多地融入親信參謀的圈子，別人也把我當作成年人看待。我認為，在春季戰役中，我會處於一個有利位置，於是我開始計劃投入更重大的事務中。總司令似乎對我頗為滿意，總之，我如魚得水。不幸的是，我的好運來得太晚。本來我每天都在期盼更大規模的軍事行動，然而這個希望漸漸變得渺茫。經過與土著人的長時間談判，雙方終於達成了和解。作為一個初出茅廬的政治家，我不得不贊成這一明智之舉，但這卻違背了我當初來到白沙瓦的初衷。

這情況就如同河狸築壩，當牠剛完成堤壩並準備捕魚之際，一場洪水摧毀了堤壩，將牠的運氣和魚一併沖走，所有的一切不得不重新來過。

第十二章　蒂拉赫遠征記

第十三章　與基秦拿的衝突

當然，一見之下，我現在意識到，許多不了解情況且心懷不軌的人並不看好我的行動。相反，他們開始對我產生不利，甚至是敵對的態度。

印度邊境的戰事尚未停息，蘇丹方面的消息又傳來，一場新的戰役即將展開。索爾斯伯利政府正式宣布將進軍喀土穆，摧毀德爾維希政權，解放那些在暴政統治下岌岌可危的廣大地區。當時蒂拉赫遠征軍正在解散，而新戰役的首階段已然啟動，由赫伯特・基秦拿爵士領導。[105]一支由英國和埃及組成的聯軍，約有兩萬人，已經抵達尼羅河與阿特巴拉河匯合處。[106]在激烈的戰鬥中，於交會點擊潰了哈里發[107]。穆罕默德中尉率領的部隊是哈里發派來抵擋基秦拿聯軍的。這支軍隊如今已進入蘇丹戰役的最後階段——向南推進二百英里，直取德爾維希首都，準備與德爾維希帝國進行一場決戰。

我極度期盼能夠參與這次戰鬥。

然而，如今我又面臨一個新的難以應對的大人物的反對。當我初入軍隊時，渴望前往前線，幾乎所有人都熱情地鼓勵我。……整個世界似乎都充滿友善（有時初見確實如此，這種第一印象使得年輕人行事不再輕率）。

自然地，初次接觸後，我意識到，許多對情況一無所知且心懷不軌的人並不看好我的行動。相反，他們開始對我持有不利，甚至敵對的態度。

---

[105] 赫伯特・基秦拿爵士（1850－1916）：英國陸軍元帥，英國歷史上最具影響力的軍事領袖之一。
[106] 阿特巴拉河是位於非洲東北部的一條河流，源自衣索比亞西北部，河道全長約 805 公里，最終流入蘇丹東部的尼羅河。
[107] 伊斯蘭教國家宗教及政治領袖的敬稱。

第十三章　與基秦拿的衝突

他們開始說這樣的話：「這個人究竟是誰？他是怎麼參與各次戰役的？他怎麼能一邊為報紙撰稿，一邊擔任軍官呢？為什麼一個中尉竟可以對高級軍官品頭論足呢？將軍們為什麼都偏愛他？他是怎麼做到讓他所在的團隊給他如此多假期的呢？看看那些辛勤工作的士兵，他們從來沒有離開過自己的職位。我們已經受夠了──事實上是完全受夠了。他現在還很年輕，也許以後他可以這麼做，但是現在，邱吉爾中尉還需要接受長期的軍紀和軍規的約束。」至於其他的話，簡直可以算是誹謗。軍中的某些高層軍官和某些下層人物時不時會說出「獎章的追逐者」和「自我標榜者」之類的話，我確信，他們說的這些話，一定會讓讀者感到驚訝和痛苦。被迫記錄下人性中這醜陋的一面是悲哀的。奇怪的是，說不清是怎麼回事，我在前進的道路上每走一步，甚至在我還沒有邁出步伐之前，總會有人不負責任地說三道四。

在準備參加蘇丹戰役的初期，我便察覺到，埃及軍隊的英國司令赫伯特・基秦拿爵士毫不掩飾他對我的不滿和敵意。儘管戰爭辦公室同意我參戰，但我的參軍申請卻被拒絕，反觀其他與我同級、同事的軍官的申請卻獲得了批准。我從不同管道得知，這一拒絕來自最高指揮官，我不可能從邦加羅爾的軍營克服這麼大的障礙。在蒂拉赫遠征軍解散後，我獲得了一段休假時間，於是決定立即前往大英帝國的中心──倫敦，親自處理這件事。

一到達倫敦，我便全力調動所有可用的資源。母親竭盡全力利用她的影響力來幫助我實現這一願望。整整兩個月，她不斷邀請那些有權勢的達官顯貴參加宴會，他們在午餐或晚餐期間緊張地討論我的事情。然而，這一切終究徒勞無功！那些阻撓我前往埃及的力量對我母親來說過於強大且遙不可及。母親與赫伯特・基秦拿爵士關係密切，甚至為了我親自寫信給他。將軍回覆得相當委婉，表示他手下參與這場戰役的軍官已經足夠，而

且他還接到許多其他軍官的申請,這些軍官的資歷遠超過我。不過,他還提到,如果未來有機會,他會非常樂意等等。

當時已是6月底,軍隊的全面行動必須在8月初展開,時間已經無法用星期來衡量,只能以天計算。

就在此時,一樁意想不到的事件發生了。英國首相索爾斯伯利勳爵正好看到了我撰寫的《馬拉坎德野戰軍紀實》。儘管他和我父親在政治上關係不睦,他對這本書卻不僅僅是感興趣,而是被深深吸引。他突發奇想,想要認識這本書的作者。7月的一個早晨,我收到了他的私人祕書舍恩伯格·麥克唐奈爵士的來信,告知我首相讀了我的書非常高興,並且希望與我探討其中一些內容。信中詢問我是否能在某一天到外事辦公室見一面,如果我的安排允許,下週四下午四點對他最為合適。我的回覆正如讀者朋友所猜想的那樣,「那還用說嗎?」或者類似的話。

這位政壇巨擘是大英帝國的領袖,保守黨的無可爭議的首腦,這是他第三次出任英國首相,同時兼任外交大臣,正處於他政治生涯的高峰。他在約定的時間接見了我。這是我第一次走進他那間寬敞的房間,從那裡可以遠眺皇家騎兵衛隊的閱兵儀式。後來很多年裡,無論是在和平時期還是戰爭年代,我在這裡親眼見證了許多重大問題的解決。

這位睿智的老政治家氣場非凡。他堅決反對現代思想,或許正因如此,索爾斯伯利勳爵在艱難時期對大英帝國的團結和壯大發揮了無與倫比的作用,這是其他歷史偉人無法企及的。很少有人能預見這種力量,更沒有人能估量其真正的強度。我清晰地記得,他站在門口,以古老的禮節接待了我,打了一個迷人的歡迎手勢,引領我到他大房間中央的小沙發上坐下。

「你的書讓我極其著迷,若我可以這麼表達,不僅是內容深得我心,其風格也令我讚賞。兩院對印度邊境政策的辯論異常激烈,許多誤解讓他

第十三章　與基秦拿的衝突

們困惑。與我讀過的其他檔案相比，你的描述使我能夠更清楚地了解這些發生在印度邊境山谷中的戰鬥。」

我明白自己最多只能獲得二十分鐘的會面時間，無意超過這個限制。因此，當時間差不多時，我準備起身告辭。然而，他又挽留了我半個小時，最終才領著我再次穿過那片大地毯，來到門口。告別時，他對我說：「希望你能允許我這樣說，你讓我想起了你的父親。在我的政治生涯中，有許多重要的時光都是與他一起度過的。任何時候，如果有什麼事我可以幫你做的，希望你一定要讓我知道。」

返家後，我對他臨別時說的話深思了許久。我不希望老勛爵因我的事而感到為難。然而，他告別時的話語，似乎能夠幫助我實現當時最渴望的目標。因為首相是赫伯特·基秦拿爵士的堅定支持者，如果首相開口，基秦拿爵士肯定會撤回反對我參戰的決定，滿足我這個小小的願望。在往後的歲月中，我也處理過許多類似的情況。當年輕人請求上前線卻遭到官僚們的反對時，我常常無視那些反對意見，總是說：「畢竟他們只是要求去擋子彈而已，就讓他們去吧。」

於是，經過幾日的深思熟慮，我決定向舍恩伯格·麥克唐奈爵士尋求協助。孩提時期，我便在社交場合中與他有過數面之緣。當時已是七月的第三週，若要在進攻喀土穆前加入英軍在阿特巴拉的部隊，似乎別無他法。某個夜晚，我找到舍恩伯格，他正準備出席一場宴會。我詢問他，是否能請首相發電報給赫伯特·基秦拿爵士。戰爭辦公室已經推薦了我，我的團隊也批准了我的假期，第二十一槍騎兵團也願意接納我，應無其他障礙。這樣的要求是否過於苛刻？能否幫我試探一下索爾斯伯利勛爵的意見呢？

舍恩伯格回答：「我確信他一定會全力以赴，他對你非常滿意，但他不能踰越某些界限。他可以以暗示的方式提出這個問題，讓人知道他很希

望你去。但如果將軍不同意，你不能要求首相對將軍施壓。」我表示我已經心滿意足。

「我立刻處理這件事。」這位具有騎士風範的男子說。在索爾斯伯利勳爵長期執政期間，他一直是勳爵的知己和支持者。多年後，即使年邁，他仍堅持參加前線戰鬥，剛抵達戰壕便中彈身亡。

他沒有參加晚宴，而是轉身去找他的上司。天黑之前，一封電報已經發出，傳送給遠在埃及的英軍總司令。電報中提到，儘管索爾斯伯利勳爵不打算干涉總司令在部屬任命上的見解和決策，但在不影響公務的前提下，如果能滿足我參與此次軍事行動的願望，首相個人將非常高興。很快，首相收到了回電，內容是：赫伯特·基秦拿爵士已經擁有所有所需的軍官，若未來出現空缺，在考慮這位年輕軍官之前還有其他軍官需要考慮。

這封惱人的通知很快便傳到了我的手中。若此刻我選擇放棄，我便無法親身體驗恩圖曼戰役中的激動時刻。然而，恰在此時，我收到了一條訊息，為我帶來了最後的希望。

弗朗西斯·熱恩爵士是我們家的老朋友，也是一位極為傑出的法官。他的夫人，現如今的聖赫利爾夫人，經常活動於軍界，常與人事行政參謀部主任伊夫林·伍德爵士相遇。她隨後在倫敦郡議會的工作，可以說是她才能的體現，顯示出她對男性和重大事務的影響力。她告訴我，在一次晚宴上，她親耳聽到伊夫林·伍德爵士說，赫伯特·基秦拿爵士對戰爭辦公室推薦的軍官人選過於挑剔，實在是過分。他認為，戰爭辦公室不應該受到充其量不過是英軍中一小部分部隊指揮官的輕視。埃及軍隊理應由英國駐埃及總司令調配，而英軍分遣隊（由一個步兵師、一個砲兵旅和第二十一槍騎兵團組成）作為遠征軍的一部分，其內部組織應完全由戰爭辦公室調配。她告訴我，伊夫林·伍德爵士對此事相當不滿。然後我問她：

第十三章　與基秦拿的衝突

「你有沒有告訴他首相親自為我發過電報？」她說她沒有。我對她說：「請告訴他，讓我們看看他是否會奮起捍衛自己的權利。」

兩天後，我收到來自戰爭辦公室的一封簡短通知，內容如下：

特此委派你為第二十一槍騎兵團的編外中尉，參與即將進行的蘇丹戰役。請即刻前往開羅的阿貝西亞營地，向團指揮部報到，費用自理。若在未來的軍事行動中或因其他原因不幸陣亡或受傷，英國軍隊不承擔任何費用。

奧立佛·博斯威克是《晨郵報》老闆的兒子，在報紙經營方面具有相當的影響力。他是我的同齡人，同時也是我的好友。拿破崙曾有一句名言：「必須以戰養戰。」如今我深刻體會到了這句話的力量。當晚，我與奧立佛達成了協議，我將在有機會時為《晨郵報》撰寫文章，每欄稿酬為十五英鎊。晚餐後，這位心理研究學會的主席不合時宜地要求我承諾，一旦有什麼不幸發生，我必須與他連繫。翌日清晨，我搭乘了十一點的火車前往馬賽，我的母親在月臺上揮手告別。六天後，我抵達了開羅。

* * *

阿貝西亞軍營內一片緊張與繁忙的景象。第二十一槍騎兵團的兩個中隊已經沿著尼羅河逆流而上，另外兩個中隊則預計在次日清晨出發。為了提升第二十一槍騎兵團的戰鬥力，從其他槍騎兵團調來了七名軍官，這些軍官被分配到各個中隊，分別指揮一個連隊。原先的先遣中隊為我預留了一個連隊，但由於我的行程耽擱，加上行程的不確定性，這個連隊被分配給了羅伯特·格倫弗爾，出發時他的精神狀態極佳。在基地軍營內，每個人都認為我們太晚出發，趕不上戰鬥了。也許前兩個中隊還有可能趕上，但無人能確定。格倫弗爾在給家人的信中寫道：「想像一下我的幸運，我負責的這個連隊原本屬於溫斯頓，而且我們是第一批出發。」我們的生命

中總是充滿機遇，但我們無法預見它是如何運作的。9 月 2 日，槍騎兵團發起衝鋒，結果這個連隊幾乎全軍覆沒，年輕勇敢的連長犧牲了，他是高貴的格倫弗爾家族中首位為大英帝國的戰爭獻出生命的人。他的兩個弟弟在後來的大戰中陣亡，其中一位在犧牲前榮獲維多利亞十字勳章。格倫弗爾的兄弟和他一樣精神可嘉。

第二十一槍騎兵團迅速且順利地行軍一千四百英里，準時抵達非洲的核心地帶，這是基秦拿用兵的一貫風格。我們先乘火車到達阿西尤特，然後換乘汽船前往阿蘇安。在菲萊島，我們牽馬繞過大瀑布；在謝爾拉爾，我們再次乘坐汽船，經過四天的航行到達瓦迪哈勒法；隨後我們乘火車沿著軍用鐵路穿越四百英里的沙漠，這條鐵路的建成象徵著德爾維希政府的末日。我們從開羅出發整整十四天後，最終抵達了部隊的大本營和鐵路基地，阿特巴拉河在此匯入壯闊的尼羅河。

這次行軍的經歷相當愉快，組織安排得當，使我們感到非常舒適和便捷。一路上，我們這支隊伍情緒高昂，沿途的景色既新奇又美麗，大家都對即將到來的戰鬥充滿期待。特別是想到我們是唯一參加這次戰鬥的英國槍騎兵團，我感到既激動又高興，所有這些都讓我們覺得這次經歷非常愉快。然而，我一路上始終心存擔憂和恐懼。在開羅，我沒有聽到赫伯特‧基秦拿爵士對戰爭辦公室任命我的態度。我不知道他接到戰爭辦公室推翻其拒絕接受我的電報後會有何反應。在我的想像中，基秦拿可能已經向戰爭辦公室發出了抗議電報。事實上，這對戰爭辦公室也是一個考驗。這可能有些誇張，但焦急的人往往容易這麼想。我能想像到，當無所不能的總司令頑固地發出抗議後，白廳的人事行政參謀部主任肯定會被搞得煩躁不安。我時刻準備著接到返回的命令。此外，我現在受這位總司令的指揮，對他來說，說出「把他送回基地，等戰鬥結束後，讓他和新配備的馬一起來」這樣的話再容易不過了，或者用其他各種可惡的辦法。每當我乘坐的

第十三章　與基秦拿的衝突

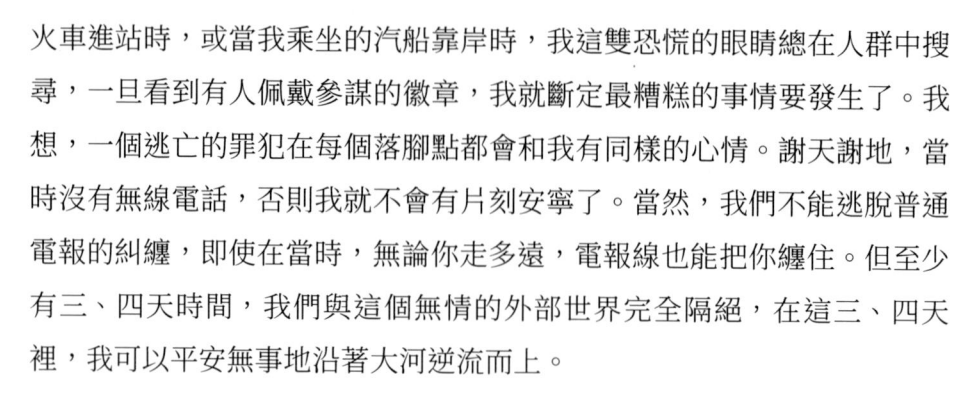

　　火車進站時，或當我乘坐的汽船靠岸時，我這雙恐慌的眼睛總在人群中搜尋，一旦看到有人佩戴參謀的徽章，我就斷定最糟糕的事情要發生了。我想，一個逃亡的罪犯在每個落腳點都會和我有同樣的心情。謝天謝地，當時沒有無線電話，否則我就不會有片刻安寧了。當然，我們不能逃脫普通電報的糾纏，即使在當時，無論你走多遠，電報線也能把你纏住。但至少有三、四天時間，我們與這個無情的外部世界完全隔絕，在這三、四天裡，我可以平安無事地沿著大河逆流而上。

　　無論如何，一站接著一站地過去了，沒有任何意外發生，希望在我心中愈發強烈。在我們抵達瓦迪哈勒法之前，我的心逐漸安定下來，開始以更加自信的心態來思考問題。現在，已經到了最關鍵的決戰前夕，有許多極為複雜的事務需要全神貫注地處理，正如眾所周知，他事必躬親；有這麼多事情需要總司令去考慮，他肯定已經忘了要阻撓一名不幸的中尉這件事了；也許他沒有時間，也沒有耐心用密碼電報去和戰爭辦公室爭論；也許他已經忘記了，也許他根本不知道這件事，這樣最好！8月14日晚上，我們從阿特巴拉軍營渡河到達尼羅河的左岸，準備行軍二百英里，直取德爾維希的首都。當時我感覺我有理由相信：「死亡的痛苦已經過去了。」

　　我的辛勤付出終究沒有徒然。後來我得知，當赫伯特‧基秦拿爵士得知戰爭辦公室對我的任命時，他僅僅聳了聳肩，然後繼續處理他更為關注的事務。

第十四章　恩圖曼戰役前夕

儘管戰鬥一觸即發，曠野上卻奇蹟般地呈現出這般愉悅的景象，我的內心充滿了感恩之情。這種感受遠遠超越了我們平日餐前禱告的心境。

再也無法目睹恩圖曼戰役那般壯觀的景象。那次戰役乃是一系列劇烈衝突的終局，正是這些衝突為戰爭增添了獨特的魅力。所有一切皆可見諸肉眼。部隊行進於荒漠平原，尼羅河蜿蜒而過，氣勢恢宏。遼闊的荒漠平原上，時而步兵，時而騎兵。一聲令下，騎兵策馬疾馳，步兵或長矛兵昂首挺立，組成一排或方陣，集結抵抗。從尼羅河兩岸的巖丘俯瞰，所有場景盡收眼底。海市蜃樓的奇異水影，模糊並分散了這一切。這一切彷彿經過精心雕琢，然後又消失在波光粼粼的幻影中。閃閃發光的河流——儘管我們知道那裡僅是沙漠——從行進中的士兵膝蓋或腰間穿過。砲兵部隊的大砲或騎兵縱隊在朦朧中浮現，最終出現在赭黃色的堅硬沙漠上，駐紮在參差不齊的深紅色岩石和紫色山陰間。炙熱的太陽刺破蒼穹，從暗褐色到青綠色，再從青綠色到深藍色，沉重地壓在行軍士兵的身上。

8月15日晚，第二十一槍騎兵團抵達尼羅河左岸，在阿特巴拉會合，隨後行軍九天，終於到達沙布盧卡大瀑布北面的先遣部隊營地。這個地點相當獨特，在尼羅河這條長達四千英里的河流上，只有在此處自然形成了一道高聳的岩石屏障。尼羅河並非繞道十英里從岩石牆的西端迂迴，而是直接衝擊這塊巨大岩石，從其中央穿越而出。沙布盧卡地勢險要，易守難攻，若不將所有山脈從沙漠側面移開，想要逆流而上瀑布幾乎是不可能的。這種地形為德爾維希部隊提供了戰術優勢，他們可以在沙布盧卡山後

第十四章　恩圖曼戰役前夕

伏擊，隨時從側翼襲擊敵軍。因此，當赫伯特・基秦拿爵士從他的騎兵、偵察兵和間諜處得知此地並無敵軍駐防時，無疑感到如釋重負。

儘管如此，我們在穿越荒漠的行軍途中繞過這些山腳時仍保持戰前的警戒狀態。所有的騎兵進行了一次大範圍的包抄行動。雖然我們的部隊是走在內側，但早上我們從沙布盧卡北面的尼羅河岸邊出發，到晚上再次到達河邊，來到位於南面恩圖曼市附近的露營地時，還是走了大約二十五英里。部隊成立了先行巡邏隊，希望在荊棘灌木叢中發現躲藏的敵人，每個人都睜大眼睛，豎起耳朵，隨時準備迎接第一聲槍響。然而，除了偶爾幾個飛馳而過的騎馬人，我們沒有看到任何敵人的跡象，也沒有聽到任何敵人的聲音，我們的行軍沒有受到絲毫干擾。當晚霞染紅了廣闊的平原時，我們平靜地跟著被拉長的身影，又一次口乾舌燥地走向甘甜的尼羅河水。此時，幾艘平底的炮艇和汽船拖著一長串載有軍需品的帆船，平安地駛過大瀑布。到 8 月 27 日，我們所有在沙漠中的部隊和尼羅河上的部隊在沙布盧卡山的南側會師，我們只需再行軍五天，穿過平原，就到達我們要去征服的城市了。

28 日，部隊最後一次向前推進。我們徹底進入了戰鬥狀態，每天僅行軍八至十英里，以儲存體力，因為戰鬥隨時可能爆發。我們的人馬都輕裝上陣，僅攜帶最基本的必需品。每天晚上，我們從尼羅河及其上的艦隊獲取所需的淡水和食物。每年這個時候，非洲這片地區的天氣異常炎熱，即使穿著厚重的軍裝，戴著脊椎護墊和寬簷頭盔，我們依然感受到太陽的炙烤。烈日的光線似乎要穿透我們的身體，掛在馬鞍上的帆布水袋因水的蒸發顯得涼爽，但到了下午就已空空如也。晚上，步兵抵達，紮營，騎兵護衛部隊也撤回。在金色和紫色的晚霞中，我們成群結隊來到湍急的尼羅河邊痛飲，真是美味至極！

當時，英國騎兵中的每個人都認為戰爭不會再發生。這難道是一場騙

局嗎？真的存在德爾維希人嗎？還是他們只是英埃聯軍總司令及其下屬杜撰出的故事？據消息靈通人士稱，恩圖曼確實有大量德爾維希人聚集，但他們都不願意打仗，並且已經向遙遠的科爾多凡撤退。[108]「我們將一直朝著赤道前進。」好吧，不必擔憂，目前這份工作可謂是一份很棒的差事，我們過著幸福的生活，健康狀況良好，拉練總是那麼振奮人心，我們的食物充足，飲用水供應也十分充盈——至少在黎明和黃昏時是如此。我們總是不斷發現新的土地，也許有一天我們還會看到其他不同的事物。然而在31日晚上，當我與一些蘇丹營中的英國軍官在食堂共進晚餐時，聽到了一種不同的觀點：「敵人都在那裡」，這些曾與德爾維希人交戰十年的軍官說。德爾維希人自然會為保衛他們國家的首都而戰鬥，他們不是那種臨陣脫逃的人。我們將會發現他們在恩圖曼市外駐守，現在我們距離這座城市只有十八英里了。

9月1日，我們如往常般繼續行軍，初時一切平靜無波。然而，接近九點鐘時，巡邏隊發現了異常。前方傳來的消息迅速傳遍整個部隊，海市蜃樓般的景象遮蔽了南面的地平線。我所在的中隊任務是支援先頭部隊，我們壓抑住越來越強烈的興奮，緩緩前行。約莫十點半，我們抵達一處沙丘的寬闊高地，看到前方不到一英里的地方，先頭巡邏隊排成一列，注視著前方某物，似乎正要穿過他們前面的道路。不久，我們也接到停止前進的命令。這時，一位友善的中尉巡邏過來，帶來了一條重要訊息：「前方發現敵人。」他滿面笑容地說。「在哪裡？」我們問道。「就在那裡，你們看不見嗎？看那條長長的黑線，就是他們，他們沒有逃跑。」他說完便繼續趕路。我們注意到了遠方地平線處那條變暗的黑線，但原以為是荊棘灌木叢。在我們停下來的這個位置，即便用最好的雙筒望遠鏡也無法發現其他情況。這時，又來了一位從前哨部隊回來的準尉。

---

[108]　科爾多凡：蘇丹的一個省分。

第十四章　恩圖曼戰役前夕

「敵人的數量是多少？」我們詢問道。

「敵人眾多，」他回應，「敵軍數量相當可觀。」說完，他繼續前行。

隨後，一道指令傳來，要求我們派遣一名體格健壯的中尉前往前哨的上校處。

「邱吉爾先生。」隨著我們中隊長的一聲指令，我迅速驅馬前行。

穿越一片低地，隨後攀上一處高地，在沙丘邊緣的前哨，我遇見了馬丁上校。

「早安，」他說道，「敵軍剛剛開始行動，速度極快。我需要你去偵查敵情，然後以最快速度趕回來，親自向總司令報告。切記不要讓你的馬過度疲勞，總司令和步兵在一起，你可以在那裡找到他。」

這麼說來，我終於有機會見到基秦拿了！他見到我會驚訝嗎？他會憤怒嗎？他會不會說：「你來這裡做什麼？我不是告訴過你不要來嗎？」也許他會對我不屑一顧？或者他只是接收情報，根本不會在意送情報的小軍官的名字？無論如何，將敵軍逼近的情報送達給這位大人物，是我能與他交流的最佳理由。這個機會使我感到無比興奮，與即將來臨的戰鬥一樣讓人熱血沸騰。此時，留在後方的可能性看來和在前線與敵人搏鬥同樣有趣，甚至在某些方面和前線搏鬥一樣棘手。

在我全面偵察敵情，掌握所有需向上級報告的前線情報後，我騎馬穿越這片將先頭騎兵部隊與後方主力隔開的六英里沙漠。烈日當空，我深知我們可能得在馬背上作戰整個下午，因此特別注意我的戰馬。約莫四十分鐘後，我接近了主力部隊。我稍作停留，讓戰馬休息片刻，自己則登上一座黑色巖丘，俯瞰四周，將景象盡收眼底。景色壯麗無比，英國軍隊和埃及軍隊正以戰鬥隊形前進。五個旅，每個旅由三至四個步兵營組成，呈梯形分布，沿著尼羅河展開。隨後的是長長的砲兵佇列，在另一側則是綿延

不斷的駱駝隊，載運軍需品。尼羅河上，一支由數十艘汽船牽引的大型船隊與先行旅並行，船隊中隱約可見七、八艘準備出發的白色炮艇。在沙漠一側，靠近敵軍的地方，遠處可見十二支埃及騎兵中隊，前來支援前線部隊。沙漠深處滿眼是灰褐色的駱駝方陣。

我不願氣喘吁吁地匆忙抵達終點，因此在讓馬稍作休息後，才向步兵部隊的中央疾馳而去。不久，前方一面鮮紅的旗幟後出現了一支規模可觀的騎兵隊。靠近些，發現埃及軍旗旁還並列著英國國旗。基秦拿單獨騎馬行於隊伍前方，與司令部的參謀人員相隔兩、三匹馬的距離，兩名旗手緊隨其後，英埃聯軍的主要參謀軍官尾隨其後，這場景宛如圖畫書中的一幕。

我策馬繞了半圈，從側面接近他們，將自己置於基秦拿稍後的位置，並向他行了個軍禮。這是我首次見到這張引人注目的面孔，或許多年以後這張面孔依然會為世人所熟知。他轉向我，神情嚴肅。他那濃密的鬍鬚、圓睜的雙眼、晒成紫色的臉頰和下顎，使他的五官顯得極為生動。

「報告長官，我隸屬於第二十一槍騎兵團，有情況需要向您彙報。」他微微點頭示意我繼續。根據偵察結果，我盡量簡明扼要地描述了局勢：敵人近在眼前，數量龐大。敵軍主力距離我們約七英里，幾乎正位於我們與恩圖曼之間。十一點時他們尚無動靜，但到了十一點零五分，他們開始行動。四十分鐘前我離開時，他們仍在迅速推進。

他仔細聆聽我的報告，每一個字都未曾錯過。我們並肩騎行在沙地上，戰馬的蹄聲在寧靜中顯得格外清晰。沉默了很久，他終於開口：「你提到德爾維希部隊在推進，猜想我還有多少時間？」我立刻回答：「報告長官，即便敵軍保持目前的速度，您至少還有一小時，甚至可能有一個半小時。」他猛然抬頭，這個動作讓我無法確定他是否同意我的判斷。隨後，他微微點頭，示意我的任務已經完成。我敬了個禮，收緊馬韁，隨即他的

第十四章　恩圖曼戰役前夕

隨行人員跟了上來。

我開始計算速度與距離，迫切地想知道自己剛才所下的結論是否有道理。我確信結果不會有太大的偏差。德爾維希部隊最快時速四英里，我估計敵我相距七英里，所以一個半小時應該是一個安全且確定的範圍。我著手計算速度和距離，急切地想驗證自己的結論是否正確。我堅信結果不會有大差異。德爾維希部隊的最高速度是每小時四英里，我估計敵我之間相距七英里，因此一個半小時應該是個安全且穩妥的範圍。

我的思緒被一個友善的聲音打斷了。「過來和我們一起吃午餐吧。」說話者是部隊情報局長雷金納德‧溫蓋特爵士身邊的工作人員。他把我引薦給他的首長，這位首長友善地接待了我。不用說，吃了一頓美餐，結識了一位有勢力的朋友，充分了解即將發生的大事的可能性，這三件事都讓我感到非常愉快。與此同時，我看到所有的步兵都排成列，對著尼羅河形成一道弧。在先頭旅的前面，帶刺的灌木叢被迅速地砍倒，捆紮成荊棘圍柵欄。我們通行的馬路正前方，很快出現了一堵餅乾盒堆成的矮牆，上面鋪著一塊白色的油布，油布上擺了很多誘人的瓶子和大盤子，盤子上盛放著上好的牛肉和什錦菜。雖然戰鬥已迫在眉睫，但曠野上忽然魔術般地出現這種令人愉快的情形，使我的心裡充滿了感激之情。這種感覺遠遠超出了我們平時餐前禱告時的心情。

大家下了馬，勤務兵迅速上前牽走了馬匹。到了用餐時間，我沒有見到基秦拿，他似乎與參謀人員保持了一定距離。我不清楚他是否在另一處獨自用餐，還是根本沒有吃午餐。對此，我毫不在意。我埋頭吃著牛肉，猛喝飲料。每個人都情緒高漲，心情愉快，這頓飯就像德比賽馬前的午餐。我記得當時坐在我身邊的是德國總參謀部的代表巴倫‧蒂德曼，他說：「今天是9月1日，是我們德國一個偉大的日子，現在也是你們英

國人的偉大日子：色當[109]和蘇丹。」他顯然對這句話特別滿意，重複了好幾遍。一些軍官聽出了其中的諷刺之意。「真的會有戰鬥嗎？」我問溫蓋特將軍。「當然，很可能。」他回答道。「什麼時候？」我又問，「明天？」「不，」他說，「就在這裡，現在，一、兩個小時內。」這段時間真是我生命中一段快樂的時光。我，一個可憐的中尉，在這些部隊權貴的面前，剛開始還覺得很拘束，可是在歡樂氣氛的感染下，我也無所顧忌地揮舞起手中的刀叉來。

步兵縱隊迅速集結，荊棘圍欄在他們面前逐漸向前延展。在我們前方，光禿的沙漠微微隆起，形成一個新月形的沙丘，沙丘的另一側是我們騎兵中隊的前哨，或許還有步步逼近的敵軍。一個小時內，這裡將會擠滿衝上來的德爾維希部隊，屍橫遍野，步兵縱隊隱藏在荊棘圍欄後，步槍齊射，大砲齊鳴。當然，我們必定會取得勝利，消滅敵人。儘管我們擁有精良的現代化武器，德爾維希部隊在阿布科里和塔買地區仍多次擊破英軍陣地，並一再攻破和壓垮由埃及軍隊駐守的前線。在我的想像中，沙漠平原上可能很快會出現各種形式的戰鬥。此時，傳來幾聲巨響，榴彈砲從某個島上向恩圖曼的馬赫迪開火。[110]墓地裡槍聲四起，戰鬥爆發。

然而，9月1日並未有戰鬥爆發。我剛重新加入前哨騎兵中隊，德爾維希部隊便停止前進。隨著一陣槍聲響起，他們似乎打算在此地紮營。整個下午和晚上，我們都在監視他們的動向，雙方巡邏隊之間爆發了一些小規模衝突，有人驚慌失措地奔跑。直到夜晚，我們才返回尼羅河邊，並接到命令，要求我們的部隊必須駐紮在尼羅河岸邊的荊棘圍欄內。

在這個隱蔽但無助的地方，我們得到了可靠情報：敵人將在夜間發起

---

[109] 請參閱第 44 頁的註腳。
[110] 馬赫迪：蘇丹的民族英雄，1881 年領導蘇丹起義反抗英國和埃及的統治。這次起義對英國殖民者造成了沉重打擊，是非洲近代反抗殖民史上的重要篇章。他也被蘇丹人尊為「獨立之父」。

第十四章　恩圖曼戰役前夕

進攻。上級命令，不論情況如何，任何人都不得從荊棘圍欄內向外開火，即便是為了保命也不允許，違者將面臨最嚴厲的懲罰。如果德爾維希部隊突破防線，進入營地，我們將使用騎兵的長矛或刀劍徒步抵抗。幸運的是，近衛步兵第一團第一營和步兵旅的一個營駐紮在圍欄旁，距我們正前方僅百碼，這讓我們的顧慮得以消除。把安全託付給這樣的精銳部隊，我們感到安心，於是我們開始準備晚餐。

在這個地方，我曾經有過一次愉快的經歷。當我和連隊裡的一位戰友沿著尼羅河岸漫步時，一艘距岸二十至三十英呎的炮艇上的人向我們打招呼。這艘船由一位名叫比蒂的海軍上尉指揮，他多年來一直在尼羅河上的小型艦隊裡服役，注定要在這片藍色的水域上獲得榮譽。炮艇上的軍官穿著潔白無瑕的制服，他們渴望了解騎兵部隊的見聞，我們也樂於分享。夕陽西下時，我們隔著河水交談。當他們獲悉圍欄內禁止開槍的命令時，感到特別高興，並對我們的付出開了不少令人唏噓的玩笑。他們說，如果最壞的情況發生，他們會熱情邀請我們上他們的炮艇。我們禮貌而有尊嚴地拒絕了，並表明了我們的自信，我們打算用騎兵的刀劍和長矛在沙丘中與德爾維希的暴徒進行夜戰。玩笑過後，幸運降臨了。

「你們怎麼不喝酒？我們船上什麼都有。你能接住嗎？」話音剛落，他便從炮艇上向岸邊丟擲一大瓶香檳。瓶子掉進了尼羅河，但幸運的是，那裡的水淺而河底柔軟。我迅速涉水而入，河水僅及膝蓋，撿起這珍貴的禮物，滿心喜悅地帶回營地的食堂。

這場戰爭極具刺激性。不像後來的世界大戰，沒有人認為會在這場戰爭中喪命。儘管每個軍團或營地中，總會有數人至數十人犧牲，但在那段輕鬆的歲月裡，對於參與小規模戰鬥的大批英軍士兵來說，這點損失僅僅是精彩遊戲中的一點冒險成分。我們中的大多數人後來都經歷了世界大戰，而大戰中的冒險截然不同，死亡成為司空見慣的事，受重傷反倒成了

僥倖逃脫。在大砲和機槍的猛烈攻擊下，整個旅可能無一倖免。風暴過後的倖存者都會明白，下一次或再下一次他們很可能無法倖免。

事件的規模決定了一切。那晚，我們這群年輕人就躺在距離六萬名全副武裝的狂熱德爾維希戰士僅三英里的地方，時刻警惕著他們的襲擊。我們堅信戰鬥最遲會在黎明前爆發，因此，如果我們認為自己身處真正的戰爭中，這種想法應該是可以被理解的。

第十四章　恩圖曼戰役前夕

第十五章　騎兵部隊衝鋒的感受

在劇烈的爆炸聲中，德爾維希士兵躍起又倒下，卻無一人退卻，他們在槍火煙霧中一波接一波地衝向我們的荊棘防線。

半夜時分，我們便已啟程，至五點鐘，第二十一槍騎兵團在荊棘圍欄外集合完畢。我的澳洲血統中隊長菲恩少校幾日前曾許諾，當時機成熟時，會給我一次「露臉」的機會。我擔心他會把那天我去基秦拿勳爵那裡執行任務計算在內。不過，擔心是多餘的，我現在奉命出列，與一支巡邏隊一起偵察瑟漢姆山的岩石山頂與尼羅河之間的山脈。我們中隊派出的其他巡邏隊和埃及騎兵巡邏隊也都分別在黑暗中急速前進。我帶著六個人和一名下士迅速穿過平原，開始攀登陌生的山坡。那裡一點也不像黎明時分。探明一個未知的情形，就如同拉開序幕前的片刻，是戰爭中一段緊張的經歷。山上是否有敵軍駐守？我們是否在黑暗中進入成千上萬野蠻人的包圍？每一步都可能是致命的，但沒有時間做過多防範。大部隊就在我們後面。天已破曉，我們攀爬時天色已微亮。我們在山頂會發現什麼呢？這段時光既緊張又激動，我很讚賞這段特別的經歷。

接近山頂時，我命令一名士兵在一百碼之外尾隨，以便在緊急情況下回去報告。四周靜謐無聲，唯有我們自身的動靜。到達山頂後，我們停下來勒住韁繩。視野逐漸擴展，我們已能清晰辨認二百碼內的物體。此刻，我們的視線已經延伸到四分之一英里之外。周圍一片寂靜，山上的岩石堆和小沙丘間沒有任何生物的聲響，唯有我們的呼吸聲。沒有伏擊，也未見敵軍駐守。更遠處的平原光禿禿地展現在我們眼前：我們現在能看到半英

第十五章　騎兵部隊衝鋒的感受

里之外的景象了。

　　果然不出所料，敵人已經撤退，逃往科爾多凡，戰鬥無法繼續！且慢！黎明即將來臨，黑暗的面紗逐漸揭開。遠處平原上閃爍的光芒是什麼？沒關係，亮光逐漸消退，但那黑點又是什麼？敵軍！他們就在那裡！這片黑點是成千上萬的敵人，閃光是他們的武器在反光。天亮了，我下馬，在戰地記事本上寫下「德爾維希部隊仍在瑟漢姆山西南一英里半的地方」。我命令下士立即將這條訊息送達總司令，並標記「XXX」，表示「十萬火急」。

　　燦爛的太陽在我們背後緩緩升起，但我們無暇欣賞，因為我們正專注於觀察其他事物。此時，天已大亮，適合使用望遠鏡。遠處黑壓壓的一片正發生變化，他們的顏色已經從平原的深色變成了淺褐色，最終變成了一種白色，而平原仍然是暗褐色的。我們面前是一支龐大的軍隊，長達四、五英里。這支軍隊遮住了地平線，一直延伸到瑟漢姆山邊緣呈鋸齒狀的陰影裡。一生中能遇到這樣的時刻也無憾了。我們騎上馬。突然，新的情況出現了，這支隊伍並非靜止，而是在快速前進，像潮水般湧來。然而，我們聽到的陣陣吼聲又是什麼呢？他們在高呼上帝、先知穆罕默德和神聖的哈里發，他們深信自己必勝。很快，我們就能見分曉。我們勒住戰馬，再次在山頂稍作停留，然後衝下山坡。

　　此刻已是清晨，陽光斜射在大地上，為其披上了絢麗的色彩。這片龐大的人群已經分成多個縱隊，閃閃發光的武器點綴其中，許多鮮豔的旗幟在他們上方飄揚。我們眼前所見正如十字軍東征時的景象。我策馬來到沙丘附近，第二十一槍騎兵團前一天曾到過這裡，這裡距敵軍僅四百碼。我們再次停下，我命令四名騎兵向敵群開火，另兩名負責看管馬匹。敵人像潮水般湧來。前方傳來一陣槍響，射向我們的左側，沙丘間立刻塵土飛揚，基督徒無處藏身。我們驚慌地跑開，幸好人和馬都未受傷。我們返回山脊，就在此時，一名下士騎著氣喘吁吁的馬回來了，他剛從基秦拿那裡

回來，帶來了參謀長的手諭：「盡可能守在原地，報告敵軍進攻的動向。」有趣極了！你從何處探聽情報？我們騎在馬上，在白天，在前進中敵軍的射程範圍之內，把觀察到的所有一切，直接報告給司令部。

因此，我們在山脊上停留了近半小時，親眼目睹了罕見的景象。敵軍被我們右側的瑟漢姆山暫時擋住了視線。只有一個師，大約六千名士兵，直接向山脊出發。他們已經攀上了山坡。從我們的位置，可以騎馬觀察到山的兩側。尼羅河那邊聚集著我們的部隊，河面上停泊著炮艇，大砲嚴陣以待。在另一側，敵軍身穿花花綠綠的服裝，以整齊的長條形隊形迅速向山頂出發。我們離自己的砲兵約有兩千五百碼，但離砲兵的靶子只有二百碼。我把德爾維希部隊稱作「白旗軍」，因為他們的黃白相間的軍旗垂直飄揚，就像是貝葉掛毯。[111] 同時，位於遙遠平原上的德爾維希主力部隊已進入我方火炮的射程範圍，英埃聯軍的大砲隨即開火。我目不轉睛地注視著四周的情景。山頂上，白旗軍停下整隊，沿著山頂一字排開。我軍的大砲對準他們連續開火，兩、三個砲兵連和所有的炮艇，至少三十門大砲齊射，火力密集。砲彈呼嘯而過，飛過我們頭頂，在白旗軍中爆炸。我們騎在馬上目瞪口呆，因為我們離敵軍太近，幾乎同時感受到敵人的危險處境。我看到這些致命的爆炸衝擊著敵軍陣線，數十面敵軍旗幟倒下，數百名敵軍瞬間倒地。敵軍隊伍被炸得支離破碎，屍體橫七豎八地堆積著。在猛烈的爆炸中，德爾維希士兵跳起又倒下，但無一人退縮，他們在步槍的硝煙中一排接一排地撲向我們的荊棘圍柵。

迄今為止，尚無人察覺我們的存在，然而此時我瞥見我們左側的巴拉加騎手[112]正有三三兩兩的人影在平原上疾馳，朝著山脊的方向奔來。其中一支三人組成的巡邏隊已經進入了我們的射程範圍。這些人身穿黑衣，

---

[111] 這幅掛毯繡有諾曼人征服英格蘭的歷史場景，製作於 11 世紀，現藏於法國貝葉博物館。
[112] 指的是居住在非洲查德湖與科爾多凡之間的游牧阿拉伯族群。

第十五章　騎兵部隊衝鋒的感受

頭戴頭巾，宛如騎在馬背上的僧侶，手持長矛，面目猙獰。我在馬上向他們開了幾槍，他們迅速閃避。我不明白為何我們不能在攻擊中撤離山脊，慢慢退向尼羅河邊，這樣既能觀察戰況，又可避免受傷。此時，菲恩少校的命令傳來：「步兵即將開火，立即返回圍柵內。」我只能服從命令，放棄與總司令的連繫。實際上，我們留在山脊上更為安全，因為我們剛回到步兵防線內，激烈的槍戰便爆發了。

* * *

我無意記述我個人對恩圖曼戰役的總體印象。這場戰役的故事已被廣泛傳頌，任何對此感興趣的人無疑都熟知其每一個軍事細節。我僅想概述這場戰役的經過，以便敘述自己在其中的親身經歷。

哈里發的軍隊總數接近六萬，他們從前一晚的營地出發，整隊爬上隔開敵對雙方的高地，然後衝下緩坡。基秦拿的兩萬軍隊在尼羅河畔整裝待發，肩並肩迎接他們。這是一場古老與現代的對決，中世紀的武器、戰術和狂熱與 19 世紀的發明和軍事組織相碰撞，結果也不令人意外。這些撒拉森人[113]的後裔沿著綿延的緩坡疾馳而下，直奔尼羅河畔，迎向他們的敵人。他們遭遇了兩個半訓練有素的步兵師的猛烈火力。英軍嚴陣以待，依託尼羅河沿岸和炮艇上的七十多門大炮，全力開火，打得敵軍無力還擊。在猛烈炮火的壓制下，敵軍的攻勢逐漸減弱，最終平息，損失約六、七千人，被迫停在英埃聯軍防線七百碼之外。然而，德爾維希部隊擁有近兩萬支各類步槍，從最老式的到最現代化的。長矛騎兵無法前進，這些步槍兵臥倒在地，開始對荊棘圍欄進行猛烈無序的射擊。這是他們首次讓對手遭受損失。在短時間內，英埃聯軍傷亡約二百人。

見敵軍進攻被擊退，並察覺自身部隊較德爾維希部隊更靠近恩圖曼市，

---

[113]　阿拉伯人古時的稱謂。

基秦拿迅速將五個旅排列成梯形隊形。尼羅河左岸的部隊向南推進，意圖切斷德爾維希殘餘部隊與首都的連繫，包括糧食、水源和家人的供應，最終將其驅趕至無邊沙漠。然而，德爾維希部隊尚未被徹底擊潰，他們的左翼部隊尚未參戰，哈里發軍隊的後備軍一萬五千人也未出動。這些部隊以無畏的勇氣前進，向英埃聯軍撲來。此時，英埃聯軍無法保持原隊形，他們分散開來，但仍能自由行進於沙漠。第二次交鋒比第一次更加殘酷。德爾維希前鋒部隊迅速逼近我軍，距離僅有一、兩百碼。蘇丹人的後衛旅遭到兩面夾擊，幸虧赫克託・麥克唐納將軍的冷靜和指揮才使蘇丹旅免於覆滅。無論如何，嚴明的紀律和先進的武器裝備戰勝了無畏的英勇，經過一場血腥的屠殺，死亡人數超過兩萬，屍橫遍野，宛如「風中的雪堆」。德爾維希部隊被徹底擊潰，崩潰成渣，消失在沙漠中的海市蜃樓裡。

在戰鬥期間，埃及的騎兵與駱駝部隊一直堅守在圍柵的右側，而左側最接近恩圖曼的區域則由第二十一槍騎兵團防守。當敵人的首次攻擊被成功擊退後，我們接到命令，離開圍柵，偵查基秦拿主力部隊與恩圖曼之間是否存在敵軍，如有必要，將其擊退，為前進部隊清理道路。當然，團級軍官不可能非常了解整個戰鬥中的所有細節。在第一次戰鬥中，我們隱藏在險峻的尼羅河岸邊，躲避從頭上飛過的子彈。隨著戰鬥逐漸平息，來自四面八方的訊息傳來，顯示敵人的攻擊已被擊退。一位將軍帶著他的參謀飛馳而來，命令我們立即上馬並出發。兩分鐘後，四個中隊的騎兵全部上馬，衝出圍柵，向南出發。我們再次登上在第一次戰鬥中發揮重要作用的瑟漢姆山。從山脊上，我們俯瞰整個恩圖曼平原，距離我們六、七英里的恩圖曼市若隱若現，市內清真寺的圓頂和尖塔依稀可見。我們不時停下來偵察，發現我們正以「縱隊」隊形前進。每個軍團由四個中隊組成，每個中隊又分為四個分隊，分隊之間相互連線。我指揮的是倒數第二個分隊，共有二十至二十五名槍騎兵。

第十五章　騎兵部隊衝鋒的感受

　　每個人都渴望著發起衝鋒。自我們從開羅啟程以來，這個念頭一直盤踞在所有人的心中。毫無疑問，衝鋒是必然的。當年，在波耳戰爭之前，英國騎兵的訓練內容幾乎全是衝鋒陷陣。而現在，衝鋒的時機終於來臨。然而，我們將面對什麼樣的敵人，會在什麼樣的戰場上拚殺，從哪個方向進攻，或者我們的目的是什麼，這些對我們來說仍然是未知數。我們繼續在堅硬的沙地上前行，凝視著被海市蜃樓扭曲的平原，強壓著內心的激動。忽然，我注意到在我們的側前方三百碼處，有一排長長的藍黑色物體，大約有一百五十個，彼此間隔兩、三碼，與我們的前進方向平行。我確信那是人——是敵人，他們蹲伏在地上。就在此時，傳來了「快速前進」的軍號聲，於是整個騎兵縱隊開始從這些蹲伏著的人前面衝過去。這時，戰事稍息，周圍一片寂靜。剎那間，每個藍黑色的物體周圍冒出一團團煙霧，一陣響亮的步槍齊射打破了寂靜。在這麼近的距離內，射擊如此大的目標，敵人幾乎彈無虛發。這個縱隊不時有戰馬掀跳起來，一些騎兵從馬上翻摔下來。

　　毫無疑問，我們上校的策略意圖是要繞過這些德爾維希步兵，從一個更為有利的地勢去攻擊他們的側翼。德爾維希的大部隊隱藏在這些步兵的後方，藏匿在一片我們無法窺見的窪地中。戰鬥一旦打響，我方的損失便開始增加。上校認為，將我們的戰線延伸穿過廣闊的平原並不明智，因此發出了「向右轉，排成戰鬥隊形」的命令。霎時間，十六個槍騎兵分隊同時調轉馬頭，朝著藍黑步兵的方向疾馳而去。第二十一槍騎兵團在戰場上展開了他們的首次衝鋒！

　　我希望能精確地描述當時所經歷的事情，包括我所見和所感。這場戰役經常在我腦海中重現，即使是二十五年後，記憶依然清晰如昨。當我們的槍騎兵部隊排成戰鬥隊形時，我所指揮的分隊位於軍團右側的第二個位置。我當時騎的是一匹穩健的灰色阿拉伯矮馬。在我們轉變隊形準備衝鋒

之前，軍官們已經拔出佩刀。由於我的肩膀受傷，所以我決定在白刃戰中使用手槍而非軍刀。我在倫敦購買了一把最新款的毛瑟自動手槍，並在沿尼羅河行進時反覆練習，這就是我當時選擇的武器。我必須先將軍刀插回刀鞘，在奔跑的馬上完成這個動作並不容易，然後從木製皮套中的槍匣拔出手槍並推上膛。這兩個動作需要相當多的時間，在此過程中，除了瞥幾眼左邊的火力情況外，我無暇顧及其他景象。

接著，在我前方大約半個馬球場的距離，我看見一排藍衣敵兵蹲伏在地上，瘋狂地射擊，周圍瀰漫著白色硝煙。我瞥向兩側，分隊指揮官們下令部隊整隊，我們的身後是一長列揮舞著長矛準備衝鋒的騎兵。我們穩步前進，馬蹄聲和步槍的開火聲掩蓋了子彈的呼嘯聲。看過我們的部隊後，我再次望向敵軍，發現敵情突然變化。藍衣士兵仍在射擊，但他們後方出現了一塊窪地，像是一條淺淺的下陷道路，擠滿了士兵。這些士兵從隱藏處站起來，鮮豔的軍旗如變魔術般出現在空中，敵人的騎兵也不知從何處冒出，出現在隊伍中。這裡的德爾維希部隊多達十至十二排，塞滿了乾涸的河道，兵器閃閃發光。與此同時，我看見我們的右翼部隊正對著敵軍的左翼，我的分隊正好衝擊敵軍邊側，右邊的部隊未遇上敵軍。右側分隊指揮官是第七輕騎兵團的沃莫爾德中尉，他也注意到這一情況。我們一同以最快速度飛奔，向內側包抄，如同月亮的角。當時無暇感到恐懼，沒有時間多作思考，因為戰鬥完全占據了我們的思想和感官。

衝突已經迫在眉睫。我看到前方不到十碼的地方，兩名身穿藍衣的敵兵伏在路上，他們之間相距幾碼。我騎著馬從他們之間的間隙穿過，他們兩人都開了槍。我穿過硝煙，意識到自己並未受傷，而緊跟在我後面的騎兵卻在這裡犧牲了，是否因為這些子彈所致，我無從得知。當戰馬跑到下坡處時，我勒住了馬，這匹聰明的動物像貓科動物般跳到離地面四、五英呎的河床上。在河床裡，我發現周圍有數十人，但他們並不集中，此刻也

第十五章　騎兵部隊衝鋒的感受

未與我發生實際衝突。反而，我左側第二個由格倫弗爾指揮的分隊被敵軍阻擋，損失慘重。我們的衝鋒就像騎警在驅散人群。一瞬間，我的馬已經爬上了河道的對岸。我環顧四周。

我再度策馬奔馳於堅硬乾燥的沙漠地帶，德爾維希部隊的形象在我眼中是四處逃竄的士兵。一名敵兵在我前方摔倒。讀者應該記得，我曾接受騎兵訓練，相信一旦騎兵衝入步兵陣中，步兵的命運就由騎兵掌控。因此，我最初認為這個人被嚇壞了。然而，事實並非如此，他正準備揮刀砍斷我的腳筋，幸好我有足夠的空間和時間避開他的攻擊。我斜倚在馬的左側，與他保持約三碼的距離，對他連開兩槍。當我重新坐直時，發現前方又有一名持刀的敵人，我舉槍射擊。我們距離極近，槍口幾乎碰到他，結果他和刀一起消失在我的身後。在我左側十碼遠處，有一名身穿鮮豔束腰寬鬆外衣、頭戴鋼盔的阿拉伯騎兵，他的馬披著鎖子甲，我向他開槍，他迅速閃避。我讓馬減速，開始環顧四周。

從某種角度來看，騎兵衝鋒和日常生活極為相似，只要你一切如常，穩穩地坐在馬鞍上，緊握韁繩，武器裝備完備，那麼大多數敵人都會避而遠之。然而，一旦你失去馬鐙，韁繩斷裂，武器丟失，或者你和你的戰馬受傷，此時敵人便會從四面八方蜂擁而至。我左側分隊的不少戰友就遭遇了這種情況，他們在敵軍中被攔截，敵人從四面八方撲來，用矛和刀砍殺，落馬後還被馬拖行，最終被憤怒的敵人砍成碎片。然而，當時我並未目睹這一景象，也未能理解，因此依然保持樂觀，認為我們是戰場的主宰，能夠踩踏並驅散、殺死敵人。我勒住馬，環顧四周，只見左側四、五十碼外有一大批德爾維希部隊的敵兵，他們聚集在一起，試圖互相掩護。他們極其瘋狂，跳來跳去，上下揮舞著長矛，整個場面顯得閃爍不定。我軍身穿褐色制服的槍騎兵被捲入這群蜂擁的暴徒中，這一幕給我留下了模糊而難以形容的印象。在我身邊有幾個被衝散的零星敵兵，他們並

未試圖攻擊我。我的分隊在哪裡呢？我們中隊的其他分隊又在哪裡呢？周圍一百碼範圍內看不到一個我軍的人。我回頭看向德爾維希部隊的敵兵，發現有兩、三個步槍手正蹲在地上，瞄準我。那天上午，我第一次感到一陣突如其來的恐懼，意識到自己真的孤立無援。我認為這些步槍手一定會擊中我，其餘敵兵會如惡狼般撲來吞噬我。我竟在敵人中間徘徊，真是愚蠢至極！我伏在馬鞍上，策馬飛奔，逃離了這場混戰。跑了兩、三百碼，我發現我的分隊已經轉身，部分集結完畢。

我們中隊的其他三個分隊在附近集結。突然，一名德爾維希士兵從我們的隊伍中間竄出，我無法確定他是如何到那裡的，應該是從某個灌木叢或洞穴中冒出來的。所有士兵立即轉向他，用手中的長矛刺向他，但他靈活地閃避，引發一陣混亂。他身上多處受傷，步履蹣跚地向我走來，手中高舉長矛。我在距離不到一碼的地方向他開了一槍，他倒在沙地上，死了。殺死一個人竟是如此簡單！然而，我並未因此感到不安。發現毛瑟手槍的子彈已經用完，我毫不猶豫地重新裝填了十顆子彈。

當時我仍然認為我們對敵軍進行了大規模屠殺，而我們自身幾乎未受重大損失。我的分隊有四名士兵失蹤，六名士兵和九至十匹戰馬被矛刺或刀砍後受傷流血。我們都渴望立即再次發起衝鋒。士兵們神情嚴肅，已經整裝待發。好幾名士兵請求放棄他們的長矛槍，改用軍刀。我問其中一名中士，他是否享受這個過程。他回答道：「嗯，準確地說，我不是享受這個過程，長官，但我想下一次我會更適應一些。」聽到這話，整個分隊的人都笑了起來。

然而，此時從敵方方向奔跑回來了幾名士兵和幾匹馬，他們的模樣令人膽顫心驚：戰馬身上鮮血如泉湧出，僅憑三條腿奮力掙扎；士兵步履蹣跚，傷口流血不止，魚鉤狀的長矛刺穿了他們，手臂和臉上血肉模糊，腸子外露。他們喘息著，慘叫哀號，倒在地上斷了氣。我們的首要任務是救

第十五章　騎兵部隊衝鋒的感受

助這些傷員。此時，指揮官們的血液冷卻下來，他們第一次意識到我們手中還有卡賓槍。局勢依然極其混亂，但此時傳來了軍號聲，我們接到命令，騎馬衝向敵人的側翼。我們來到一個可以全面掃射河道的位置，兩個中隊的騎兵下馬，幾分鐘內我們的火力擊潰了距離三百碼的德爾維希部隊，敵人被迫撤退，我們仍然控制著戰場。從我們首次變換陣列開始衝鋒到現在不過二十分鐘，我們停下來在河道裡吃早餐。這河道見證了我們的無能，人們可以看到一向自誇的英國騎兵原來是如此無能。德爾維希部隊已經拖走了他們的傷員，戰場上有三、四十具屍體，其中二十多具是我們的槍騎兵，屍首被砍得面目全非，殘缺不全，幾乎無法辨認。在短短的兩、三分鐘內，我們軍團三百一十名官兵中，死傷五名軍官、六十五名士兵，以及一百二十匹戰馬——這幾乎是全團四分之一的兵力。

這些便是我在這次著名戰役中的經歷。通常情況下，當騎兵與步兵交鋒時，若雙方尚未受損，戰鬥鮮少會陷入混戰。往往是步兵冷靜應對，擊落騎兵；或者步兵陣腳大亂，被騎兵斬殺，甚至在逃跑時被騎兵的長矛刺倒。然而，在恩圖曼的河道中，面對第二十一槍騎兵團的兩、三千德爾維希部隊並未受到任何損傷。他們絲毫不懼怕騎兵，雖然他們的火力不足以阻止我軍的衝鋒，但他們在阿比西尼亞[114]在戰爭中多次與騎兵正面交鋒，他們對付騎兵的經驗豐富。對於騎兵衝鋒這種嚴峻考驗，他們非常熟悉，並且對這種戰鬥的策略了然於心。此外，這場戰鬥中，雙方使用了相同的武器，當時英國軍隊也裝備了軍刀和長矛槍。

＊　＊　＊

在我們首次進攻後，一艘白色炮艇匆忙地沿尼羅河上行，試圖提供支援。炮艇指揮官比蒂屏息凝神，緊張地觀察整個過程。多年後，我遇見這

---

[114]　阿比西尼亞：非洲東部國家衣索比亞的舊名。

位軍官時，才得知他全程目睹了這一事件。那時，我已是英國海軍大臣，而他則成為皇家海軍最年輕的上將。我問他：「那場戰鬥是什麼樣的？你有何印象？」比蒂上將回答：「它看起來像一塊葡萄乾布丁：許多褐色的小葡萄乾散落在一大片板油上。」這個比喻或許有些平凡，但用來描述我的這段冒險經歷卻相當貼切。

第十五章　騎兵部隊衝鋒的感受

第十六章　離開部隊

　　這些年輕人皆出自名門望族，且在牛津或劍橋受過優越的教育，擁有一群忠誠的保守黨支持者。在這些菁英之中，我確實感到自己像個徹底的鄉巴佬。

　　德爾維希部隊的潰敗和覆滅是如此徹底，謹慎的基秦拿馬上就將耗費巨資的英國槍騎兵團遣返回國。戰鬥結束三天後，第二十一槍騎兵團便向北踏上了歸途。我獲准隨載著英國近衛步兵第一團的船沿尼羅河而下。在開羅，我遇見了英國皇家近衛騎兵團的中尉迪克・莫利紐克斯，他和我一樣被編入第二十一槍騎兵團。在戰鬥中，他的右手腕被敵人的軍刀重創，肌肉組織斷裂，無法握槍，不得不將槍扔掉。他的戰馬也被擊中，莫利紐克斯被他的部隊一名騎兵英勇救下。如今他在醫院護士的照料下準備返回英國，我決定陪他同行。當我們交談時，他的醫生過來為他包紮傷口。這是一條駭人的深長傷口，醫生希望能盡快為他進行植皮手術。他壓低聲音對護士說了些什麼，護士便捲起袖子，露出手臂。他們退到角落裡，醫生準備從她的手臂上切取一塊皮膚，移植到莫利紐克斯的傷口上。可憐的護士嚇得臉色蒼白，於是醫生轉向我。他是一位瘦削的愛爾蘭人，「我得從你身上取一塊皮膚，」他說，我無路可退，只得捲起袖子。他親切地補充道，「你聽說過活剝人皮嗎？喏，就是這種感覺。」然後他開始從我前臂內側切取一塊一先令大小的皮膚，連同一些肉。當他用剃刀慢慢來回切割時，我徹底感受到了他所描述的那種痛苦。最終，他成功切下一塊薄薄的皮膚，上面帶著少許肉。這塊珍貴的皮膚隨後被移植到我朋友的傷口上，

第十六章　離開部隊

至今依然存在，讓我的朋友受益匪淺，而我則留下了一個傷疤作為紀念。

* * *

我的父母長期處於倫敦上流社會的核心圈，生活條件相當優越。然而，他們並不富裕，積蓄甚少。相反，他們在繁忙的日常生活和社交活動中，債務與負擔不斷增加。1891 年，父親的考察隊前往南非，在一個價值不菲的金礦中獲得了一部分股份，他持有五千股蘭德金礦的原始股。在他生前的最後一年，這些股份在股市幾乎天天上漲，到他去世時，股票價格已經是購買時的二十倍；不久，又上漲到五、六十倍。如果他能再多活一年，將擁有一筆可觀的財富。當時的稅負很輕，購買力也至少是現在的兩倍，二十五萬英鎊是一筆相當大的財富。然而，正當他的新財富幾乎足以抵消他的債務時，他去世了，這些股份被賣掉。一切安排妥當後，只留給母親婚約上規定的財產，但這筆財產足以讓她過上舒適、輕鬆和愜意的生活。

我始終不願成為母親的負擔。在各種運動、戰鬥及馬球比賽的緊張時刻，我最關心的是軍營生活的經濟問題。每年五百英鎊的津貼無法支付我在馬球和輕騎兵團的費用。眼見赤字逐年增加，雖然數額不大，但畢竟是赤字。我發現我的職業無法為自己提供足夠的經濟支持，使我不至於負債累累，更不用說實現我獨立生活的願望了。花費了大量寶貴的時間接受教育，結果只換來一個日薪十四先令的職位。我需要養兩匹馬，購買昂貴的軍服，這實在是不明智的決定。顯然，如果繼續服役幾年，我必然會陷入困境，並且連累親友。另一方面，我已經寫了兩本書，並為《每日電訊報》撰寫的戰地通訊稿所獲得的稿酬，相當於三年來女王為我這份辛苦又危險的工作所支付報酬的五倍。由於國會的限制，女王陛下甚至無法支付給我一個軍人最基本的生活費。因此，雖然帶著諸多遺憾，我還是決定儘早放棄軍營生活。我為《晨郵報》撰寫的有關恩圖曼戰役的系列報導，雖

然沒有署名，卻賺到了三百多英鎊。與母親同住，生活開銷會小一些，我希望從我的一本關於蘇丹戰役的新書中賺到至少夠我兩年生活費的稿酬，這本書我已決定命名為《尼羅河上的戰爭》。此外，我計劃與《先鋒報》簽訂合約，每週在倫敦為他們撰寫文章，每篇三英鎊。當時這個稿酬與我作為一名中尉軍官所得的津貼大致相等，不過後來，我的稿酬有所提高。

因此，1899 年我的計畫如下：返回印度以奪取馬球錦標賽冠軍；申請退役脫離軍隊；用津貼減輕母親的經濟負擔；撰寫新書並為《先鋒報》供稿；尋求進入國會的機會。這些計畫基本上都得以實現。事實上，從這一年起，我已經完全能夠依靠自己的能力獨立生活。1919 年，我意外地繼承了我早已去世的曾外祖母——倫敦德里侯爵夫人弗朗西斯・安妮的一大筆遺產。在這二十年間，我自力更生，後來養活了一家人，家中再也沒有缺過任何必需品。我為此感到自豪，並以自己為榜樣來教育我的兒子和所有的孩子。

* * *

我計劃在 11 月底返回印度，為來年 2 月的馬球錦標賽做準備。在此期間，我發現自己在國內受到了特別的青睞。我為《晨郵報》撰寫的稿件引起了廣泛的關注，大家都渴望了解恩圖曼戰役的詳情。當然，他們最感興趣的是槍騎兵團的衝鋒。因此，我經常出現在晚宴、俱樂部或紐馬基特。在那些日子裡，我的周圍總是圍繞著充滿好奇心的聽眾和打聽消息的人，這些人通常比我年長許多，還有一些年輕女士對我的談話和個人生活感興趣。總之，這幾個星期我過得非常愜意。

就在這個關鍵時刻，我結識了一群新的保守黨議員，他們後來成為我親密的盟友。某天，伊恩・馬爾科姆先生邀請我共進午餐，與會的還有休・塞西爾勳爵、珀西勳爵（已故諾森伯蘭郡公爵的兄長）和巴爾卡雷斯

第十六章　離開部隊

勛爵（現任克勞福德勛爵）。這些人都是新一代的保守黨政治家，過去的多屆議會從未有過這麼多有影響力的議員來壯大自己的力量。他們聽說過我的故事，並且由於我父親生前的聲望，所以他們對見到我充滿了興趣，我自然要好好表現。在這些只比我年長兩、三歲的年輕人面前，我心中不無羨慕。這些年輕人都出身顯赫，都在牛津或劍橋接受過高等教育，並擁有一批忠實的托利黨支持者。在這些名流之中，我覺得自己真的就是一個徹頭徹尾的鄉巴佬。

休·塞西爾勛爵才華橫溢、年輕有為，自幼便在首相府和政黨領袖之家成長，幾乎二十年來耳濡目染國家大事。塞西爾家族成員，不論男女，交談和辯論時都十分坦率、自由。這個家族鼓勵多元觀點的表達，父親與子女、兄弟姐妹、叔叔和姪子、長輩與晚輩之間經常進行平等的辯論。休勛爵在談論國教政府和分析埃拉斯圖斯支持者[115]，當談及高教會派信徒的區別時，曾令整個下議院全場鴉雀無聲達一個多小時。他擅長辭令，能言善辯；他思維敏捷，語言機智，言辭驚人。聽他說話是一種愉快的享受。

珀西勛爵是一位富有思想的浪漫青年，篤信伊爾文派。他極具個人魅力，在學術領域有卓越的成就，兩年前在牛津大學獲得了紐迪吉特最佳詩歌獎。[116] 他遊歷過許多地方，曾經踏上小亞細亞高原和高加索地區，與高貴的野蠻人共飲，與狂熱的神教信徒一同齋戒。他對東方的迷戀宛如迪斯雷利對東方的嚮往。珀西本人真的就像是從《坦克雷德》或《科寧斯比》[117]這兩本書中的人物。

我們的話題轉向討論其他民族是否有權建立自治政府，還是必須受制

---

[115] 倡導君主權力高於教會的人。
[116] 1805 年，羅傑·紐迪吉特爵士於牛津大學創立了詩歌獎。
[117] 這是迪斯雷利撰寫的兩部小說。

於一個好的政府。究竟什麼是人類與生俱來的權利？這些權利又是基於什麼原則？隨後，我們討論了奴隸制度作為一種社會體制。我感到非常驚訝的是，我的同伴們毫不猶豫地與大眾意見背道而馳。但更讓我驚愕的是，我竟無法用顯而易見的正確觀點來反駁他們荒謬但巧妙的詭辯，這讓我十分惱火。他們比我更熟悉這場辯論，我的那些關於自由、平等和博愛的觀點受到了他們嚴厲的批評。我試圖用「英國不要奴隸制度」這一口號來為自己辯護，他們則認為奴隸制度的存在可能是對的，也可能是錯的。「英國不要奴隸制度」無疑是一個值得尊敬的口號，但這與奴隸制度的存在有什麼道德上的連繫呢？面對這些認為太陽只是人們虛構出來的人，我很難拿出論據來證明我的觀點。事實上，雖然辯論開始時似乎是我占優勢，但很快就感覺到自己想走上聖詹姆士大街或皮卡迪利大街，築起路障，組織一夥人來捍衛自由、公正和民主。不過最後休勛爵告訴我，不要太在意這些辯論。這些問題值得探索，但他和他的朋友們並非真心支持奴隸制，他們似乎只是為了戲弄我，讓我陷入到處都是圈套和陷阱的辯論中。

　　此次較量過後，我萌生了一個念頭：在印度舉行的馬球錦標賽結束後，我必須前往牛津進修，希望能從牛津的生活中汲取思想的養分，並獲得快樂。我開始調查如何申請牛津大學的手續。顯然，即使是像我這樣年紀的學生，考試和其他手續依然是必不可少的。我不理解為何不能直接繳納學費進入這所大學，與其他大學生一同聆聽講座，與教授們辯論，並閱讀他們推薦的書籍。然而，這一切似乎是不可能的。進入牛津不僅需要通過拉丁語考試，還需要通過希臘語考試。已經對英語的規則變化動詞非常熟悉的我，無法再靜下心來專注於艱難學習希臘語中的不規則動詞。經過再三考量之後，我不得不非常遺憾地將這個計畫擱置一旁。

　　11月上旬，我前往位於聖史蒂芬大廈的保守黨總部，試圖為自己在國會中爭取一個席位。我的遠親菲茨‧斯圖爾特長期以來一直在那裡義務

第十六章　離開部隊

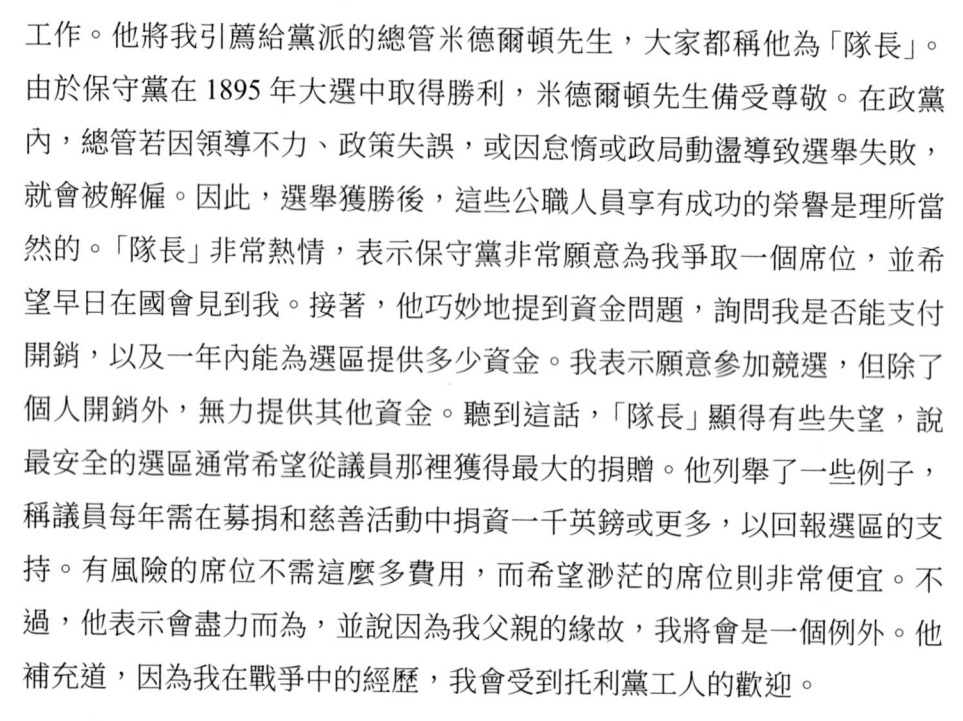

工作。他將我引薦給黨派的總管米德爾頓先生，大家都稱他為「隊長」。由於保守黨在 1895 年大選中取得勝利，米德爾頓先生備受尊敬。在政黨內，總管若因領導不力、政策失誤，或因怠惰或政局動盪導致選舉失敗，就會被解僱。因此，選舉獲勝後，這些公職人員享有成功的榮譽是理所當然的。「隊長」非常熱情，表示保守黨非常願意為我爭取一個席位，並希望早日在國會見到我。接著，他巧妙地提到資金問題，詢問我是否能支付開銷，以及一年內能為選區提供多少資金。我表示願意參加競選，但除了個人開銷外，無力提供其他資金。聽到這話，「隊長」顯得有些失望，說最安全的選區通常希望從議員那裡獲得最大的捐贈。他列舉了一些例子，稱議員每年需在募捐和慈善活動中捐資一千英鎊或更多，以回報選區的支持。有風險的席位不需這麼多費用，而希望渺茫的席位則非常便宜。不過，他表示會盡力而為，並說因為我父親的緣故，我將會是一個例外。他補充道，因為我在戰爭中的經歷，我會受到托利黨工人的歡迎。

　　臨別前，我與菲茨·斯圖爾特再次交談。我注意到他的桌上有一本大開本的書，封面上白色標籤印著「應徵演講者」，這讓我眼前一亮。我驚訝地看著這幾個字，心想，演講者也需要應徵嗎？居然還有這麼一本大而笨重的申請登記簿！我一直渴望有機會發表演講，但從未收到過任何邀請，也從未被真正允許這樣做。在第四輕騎兵團和桑赫斯特軍校都沒有演講的機會——如果不算那次我不想提及的事故。於是我對菲茨·斯圖爾特說，「這是怎麼回事？這裡有很多會議需要演講者嗎？」他回答，「是的，『隊長』告訴我，如果你不留下點什麼，我就不能放你走，我可以預約一次你的演講嗎？」我深受觸動。一方面，我渴望有機會演講；另一方面，感到非常不安。不過，在人生的障礙賽中，每個人都需要跨越他們面前的一個個障礙。恢復平靜後，我表現得毫不在乎，說，也許當所有條件都合適，而且有人願意聽我講時，我會接受他的請求。菲茨·斯圖爾特開

啟了登記簿。

　　這裡似乎有數百個室內外會議，還有義賣和集會等活動，這些場合都需要演講者。我四處張望，就像一個頑皮的孩子趴在糕點師傅的工作室窗戶外偷看一樣，最終，我選擇了巴思。[118] 這將是我首次正式演講的場地。櫻草聯盟安排我在十天後發表演說。[119] 在一次聚會上發表演講，地點選在 H. D. 斯克林先生家的花園，座落於俯瞰古城的山丘。我強忍著激動的心情離開了總部。

　　接下來的幾天，我一直憂心忡忡，擔心這項計畫會泡湯。或許斯克林先生或其他當地權貴不願邀請我，或者他們已經找到更合適的人選。然而，一切進展順利，我如期收到了正式的邀請函，《晨郵報》也刊登了這次聚會的通告。奧立佛・博思威克在信中提到，《晨郵報》將派一名記者前往巴思，逐字逐句地記錄我的演講內容，並在報紙的重要版面發表。這使我既興奮又緊張。我花了大量時間準備演講稿，並用心背誦，以至於在睡夢中也能倒背如流。我決定在演講中為女王陛下的政府辯護，採用激烈甚至咄咄逼人的措辭。我對自己的一句話特別滿意：「托利黨的民主主義如同不斷上漲的海潮，而自由黨的激進主義則是即將乾涸的排水溝，英國人將更多地從托利黨的民主中受益。」對於這類妙語，我感到非常自豪。一旦這些觀點開始從筆尖流出，思緒便如泉湧。我很快準備好了可以演講多次的稿件。我詢問應該講多久，被告知約一刻鐘，於是我將演講時間嚴格控制在二十五分鐘內。我用秒錶反覆試驗，發現可以在二十分鐘內完成演講，這已經考慮到被聽眾打斷的時間了。最重要的是不能慌亂，不能輕易對聽眾的弱點妥協。聽眾在臺下，他們能做什麼呢？既然他們是來聽演講的，那麼他們就得聽我講。

---

[118] 英格蘭西南部的一個市鎮，位於布里斯托港東南，以喬治王朝時期的建築和溫泉聞名。

[119] 一個成立於1883年的組織，主要負責在英國推廣保守黨的原則，因迪斯雷利對櫻草的喜愛而得名。

第十六章　離開部隊

這一天終於來臨了。我從帕丁頓[120]乘坐火車時，《晨郵報》的記者也在同一列車上。他是一位非常友善的紳士，穿著灰色雙排扣長風衣。我們結伴同行，當車廂裡只剩下我們兩人時，我試圖在閒聊中不經意地提及演講稿中的一些片段。隨後，我們一起乘馬車上山。斯克林先生和他的家人熱情地接待了我。聚會正如火如荼地進行，有擲椰子遊戲、賽跑以及各種簡單的表演。天氣晴朗，大家都玩得非常開心。考慮到以往的經歷，我焦急地打聽會議的情況。一切都按計畫進行，五點鐘會鳴響鈴聲，所有在這裡玩樂的客人將聚集在帳篷入口處，那裡已搭起一個平臺。這個地區的保守黨主席將為我作介紹，我是唯一的演講者。

於是，當鈴聲響起，我們來到帳篷旁的平臺。這所謂的平臺，只是幾塊架在小木桶上的木板，上面既無桌椅。我感覺到客人們不情願地停止了在花園裡那些幼稚的娛樂活動。當聚集的客人接近一百人時，主席站起來，為我作了簡短的介紹。在桑赫斯特軍校和軍隊裡，恭維話很少，更不用說奉承一個中尉。如果你獲得了維多利亞十字勳章、國家級越野障礙賽馬冠軍或軍中重量級拳擊賽冠軍，你只會收到朋友們的善意警告，以免你被好運氣沖昏頭。然而在政界，顯然完全不同，這裡的奉承簡直到了極致。我父親生前常被無禮對待，而此刻我卻聽到他被熱情地評價為保守黨歷史上最偉大的領導人之一。至於我在古巴、印度前線和尼羅河上的冒險經歷，我只祈禱主席的話不要傳到我的軍團。他詳細敘述了我「在戰場上的勇敢和過人的文采」，我唯恐聽眾會喊「哦！瞎扯！」或其他類似的話。讓我驚訝的是，他們如同聽福音般專注地聆聽，我鬆了口氣。

此刻，輪到我發言。我深吸一口氣，鼓起勇氣，開始了演講。隨著我按部就班地展開這陳舊的招式，感覺一切進展順利。漸漸地，臺下的聽眾越來越多，似乎都很愉快。在適當的時機，我停下來讓他們有機會喝采，

---

[120]　位於倫敦西部的一個住宅區。

甚至在意料之外的地方，他們也熱烈叫好。演講結束時，臺下掌聲雷動，經久不息。我擅長演講！演講似乎也變得輕而易舉。那位記者與我同行，他在我發言時站在前面，逐字逐句地記錄著。他熱情地向我表示祝賀。次日的《晨郵報》用整整一欄報導了此事，甚至還附上了一篇簡短評論，慶賀政壇又迎來了一位新星。我開始對自己以及整個世界充滿信心。帶著這種心情，我乘船前往印度。

＊　＊　＊

現在我們將話題轉向其他更加重要的事項。槍騎兵團的所有軍官一致同意派遣我們的馬球隊參加在密拉特舉行的錦標賽。一名軍士長帶著三十匹矮種馬乘坐一輛專用火車，開始了長達一千四百英里的旅程。隨行的除了馬伕，還有幾名我們最信賴的軍士，包括一名獸醫，這些人都由軍士長指揮。火車每天行駛約二百英里，每晚馬匹都會被帶出去活動片刻。這樣一來，到達目的地時，馬匹依然保持出發時的活力。我們分批出發，但同時到達。在前往密拉特之前，我們在焦特布林訓練了兩個星期。在那裡，我們是攝政者珀泰布·辛格爵士的客人，因為他的姪子是這裡的土邦主，但尚未成年。珀泰布在其寬敞、涼爽的石屋裡熱情地接待了我們。每天晚上，他與年輕的親屬以及焦特布林的其他貴族一起，認真地和我們進行模擬比賽。珀泰布的親屬中有兩個人是印度最優秀的馬球手，名叫赫季·辛格和多庫爾·辛格。除了戰爭，馬球是老珀泰布在這個世界上最喜愛的事物。比賽時，他經常停下來指出我們的錯誤，或者就如何提高球技和更好地配合提出建議。「快些，更快些，像箭一樣飛馳。」他大聲喊著，希望提升比賽的速度。比賽進行時，焦特布林馬球場上揚起陣陣紅塵，逆風迎著紅塵非常麻煩，甚至有些危險。透過紅塵只能看到包著頭巾的身影在全速奔馳。有時候，球會從塵土後突然飛過來。一場完整的比賽經常因為避開塵土而變得困難。拉其普特人已經習慣了這樣的場面，不過我們漸漸地也

第十六章　離開部隊

開始適應，不再為此煩惱。

在我們即將離開焦特布林前往密拉特的前夜，一場無情的厄運降臨到我身上。下樓去用晚餐時，我不慎在石階上滑倒，導致肩膀脫臼。儘管我迅速將其復位，但肌肉已經嚴重拉傷。翌日清晨，我的右臂幾乎無法動彈。過去的經驗告訴我，至少需要三週甚至更長的時間，我才能重新用力擊打馬球。即便三週後，為了安全起見，我的肘部仍需固定在距離身體數寸之內，因此手臂活動範圍極小。錦標賽四天後就要開始，讀者可以想像我的失望與沮喪。原本我的手臂已經漸漸恢復，我在球隊中擔任一號位，表現也相當令人滿意。如今我卻成了殘疾，幸好我們還有一名替補球員。當隊友們把我扶起來時，我告訴他們千萬不要讓我上場。整個第二天，他們都在認真考慮這個問題，最終隊長告訴我，無論如何，他們決定讓我參賽。他們認為，即便我無法擊球，只要能握住球棍，憑藉我的比賽經驗和對球隊的了解，我應該能為勝利創造最佳機會。當我明白這一決定並非出於憐憫，而是基於球隊利益時，我同意盡我所能。那時，比賽中已經有了越位規則。一號位球員的任務就是始終與對方後衛纏鬥，對方經常會掉轉馬頭，試圖迫使對手越位。如果一號位球員能夠壓制對方後衛，將其驅離球場並牽制他，那麼即便不擊球，也能為球隊帶來巨大助益。我們知道，第四龍騎兵團是我們遇到過的最強球隊，他們的後衛是隊長哈德雷斯·勞埃德，是球隊中最難纏的球員，後來他成為對抗美國隊的國際級選手。

於是，我的手臂肘被緊緊地包紮著，我忍著疼痛，握住球棒，參加了錦標賽的前兩場比賽，我們隊都取得了勝利。儘管我的貢獻有限，但隊友們似乎對此感到滿意。我們隊的二號位艾伯特·薩沃裡是一位技藝高超的擊球手，我在比賽中負責為他掃清障礙。很多娛樂活動都以球為基礎，而馬球則是其中的翹楚，因為它將球術與馬術完美結合，融合了擊球與騎馬的雙重樂趣。此外，這項運動還需要隊員之間的高度默契和團隊合作，也

就是說，隊員之間的合作比個人的表現更為重要，而這正是足球和棒球等集體運動的核心精髓。

偉大的時刻終於到來。我們如預期般在決賽中遭遇了第四龍騎兵團。比賽一開始便充滿緊張和激烈的氣氛，雙方勢均力敵，硬實平坦的印度馬球場上，球在隊員間精準地來回傳遞，每個人都明白球該往哪裡打。雙方爭奪激烈，比分不斷持平。很快，我們隊得了1分，對手得了2分。比分一度僵持不下。我緊盯著對方的後衛，迫使他陷入混亂。在一次混亂的爭球中，球在離對方球門不遠處旋轉著朝我飛來，距離很近，我舉起球棒，俯身向前，輕輕一推，球進了！2比2平！除了1號位隊員有殘疾外，我們隊實力非常強。隊長雷金納德・霍爾，三號位，他的球技在印度首屈一指。後衛巴納斯，是我在古巴的戰友，也是球隊的核心，他總能準確地將球反手擊到我和薩沃裡的位置。三年來，馬球是我們生活的主要活動，我們為此傾注了全部精力。此刻，我又獲得一次機會，球再次落在靠近我的地方，離對方球門不遠。這次球速極快，我毫不猶豫地伸出球棒，將球撥進球門。3比2！然而，我們的對手迅速發起猛攻，也得了1分。3比3平！

當時的馬球比賽中，為了避免平局，輔助球也被計入比分。在球門兩側距離球門柱半個球門的位置，分別設定了兩面小旗。如果球未進球門，但進入了球門與小旗之間的位置，即計為輔助球。儘管輔助球無法與真正的進球等同，但在比分相同的情況下，輔助球的數量決定勝負。不幸的是，對方的輔助球比我們多，除非能再得1分，否則這場比賽我們將會輸。然而，幸運再次降臨，我輕輕一擊馬蹄間的球，球進了。第七局比賽結束。

在最後一場比賽中，我們隊擁有4分和三個輔助球，而我們的對手則有3分和四個輔助球。如果他們再多得1分，他們就會贏得比賽，而不僅

第十六章　離開部隊

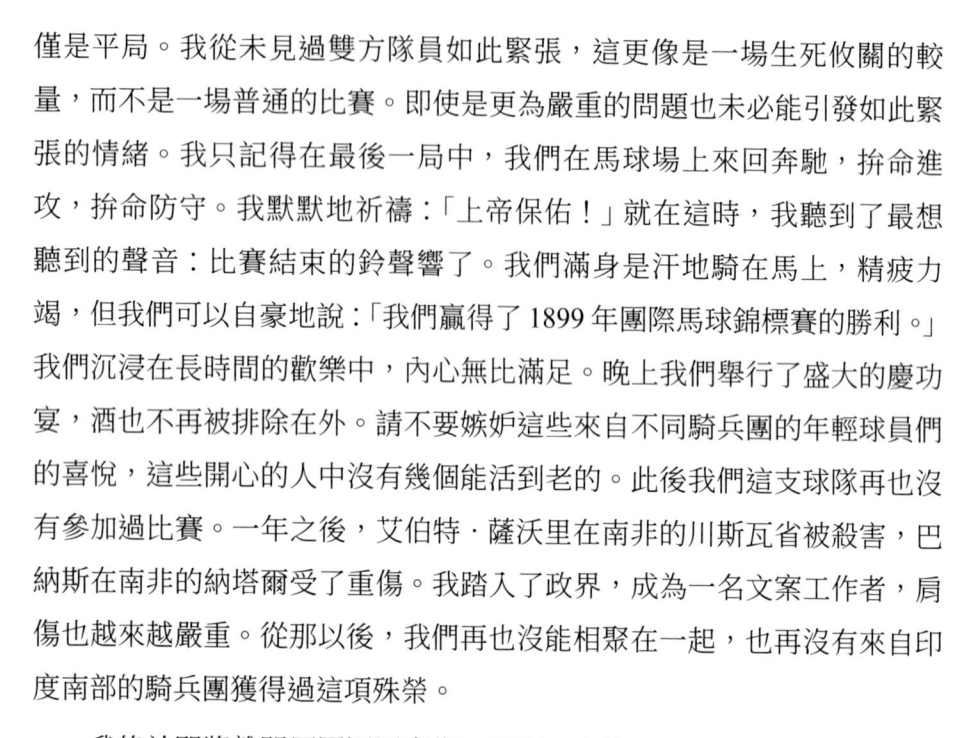

僅是平局。我從未見過雙方隊員如此緊張，這更像是一場生死攸關的較量，而不是一場普通的比賽。即使是更為嚴重的問題也未必能引發如此緊張的情緒。我只記得在最後一局中，我們在馬球場上來回奔馳，拚命進攻，拚命防守。我默默地祈禱：「上帝保佑！」就在這時，我聽到了最想聽到的聲音：比賽結束的鈴聲響了。我們滿身是汗地騎在馬上，精疲力竭，但我們可以自豪地說：「我們贏得了1899年團際馬球錦標賽的勝利。」我們沉浸在長時間的歡樂中，內心無比滿足。晚上我們舉行了盛大的慶功宴，酒也不再被排除在外。請不要嫉妒這些來自不同騎兵團的年輕球員們的喜悅，這些開心的人中沒有幾個能活到老的。此後我們這支球隊再也沒有參加過比賽。一年之後，艾伯特·薩沃里在南非的川斯瓦省被殺害，巴納斯在南非的納塔爾受了重傷。我踏入了政界，成為一名文案工作者，肩傷也越來越嚴重。從那以後，我們再也沒能相聚在一起，也再沒有來自印度南部的騎兵團獲得過這項殊榮。

我終於即將離開軍團返回家鄉，團裡一直待我不薄。與戰友們最後一次共進晚餐時，他們為我的健康舉杯，這種方式表達讚譽實屬罕見。那些與他們共處的歲月是多麼快樂的時光啊！他們也成了我忠誠的朋友！軍隊對我們每個人來說都是一所大學校，它教會我們紀律和友情。或許這些知識與大學裡學到的知識一樣寶貴。當然，我仍希望能同時擁有這兩種知識。

＊　＊　＊

同時，我繼續撰寫我的《尼羅河上的戰爭》。這本書的範圍逐漸擴展，最初僅計劃記述恩圖曼戰役的前後經過，後來幾乎成為一部蘇丹的興衰史。我參閱了大量相關書籍，事實上，與這場戰爭有關的每一件事都在這些書中有所提及。現在，我計劃將這些內容寫成厚厚的幾卷。我有意模

仿麥考利和吉朋的寫作風格，並將兩者結合起來，前者擅長對比手法，後者則喜歡用所屬格結尾的長句。在寫作過程中，我會不時穿插自己的寫作風格。我開始意識到，寫作不僅僅是處理好句子，段落也很重要，特別是在敘事作品中，段落和句子同樣重要。麥考利精通分段。一個句子必須包含一個完整的意思，同樣，一個段落也應該包含一個明確的事情。句子和句子的連線應該很自然，同樣，段落與段落之間的銜接也應該像火車車廂之間的自動掛鉤一樣。分章問題也開始擺在我面前，每一章必須相對獨立，所有章節應該有同等的重要性，各章節的長度或多或少應大致相等。有些章節容易處理，但如果將各式各樣的事件串聯在一起，而其中任何一個事件都不能省略，為了使其看起來像一個完整的主題，那麼問題就出現了。最後，還要對作品進行整體的把握，做到詳略得當，有條不紊。我已知道把握好時間順序是寫好敘事作品的關鍵，也意識到「良好的辨識力是一部優秀作品的基礎」。我告誡自己不要像一些低劣庸俗的作者一樣，使用諸如「洪水吞沒世界前的四千年」之類的句子來開頭。此外，我很喜歡重複自己最喜歡的一句法語格言「令人反感的藝術就是無所不談」，我覺得現在我還想再重複一遍。

　　寫作是一種極為愉悅的活動。有人以此為業，寫作可成為你的伴侶，為你構築一個無形但真實的水晶世界，你彷彿置身於自我創造的魚缸中。寫作始終伴隨著我，即便在旅途中也未曾停歇，因此我從未感到無所事事。或許是需要磨光玻璃，或許是結構需調整，或是缸體需要加固。我發現生活中各種事物之間有著驚人的相似性。寫書與建造房子、策劃戰鬥或繪畫有著本質的不同。技藝與材料各異，但其原理一致。基礎必須穩固，數據需詳實，前提必須與結論相符，在此基礎上加以修飾或細微改良，才能達到主題的成功。同樣，在戰爭中也是如此，無論外界如何干擾或製造事端，最優秀的將領總能達成預期目標，而不會被作戰計畫所束縛。

第十六章　離開部隊

在回國的航船上，我結識了一位朋友，他是我至今遇到過的最具天賦的記者，即 G. W. 斯蒂文斯先生。這位先生是由哈姆斯沃斯先生新創辦的《每日郵報》的王牌作者，正是他使《每日郵報》在維多利亞時代的人們心中獲得了更多的尊重。在報社初創的關鍵時期，哈姆斯沃斯主要依賴的就是斯蒂文斯。哈姆斯沃斯也非常欣賞我的文章，後來他讓斯蒂文斯寫信給我，斯蒂文斯照做了。「繁榮讀者隊伍」是哈姆斯沃斯這家報紙在創辦初期的座右銘。出於這個原因，我被列為最受讀者喜愛的作者，不過我早有預感。

某日，我正在輪船的大堂吧裡埋頭寫作，故事已進入高潮。我軍縱隊經過了一夜的行軍，抵達尼羅河畔的阿布哈姆德，準備發起猛烈進攻。我正用濃墨重彩描繪故事中的場景：「天剛破曉，薄霧從河面緩緩升起，又被旭日驅散，德爾維希的小鎮及其背後的半環形山丘逐漸顯現輪廓。在這個天然的圓形露天競技場裡，一場戰爭即將展開。」斯蒂文斯突然從我身後冒了出來，打破了我的沉思。「你來結尾。」說著，我站起來，走到甲板上，心裡好奇他會如何續寫，且希望他的筆觸能為我的文章增添一些價值。然而，當我回來時，發現他在我精美的稿紙上只寫了幾個「砰──砰！砰──砰！砰！砰！」，並在頁尾用大字寫了個「轟！！！」。坦白說，我對他的輕率舉動感到不滿。但斯蒂文斯除了以活潑風趣和輕鬆愉快的筆調為《每日郵報》撰稿外，還擅長多種不同的寫作風格。當時，有一篇名為《新吉朋》的匿名文章，探討了大英帝國的未來，文風宛如出自研究羅馬歷史的吉朋之手。當斯蒂文斯坦白自己是作者時，我感到十分驚訝。

後來，斯蒂文斯審閱了我的校樣，並提供了寶貴的意見。他寫道：「在我看來，我所讀的這部分書稿對 G. W. 斯蒂文斯的作品是一個有價值的補充，合起來確實是一部有價值的作品。我認為這部作品文筆優美，思路嚴

謹，結構嚴密，論述清晰，描寫生動形象。唯一不足之處在於你個人的哲學反思，雖然這些思考整體上表達明確，頗具鋒芒，有時也很有道理，但過多了。如果我是你的話，我會刪除哲學家關於 1898 年 1 月的那段討論，只在結尾稍作提及，否則會讓讀者感到厭煩。通常喜愛大段哲學思考文字的人並不需要他人的引導。」他的熱情爽朗、玩世不恭的性格以及機智風趣的談吐使他成為我旅途中的良伴。1899 年夏天，我們迅速建立起友誼。然而，那是我最後一次見到他。次年 2 月，他在萊迪史密斯因傷寒去世。

＊　＊　＊

在返回的途中，我在開羅停留了兩週，為我的書收集數據，同時尋求在蘇丹戰爭中幾位重要人物的幫助。於是，我結識了吉魯爾德，一位年輕的加拿大皇家工程師，曾在沙漠中修建鐵路。隨後，我遇到了史拉丁·帕夏，一位身材矮小的澳洲軍官，他在哈里發的監獄中度過了十年，他的書《蘇丹戰火與刀劍》成為這一題材的經典之作。我還見到了雷金納德·溫蓋特爵士，他是情報機構的負責人，我已經欠了他一頓飯的情。另外，我結識了加斯廷，他是埃及水利局局長。與此同時，我還遇到了許多埃及的政界要人和知名人士。這些人在戰爭中或多或少地發揮了他們的作用。正是由於這些人的管理，埃及在不到二十年的時間裡，從一個民不聊生的無政府狀態變成了一個繁榮昌盛的國家。我還結識了他們的長官克羅默勳爵，他邀請我去英國駐埃及的代表處拜訪他，並樂意閱讀我已成文的有關蘇丹解放與戈登之死的章節。於是我將一大捆列印好的書稿送給他。幾天後，我收到了他送回來的書稿，上面用藍色鋼筆做了批註，我感到非常高興，也非常吃驚。這讓我回想起在哈羅公學上學時我的拉丁文作業。克羅默勳爵在我的文稿上頗費了一番功夫，因此我恭恭敬敬地接受了他的意見和批評。這些意見和批評寫得很詳細，有時也寫得很嚴厲。例如，戈登將軍曾經是里彭勳爵的私人祕書，講到他職業生涯的這段經歷時，我寫道：「一

第十六章　離開部隊

個光彩奪目的太陽成了一個小不點的衛星。」克羅默勳爵對此的評語是：「用『光彩奪目的太陽』來形容戈登是誇張的頌詞，而用『小不點』比喻身處總督職位的里彭勳爵是不公平的。也許里彭勳爵不會介意，但他的朋友們會很生氣，大多數人只會嘲笑你。」我回信告訴他我會刪掉這句我一直自認為很不錯的比喻，並溫順地接受他的其他批評。這安撫了克羅默勳爵，使他消除了戒心，繼續饒有興致地閱讀我的作品。他寫道：「我知道，我的評語很嚴厲，但你應能意識到它是明智的、合乎情理的，而且都是出於善意，我一直都以自己要求別人對待我的態度來對待你。我在寫文章或做重要事情以前，總會邀請朋友給我提出批評意見。自己的不足之處在行動前被善意地批評指出，要比事後受到惡意的批評攻擊強得多，那時候想要改變也已經太晚了。我希望你的書能獲得成功，而且我相信一定會成功。我的生活中為數不多的還能讓我產生興趣的事，就是看到年輕人有所作為。」

在這兩週的時間裡，我頻繁地與克羅默勳爵會面，他的學識和智慧使我受益良多。他的沉著鎮定，是一名被派往東方國家的英國高級行政長官所必需的素養。這讓我想起我喜歡的一句法語格言：「只有平靜才能把握住人的心靈。」克羅默勳爵從不急躁，總是冷靜自若，穩如泰山。他靜觀事態的發展，直到能果斷地出面解決。他能輕鬆地長時間等待，就像等待一個星期那樣輕鬆地等上一年。事實上，他經常會等上四、五年才找到解決問題的機會。他在埃及已經統治了十六年，拒絕一切虛名，只作為一名英國的代理人。他的地位不明確，也許他什麼都不是，但事實上他是一切的主宰，他的話就是法律。有一批才華橫溢的助理跟隨著他，大部分是年輕人，他們像克羅默勳爵一樣低調。克羅默依靠這些年輕人耐心地掌控著埃及政府各部門的各方面和政策的每一個細節。英國與埃及政府交替更迭，他親眼見證了蘇丹的失而復得。他一直牢牢掌管著財政大權，熟練掌

控著整個埃及的政務。他的事業正如日中天，行使著至高的權力，舉重若輕。在這個時候，我能見到他，真令人高興。他對我的事十分關心，我感到很榮幸。我們現在非常需要像他這樣的人，但卻再也找不到了。

第十六章　離開部隊

第十七章　奧爾德姆

溫斯頓・邱吉爾先生向溫斯頓・邱吉爾先生致意，並懇請他留意一件涉及他們二人的事項。

1899 年春，我驚悉世界上竟有另一位名為溫斯頓・邱吉爾之人，他同樣從事寫作。據聞，他的小說在美國廣受歡迎且銷量甚高。我頻頻收到諸多賀信，讚譽我的小說創作才華。起初，我誤以為這些信件是對我的小說《薩伏羅拉》的遲來祝賀，隨後才意識到原來還有另一位溫斯頓・邱吉爾，幸而他身處大西洋彼岸。我遂寫信給這位遠在彼岸的同名作家，他也回信了。這兩封書信或許可稱為文學界的奇事。

溫斯頓・邱吉爾先生向溫斯頓・邱吉爾先生致意，並懇請他關注一件涉及他們兩人的事宜。他從媒體報導中得知，溫斯頓・邱吉爾先生計劃出版一部名為《理查・卡弗爾》的新小說，相信此書定會在英國和美國大獲成功。溫斯頓・邱吉爾先生也是一位小說作者，他的作品目前正在《麥克米倫》雜誌上連載，並希望在英國和美國取得良好銷量。他還計劃於 10 月 1 日發行一部關於蘇丹戰爭的軍事紀實。如果不提前解決這個問題，他的作品將可能被誤認為是另一位溫斯頓・邱吉爾先生的作品。他相信另一位溫斯頓・邱吉爾先生同樣不願意看到這種情況發生。為避免未來可能的混淆，溫斯頓・邱吉爾先生決定在所有出版的作品上署名為「溫斯頓・史賓塞・邱吉爾」，而不再使用「溫斯頓・邱吉爾」。相信溫斯頓・邱吉爾先生會贊同這一安排。因此，他斗膽建議，為防止這種巧合帶來的進一步混淆，兩位溫斯頓・邱吉爾先生應在各自的出版品中加入一條簡短的說明，

第十七章　奧爾德姆

向讀者解釋哪些作品是這位溫斯頓・邱吉爾先生所寫，哪些作品是那位溫斯頓・邱吉爾先生所寫。如果溫斯頓・邱吉爾先生同意溫斯頓・史賓塞・邱吉爾先生的建議，準備新增的簡短說明可以留作以後再討論。藉此機會，他向溫斯頓・邱吉爾先生的寫作風格表示讚美，並祝賀他的作品取得成功。這些作品無論是發表在雜誌上，還是單獨出版，都引起了溫斯頓・史賓塞・邱吉爾先生的關注。他相信，溫斯頓・邱吉爾先生也同樣注意到了他的作品。

1899 年 6 月 7 日於倫敦

邱吉爾先生深表感謝史賓塞・邱吉爾先生提出這個讓他頗為擔憂的話題。邱吉爾先生對史賓塞・邱吉爾先生在其書籍和文章中署名「史賓塞・邱吉爾」一事表示感激。邱吉爾先生急切地表示，若他有其他名字可用，會毫不猶豫地加上一個。自從史賓塞・邱吉爾先生的首篇作品刊登於《世紀報》以來，就引起了邱吉爾先生的注意。看來，史賓塞・邱吉爾先生的作品並未與邱吉爾先生的小說創作產生衝突。

溫斯頓・史賓塞・邱吉爾先生提議在各自的作品前新增說明，以區別溫斯頓・史賓塞・邱吉爾先生和溫斯頓・邱吉爾先生的作品。這些說明內容將由兩位邱吉爾先生共同商定，溫斯頓・邱吉爾先生非常樂意接受這一建議。如果溫斯頓・史賓塞・邱吉爾先生願意幫忙起草這個說明，那麼對於說明的具體內容細節，溫斯頓・邱吉爾先生無疑會接受。

此外，溫斯頓・邱吉爾先生將會徵詢友人及出版商的意見，考慮在書的扉頁上於其名字後新增「美國」字樣。如果他們認為此舉可行，他將要求出版商在後續版本中進行相應更改。

溫斯頓・邱吉爾先生希望能藉此機會呈上他撰寫的兩本小說。他對溫斯頓・史賓塞・邱吉爾先生的作品心生敬仰，也期盼著能一讀《薩伏羅拉》。

1899 年 6 月 21 日於佛蒙特州

所有問題都得到了圓滿的解決。讀者逐漸理解，同一時期存在兩位同名同姓的不同作家。今後，這兩位作家將為讀者提供豐富的文學作品，若有需要，也可滿足讀者在政治方面的需求，提供相關文章。一年後，我前往波士頓時，溫斯頓·邱吉爾先生是第一個迎接我的人，他為我舉辦了一場由年輕人參加的熱鬧宴會。在宴會上，我們都發表了演講，互相讚美對方。然而，混淆仍然存在，比如我的信件寄到了他那裡，他的帳單送到了我這邊。不言而喻，這些錯誤很快得到了糾正。

※　※　※

某日，我應奧爾德姆地區保守黨議員羅伯特·阿斯克羅夫特先生之邀，前往下議院。他領我進入一間吸菸室，向我闡述了一項重要計畫。奧爾德姆選區擁有兩個議員席位，當時這兩個席位均由保守黨掌控。阿斯克羅夫特作為一名資深議員，其議席穩如泰山，不僅因為他擁有保守黨選民的支持，還因為他是深受信賴的奧爾德姆棉業工會的律師。然而，他的同事已請病假一段時日，因此阿斯克羅夫特先生希望找到一位合適人選與他並肩作戰，共同參選。顯然，他認為我能勝任此職。他說了一些合情合理的話：「年輕人通常不像老年人那樣富有。」對於這一殘酷現實，我實在無從反駁。不過，他似乎暗示所有障礙都能克服。最終，我同意盡快確定日期，在他的協助下，在奧爾德姆舉行一次演講。

數週過去了——演講的日期已經敲定，但我卻遺憾地從報紙上得知，阿斯克羅夫特先生猝然辭世。令人難以置信的是，他那麼強壯，整日忙碌，看起來健康狀況極佳的人，竟如此突然地離開了，而他那位健康狀況一直讓他擔憂的同事卻依然健在。羅伯特·阿斯克羅夫特先生深受奧爾德姆工人的尊敬，工人們自發籌集了兩千多英鎊，以為他塑造一座雕像，並命名為「工人之友」。他們規定——我認為這也是蘭開夏[121]人的特

---

[121] 蘭開夏：位於英格蘭西北部的郡。

第十七章　奧爾德姆

性——這筆捐款只能用於修建紀念碑，不能挪作他用，譬如不能用於增加醫院病床，不能用於新建或擴建圖書館，也不能用於建設噴水池等等。他們表示，他們不希望這筆錢被當作送給自己的一份禮物。

阿斯克羅夫特先生的遺留議席如今急需填補，而他們迅速選中了我。據說，這位已故且備受敬重的議員實際上早已選定了我，我的名字已列入演講者名單，再加上人們對我父親的記憶，這件事就這麼定了。在沒有任何要求、提問或在任何委員會前露面的情況下，我便收到了一份正式邀請，請我參選這個席位。在保守黨總部，「隊長」似乎對地方上的決定相當滿意，但他強烈要求利用這次補缺選舉的機會，重新選舉兩個席位。他認為，保守黨政府目前沒有把握贏得這次補缺選舉，他們不希望幾個月後奧爾德姆地區的議員會再度出現空缺。然而，索爾斯伯利勳爵並不在乎失去兩個席位。如果在這次補缺選舉中丟了奧爾德姆地區的這兩個議席，到下次大選時，他們還可以把它再奪回來。我注意到了他這種態度的非同尋常意義，但在當時那種情況下，任何形勢下的政治爭鬥總比沒有爭鬥要強。因此，我揚起旗幟，投入了戰鬥。

我目前全力投入在選民眾多的補選當中。過去我曾參加過十四次選舉，每次都耗費約一個月的時間。人生短暫，把生命中的十四個月花在這樣的枯燥事情上，實在令人感慨。我已經歷了五次補選，補選比普選更具挑戰，因為各界人士和各種組織都把目光集中在這位不幸的候選人身上。如果他是政府的支持者，那麼所有的災難和社會問題都會被拿出來討論，民眾喧鬧不休，逼迫他表態如何解決這些問題。

在這種背景下，支持不列顛與北愛爾蘭聯合的保守統一黨逐漸失去民心。對選民而言，自由黨已經許久未曾執政，覺得應該換換新面孔了。連續性並非民主的理想狀態。除了在關鍵時刻，英國人有權將王室的大臣們拉下臺，也有權改變政策。無論誰在位，也無論政策如何，他們都有這樣

做的權利，不論這政策是好是壞。我現在是逆流而行。此外，當時保守黨在下議院通過了一項什一稅法案[122]這項法案略微改善了英國教會中貧困教士的生活。不信奉英國國教的新教徒，包括衛斯理教派信徒，反應不如預期熱烈，這些人在蘭開夏頗具影響力。激進派無恥地嘲諷這項慈善措施為「教士救濟稅」。在我來到奧爾德姆之前，對這場紛爭毫無興趣。我的教育背景和軍旅生涯都使我對這類問題缺乏關注。因此，我詢問他人這到底是怎麼回事。我的主要支持者大多數認同激進派的觀點，認為「教士救濟稅」是一個嚴重的錯誤。聽完他們的解釋後，我立刻想到了一個解決方案。當然，教士的生活應得到保障，否則他們如何繼續工作？但為何不如同軍隊那樣平均分配教士的生活補貼呢？我們可以統計各教派教士的數量，將補貼平均分配給所有教士！這樣更公平、合理，能夠緩和矛盾。令我驚訝的是，之前沒有人想到這個方法。然而，當我向委員會的一些成員提出這個計畫時，沒有人認為它能解決問題。事實上，他們認為這個辦法一點也不好。既然大家都這樣認為，那麼他們肯定是對的。於是，我放棄了平均分配補貼的提議，另尋其他話題來爭取這個幾乎是島上最大選區的選民支持。

　　就在此時，一位新同事開始與我並肩作戰，他的加入被視為總部的一大妙招。他不是別人，正是詹姆士・莫茲利先生，一位社會主義者，紡織工會的祕書，頗受人尊敬，他是我所見過的真正的保守黨工人候選人的典範。他勇敢地宣告自己對保守民主和保守社會主義的讚賞。他聲稱保守黨和自由黨都是虛偽的，但自由黨更糟糕。為了那些長期以來理解他並信任他的工人階級的利益，他可以和我這個英國貴族的後裔一起站在演講臺上並肩作戰，他感到非常自豪。形勢的發展令人欣喜，有好些天看上去似

---

[122]　這種捐稅起源於舊約時代，是歐洲基督教會向居民徵收的一種宗教捐稅，主要用於支付神職人員薪俸、教堂日常經費以及賑濟，要求信徒捐納其收入的十分之一以支持宗教事業。

第十七章　奧爾德姆

乎都很成功。「貴族後裔與社會主義者」這樣的搭配看上去好像成了政界壯觀的新方向。令人憤怒的是，討厭的激進帳子想要搞亂這極好的印象，許多工會的支持者也來湊熱鬧，紛紛譴責可憐的莫茲利先生背棄了自己的階級，同時對保守黨非常粗魯地大放厥詞，甚至連索爾斯伯利勳爵也不放過，說他不主張進步，與現代民主的觀點格格不入等等。對於這些誹謗，我們當然拒絕接受並堅決予以反駁。最後，所有的自由黨和激進的工會分子都離開我們，為他們的政黨投票去了，只剩下我們最堅定的支持者，而這些支持者因為他們的演講臺上出現了一個邪惡的社會主義者而感到非常失望。

同時，我們的兩位自由黨對手展現了他們的才幹與聲譽。年長的埃莫特先生來自一個在奧爾德姆經營數千名紡織工人的工廠主世家。他既有豐富的經驗又財力雄厚，正值壯年，並在當地深耕多年。他憑藉自身實力攀升至高位，成為當時政府的反對派──自由黨的領袖，是個難以擊敗的對手。另一位朗西曼先生，年輕且富有魅力，能力出眾，幾乎無可挑剔，並且家境優渥，也是個出色的候選人。我與貧困的工會盟友湊足五百英鎊都極其困難，卻仍被指責為社會特權階層的代表。而我們的對手，顯然財力充裕，至少擁有二十五萬英鎊，卻自稱是窮苦大眾利益的捍衛者。這世界真是顛倒是非！

爭鬥漫長且艱辛。我竭力為政府的優點及現有的社會體制辯護，讚揚聖公會與國家的統一，聲稱「英國歷史上從未有過如此龐大的人口，人民也從未如此富裕」。我提及英國的強盛與繁榮，談及蘇丹的解放，以及禁止進口由囚犯生產的外國商品的必要性。莫茲利先生亦步亦趨地跟隨我。我們的對手哀嘆廣大工人階級的痛苦，感慨貧民區的骯髒，對貧富懸殊深感痛惜，尤其對「教士救濟稅」的不公表示強烈反對。幸好蘭開夏的工人階級能夠在競爭雙方之間平衡他們的選票，不然這場競爭將會完全偏向一

方。他們運用了所有的補救辦法，彌補了這場競爭中的明顯不平等。我從早到晚滔滔不絕地發表長篇演說，莫茲利先生也不斷重複他的口號——自由黨比托利黨更虛偽。

奧爾德姆純粹是一個工人階級的選區，當時是一片繁榮之地。奧爾德姆人不僅向印度、中國和日本輸送棉紡織品，還生產紡織機器出口到這些國家，在那裡加工棉紡織品。這個鎮上沒有旅館，也很少見到豪宅，卻有數以千計的知足工人家庭。半個多世紀以來，這裡的情況穩步改善，居民逐漸富裕起來，女孩們戴上了羊毛的圍巾披肩，光腳的孩子穿上了木屐。在我的有生之年，我見證了在全球經濟衰退過程中，他們的生活水準也有所下降，但即便如此，仍然比當時他們心目中的富裕生活還要好。當時流行這樣一句話：「富不過四代」：第一代人賺錢，第二代人擴大家業，第三代人亂花錢開始敗家，第四代人又過回苦日子。奧爾德姆人喜愛穿絲襪，這種習慣我早年還不知道，後來由於對絲襪徵稅，他們的生活受到了影響。他們無法擺脫棉紡業日漸蕭條所帶來的影響，奧爾德姆的優勢地位日漸消失，但他們依然需要牢牢抓住。與蘭開夏的工人有過密切接觸的人無一例外都為他們祝福。

選舉過程過半，所有關鍵支持者一致懇求我放棄對「教士救濟稅」的辯護。由於我對這個稅法的必要性並不了解，放棄辯護對我來說頗具誘惑力，最終我也屈服了。在支持者的熱烈歡呼中，我宣布，如果當選，我將不會對這項法案投贊成票。這是一個重大的錯誤。事實上，若你想為政府或政黨辯護，除非你能為他們最具爭議的政策辯護，否則你的發言毫無意義。就在我宣布之後，圍繞這一法案的激烈辯論便展開了。由於他們的候選人在這個問題上未能面對蘭開夏的選民，保守黨政府在威斯敏斯特的議會中成了笑柄。奧爾德姆的自由黨人因此加劇了對這個法案的攻擊。活到老，學到老！我敢說，在那時，我是一個相當不錯的候選人。令人欣慰的

第十七章　奧爾德姆

是，我們陣營充滿了真正的熱情，我們很高興看到這些工人階級如此熱情，儘管他們沒有物質上的優勢。我們為大英帝國感到驕傲，也為英國的悠久歷史傳統而自豪。選舉結果揭曉後，我和莫茲利先生都失敗了。在全部兩萬三千張選票中，我落後一千三百票，莫茲利先生比我還少三十票。

失敗之後，指責紛至沓來，大家都將矛頭對準了我。我注意到他們總是這樣拿我當箭靶，或許是因為他們認為我的承受能力更強吧。保守黨高層和卡爾頓俱樂部表示：「他居然和一名社會主義者攪在一起，失敗也是自找的。任何有原則的人都不會這麼做！」當時的下議院領袖巴爾弗先生，聽說我反對「教士救濟稅」法案後，在議會的休息室裡說：「我本以為他是一個有前途的年輕人，但看來他的前途不止一條。」對此，我不得不承認。黨報發表社論，批評將這麼重要的工人階級選區交給一個缺乏經驗的年輕候選人，實在是一個錯誤。每個人都急於擺脫這件令人不快的事。我沮喪地回到倫敦，彷彿一瓶開啟的香檳或蘇打水，放了一夜後已經完全失去了氣泡。

回到母親家裡，沒人來探視過我。然而，巴爾弗先生一如既往地忠誠且體貼，他親筆寫了一封信給我。我剛從過去的檔案中找到這封信，特此獻給我的讀者：

很遺憾得知你在奧爾德姆選舉中失利。我非常期待你能早日進入國會，這是你父親和我曾經並肩奮鬥過的地方。希望你不要因此而氣餒。由於多種原因，此次補缺選舉的時機對我們不利。在補缺選舉中，反對黨可以免於批評，不必展示他們的競爭方案，這一直是反對黨的優勢。如果執政黨的方案中包括如地方自治法案之類無望的內容，那麼反對黨的優勢會加倍。此外，反對黨的批評意見正好迎合了民眾的口味。僱主不喜歡補償法案；醫生不喜歡種痘的免疫法案；普通民眾不喜歡教士，所以「救濟稅」也不受歡迎；教士對你拒絕「救濟稅」感到憤怒；即使你答應投票給利物

浦議案，奧蘭治黨人也還是對你不滿。當然，那些從我們的政策中受益的人不會表示感激，而那些認為自己受到損害的人則怨恨我們的政策。在這種情況下去競爭蘭開夏的議席，確實希望渺茫！

請勿擔憂，一切都會好轉。這次微不足道的挫折不會對你的政治前景產生長久的影響。

10. 7. 1899

7月底，我與張伯倫先生進行了一次深入的對話。儘管我曾在父親家裡見過他幾次，在其他一些場合，他也友善地與我打過招呼，但這次是我第一次真正與他相識。我們都是我們的朋友珍妮夫人的客人，她在泰晤士河畔有一所舒適的房子。下午，我們乘小艇沿著泰晤士河遊覽。阿斯奎斯先生在業餘時間從不談論工作上的事，而張伯倫先生則恰恰相反，他總是喜歡談論政治。他樂於助人，為人坦率正直，說話直截了當，與他交談就像接受一場政治教育。他對政治遊戲中的每一個細節、每一個環節和每一個方面都瞭如指掌，對兩大政黨內部的驅動力量非常清楚。在午餐和晚宴時，談話主要是在我們之間進行的，南非問題再次成為話題。當時，英國和克魯格總統就這一敏感的、關鍵的宗主權問題進行談判，這引起了國內外的普遍關注。讀者朋友肯定知道，我是主張強硬措施的。我記得張伯倫先生說：「如果衝鋒號吹響了，環顧四周卻發現沒有人，那麼衝鋒號吹了也沒有用。」後來我們從一位老人身邊經過，這位老人僵直地坐在河邊草坪的椅子上，珍妮夫人說：「看，那就是拉布謝爾先生。」張伯倫先生說：「這個老不死的傢伙！」他將頭從他政治上的死對頭身上轉了過去，鄙視和厭惡的表情在他的臉上快速閃過，給我留下了深刻的印象。此刻，我意識到，這位態度和藹出名的同伴與自由黨及其領袖格萊斯頓先生之間的積怨有多深。

第十七章　奧爾德姆

隨後的日子，我全心全意投入到《尼羅河上的戰爭》這本書中，艱鉅的工作已經完成，現在進行的是令人愉快的校對。我現在不再受軍紀的束縛，對基秦拿勛爵的看法，可以毫無顧忌地表達，我當然會這麼做。我對他褻瀆馬赫迪陵墓的行為感到震驚，他野蠻地命令士兵將馬赫迪的頭顱砍下來，放在煤油罐裡作為戰利品，我對此表示強烈譴責。這一事件在下議院引發了激烈的辯論。約翰・莫利和《曼徹斯特衛報》的編輯斯考特先生嚴厲地批評了基秦拿將軍，我也深表贊同。馬赫迪人頭事件只是眾多令人憤怒的事件之一。自由黨人對這種行為表示憤慨，認為這種野蠻行徑猶如匈奴人和汪達爾人的所作所為。而托利黨人則認為這件事更像是一個玩笑。在這個問題上，我顯然與托利黨人立場不一致。

我們預定於10月中旬發行《尼羅河上的戰爭》一書，這本書和《薩伏羅拉》都是我耗費整整一年心血的作品，我期盼這兩部鉅著能早日呈現在讀者眼前。

然而，當十月中旬來臨之際，其他事務接踵而來，所有人又必須重新考慮這些問題。

第十八章　隨布勒出征開普

　　一連串訊息迅速傳來，布林人已經展開行動，他們的軍隊已經進入開普殖民地和納塔爾地區。英國方面委任雷德弗斯・布勒爵士為英軍總司令，所有的後備部隊全數出動，唯一的一個軍團也立即派遣至塔布林灣。

　　常言道，大的爭端往往源自小事，但其根本原因絕非那微不足道的起因。當前，為南非戰爭所做的前期準備工作已在整個英國，甚至全球範圍內引起了高度關注。自馬朱巴山戰役以來，英國人與布林人之間的關係，以及在此不幸事件發生前兩國長期存在的諸多誤解，早已為廣大民眾所熟知。1899 年的歷次談判，每一步都備受關注。在下議院的辯論中，反對黨對此大加責難。夏秋兩季過去後，英國政界分為兩派，一派認為與布林共和國的戰爭是必要且不可避免的；另一派則下定決心盡其所能，試圖透過辯論進行阻撓。

　　夏季的日子既溼又熱，氣氛逐漸變得緊張，彷彿「山雨欲來風滿樓」。自從三年前詹姆士發動那次突襲後，南非川斯瓦省便出現了布林人[123]的重兵駐守，有一支裝備齊全的警察部隊嚴格管控外來者。德國人計劃在約翰尼斯堡城外修建一座堡壘，德國工程師正在設計，以便俯瞰約翰尼斯堡城，使砲兵部隊能夠控制這座城市。大量的槍砲彈藥正不斷從荷蘭和德國運來，不僅足以裝備兩個布林共和國，還能覆蓋整個開普殖民地。[124] 荷

---

[123]　布林人：這一稱謂專指南非境內由荷蘭、法國和德國白人混合而成的民族，詞源來自荷蘭語「農民」，特指具有荷蘭或法國新教徒血統的南非人，尤其是早期定居於川斯瓦及奧蘭治自由邦的居民。

[124]　1806 年，英聯邦在此地建立了殖民地。至 1910 年南非聯邦成立時，該地成為一個省，名為好望角省，亦稱開普省。

第十八章　隨布勒出征開普

蘭人也大規模地武裝起來。面臨叛亂和戰爭的威脅，英國政府開始向納塔爾省和開普地區增派更多的守備部隊。與此同時，唐寧街和普利托利亞之間頻繁交換外交公文和電函，局勢愈加緊張。

10月初，川斯瓦省的魯莽決策者突然決定挑起事端，將局勢推向決定性階段。普利托利亞於10月8日發出最後通牒，要求英軍在三天內完全撤離共和國邊境，並停止進一步增兵。從那一刻起，戰爭已成定局。

布林人最後通牒的電報剛從發報機的收錄器裡印出來不到一個小時，奧立佛·博思維克便來邀請我擔任《晨郵報》的戰地記者，條件是每月二百五十英鎊，報帳所有開支，並在行動和言論上享有充分的自由，僱用期限至少為四個月。這樣的待遇比以往英國新聞業界的任何戰地記者都高。對於一個才二十四歲、只求謀生無需承擔任何責任的年輕人來說，這無疑是極具吸引力的。最早的一班輪船——「達諾塔·卡索爾」號11日開船，我也一同出發。

在僅剩的時間裡，我懷著愉悅的期待心情在家中準備出發。倫敦正瀰漫著愛國激情，黨派之間的論戰也格外激烈。接連不斷的訊息迅速傳來，布林人已經開始行動，他們的軍隊已經開赴開普殖民地和納塔爾地區。英國方面任命雷德弗斯·布勒爵士為英軍總司令，所有的後備軍都已動員，唯一的一個軍團也被即刻派往塔布林灣。

出發前，我認為應該拜訪一下張伯倫先生。雖然他身為大臣，繁忙的公務纏身，但他仍約我在他的殖民事務辦公室見面。由於我無法及時趕到，他傳話給我，讓我第二天早上到他位於王子花園的住所拜訪。於是，我就在這位非凡人士的政治生涯中一個關鍵時刻前去拜訪他。他和往常一樣，抽著雪茄，並遞給我一支。我們大約談了十分鐘，討論了當前的局勢，我也提及了自己未來的計畫。這時，他說：「我必須去殖民事務辦公室了，你可以和我一起走，這樣我們在路上還能繼續談。」

當時，從王子花園到白廳街搭乘馬車需時一刻鐘，這應該是完成這段路途的最快速度了。張伯倫先生對戰爭的進展抱持相當樂觀的態度。

他表示：「布勒將軍的出發可能過於延遲，他應該更有遠見，提前行動。此刻，若布林人進攻納塔爾，喬治・懷特爵士和他的一萬六千名士兵能輕鬆解決所有問題。」

「那麼馬弗京地區怎麼樣？」我詢問。

「噢，馬弗京地區可能會遭到圍攻。但若他們連幾週都撐不住，那還能寄望什麼呢？」

隨後，他鄭重地補充：「當然，我必須依據戰爭辦公室的意見發言。他們都非常有信心，我只能根據他們的說法。」

當時，英國的戰爭辦公室是連續兩代下議院成員極度節儉的結果，對任何人的意見都充耳不聞。澳洲方面請求派遣一支分遣隊，但戰爭辦公室的回應脫離現實，他們說：「最好能派步兵，不要派騎兵。」然而，他們的情報機構準備了兩大卷關於布林共和國的詳細數據，這些數據後來遞交給了國會。情報機構負責人約翰・阿德爵士告訴戰爭事務大臣蘭斯頓勳爵，說需要二十萬士兵，他的建議被嘲笑。這兩大卷數據被送到布勒將軍那裡，但不到一個小時，布勒就把數據退了回來，並說他自己「對南非的情況瞭如指掌」。國務祕書喬治・溫德姆先生（那幾天裡曾和我一起吃過晚餐），似乎是唯一意識到這次任務困難和艱鉅的人。他說，布林人準備充分，目的明確，備有大量軍需物資，其中包括一種發射一英寸子彈的新式馬克沁機槍。他認為，戰爭初期也許對英軍不利，英軍會受到小股敵軍的攻擊，靈活的敵軍可能會到處圍攻英軍，攔住英軍的去路，並用這些重機槍把英軍打得潰不成軍。我必須承認，當時我年輕氣盛，得知戰爭形勢不會完全一邊倒，或者只是走過場時，我感到十分欣慰。我認為布林人勇於與整個大英帝國較量，這讓我感到高興，因為他們並非毫無還手之力，而

第十八章　隨布勒出征開普

且是他們首先發難的。

讓我們吸取教訓。千萬不要以為戰爭會是一帆風順、毫不費力，也不要指望任何捲入戰爭這個不可預測之旅的人能夠準確預見他將面臨的風浪和風暴。熱衷於戰爭的政治人物必須明白，一旦戰爭的號角吹響，他就不再是政策的掌舵者，而是變幻莫測局勢的奴隸。一旦宣戰，不合時宜的戰爭辦公室，無能且自大的指揮官，不可靠的盟友，敵意的中立國，惡運的神祇，不祥的意外事件，糟糕的預測錯誤等等，所有這些都將在第二天的會議桌上成為討論的焦點。無論你對勝利有多麼自信，永遠要記住，如果對方不認為他也有取勝的機會，那就不會有戰爭。

＊　＊　＊

幾年前，我父親的一位老友比利·傑勒德曾獲得雷德弗斯·布勒爵士的承諾（就如跟我從賓登·布拉德爵士那裡得到的那樣），若布勒將軍獲得部隊指揮權，便會帶上比利作為參謀。如今，傑勒德勳爵年事已高，家境殷實，社會地位顯赫，是賽馬場的主要持有人之一。由於他即將前往前線，歐內斯特·卡賽爾爵士在卡爾頓飯店舉辦了送行晚宴。我是受邀參加晚宴的第二類賓客，晚宴陣容強大，有威爾斯親王及四十位領導層成員。傑勒德的職責是照顧總指揮布勒將軍的日常起居，因此，晚宴上許多人從酒窖裡拿出了最好的香檳和陳年白蘭地送給他。送酒的賓客們告訴傑勒德，只要有機會，他可以和我一起分享這些美酒。大家心情愉快，精神振奮，這在戰爭初期是常見的。一位即將開赴前線的賓客，因為以前喝酒時常常失控，成了笑柄。在他起身準備告辭時，馬庫斯·貝雷斯福德勳爵誠摯地說：「再見，老朋友。別忘了 V.C。」[125] 這位可憐的朋友深受感動，答道：「我會竭盡所能去爭取維多利亞十字勳章的。」馬庫斯勳爵聞言，驚

---

[125]　V.C. 這個詞在此具有雙重意義，不僅指「Victoria Cross」，即維多利亞十字勳章，還代表「Vieux Cognac」，法國白蘭地。

訝地說：「啊？你誤解了，我指的不是勳章，而是法國白蘭地。」

順便提一下，這些香檳和白蘭地，以及我本該分享的那一部分，已成為這次戰爭中諸多令人失望的事之一。為了確保這些酒能安全抵達司令部，傑勒德事先在酒瓶上標註了「蓖麻油」。兩個月後，他在納塔爾發現酒還未送達，便緊急發了一份電報給在德班[126]的軍事基地，索取他的「蓖麻油」。基地回應稱，由於工作失誤，寄給他的這些藥品包裹已分發至各醫院。不過，基地的蓖麻油儲備豐富，他們會立即向司令官發貨！

我們在南非戰場的許多經歷也與此相仿。

10月11日，「達諾塔·卡索爾」號從南安普敦起航，這一天正是布林人最後通牒的截止日。船上不僅有《晨郵報》的記者，還有雷德弗斯·布勒爵士以及英國駐南非的唯一一支部隊的整個司令部的參謀人員。布勒是一位典型的英國紳士，外表嚴肅，言辭簡練且難以捉摸。他並非善於辭令之人，在正式會議中，他從不費心解釋問題。他常常咕噥著，或是點頭或是搖頭。在日常交談中，他刻意避免涉及任何公務內容。年輕時，他是一位勇敢且戰術熟練的軍官，近二十年來，他一直在白廳擔任重要的行政職務。由於他的政治觀點偏向自由主義，因此被認為是一個通情達理且有頭腦的軍人。他在民眾中享有盛譽，難怪民眾對他充滿信任。1899年11月9日，索爾斯伯利勳爵在倫敦市政廳說：「我對英國士兵的信任如跟我對雷德弗斯·布勒爵士的信任一樣。」顯然，他是一個舉足輕重的人物。他不辭辛勞地解決了一個又一個問題，消除了一個又一個危機，從未失去國家的尊重和部隊的信任，他將分發給部隊的給養視如己出。這位有主見、老練的大人物還是一位軍事家，他在這場戰爭中給英國人留下的印象，與後來我們所看見的霞飛[127]將軍給法國人留下的印象，極為相似。

---

[126] 德班：南非東岸的重要港口城市。
[127] 約瑟夫·霞飛（1852－1931）：法國元帥及軍事策略家，第一次世界大戰初期的法軍總司令。

第十八章　隨布勒出征開普

　　由於和平與戰爭的爭議一直未能解決，在這場無可避免的戰爭槍聲響起之前，我們便踏上了征途，乘船進入了暴風雨之中。當時尚未有無線電，因此在這個極為振奮人心的時刻，總司令和他的參謀人員，以及《晨郵報》的記者，與外界完全失去了連繫。我們仍然希望在第四天抵達馬德拉島時能獲得一些消息，但除了得知談判已經結束，雙方部隊都已出動之外，仍無其他消息。在這個未決的時刻，我們再次啟航，不過這次是駛入了蔚藍的海天之間。

　　接下來的兩個星期裡，我們完全與世隔絕，無法獲得任何我們所牽掛的戰爭局勢的相關訊息。在這整整兩個星期中，天空一片晴朗，海面平靜無波，輪船悠然前行，並沒有加快速度，這種情景前所未見。大英帝國大約已有五十年未與任何白種人交戰，因此戰爭的時間概念早已從英國人的腦海中消失。寧靜籠罩著這艘和平的輪船，船上的乘客，無論是軍人還是平民，不是在船上運動，就是在玩著海上旅行中的各種遊戲。布勒每天在甲板上踱步，宛如斯芬克司。[128] 一如往常的平靜，使人難以捉摸。參謀人員普遍認為，戰爭會在輪船抵達之前結束。在輪船上，我們的一些軍官無法想像，布林人這種非正規軍隊如何能夠抵抗訓練有素的英軍士兵。如果布林人進攻納塔爾，他們將立即面臨佩恩・西蒙斯將軍的部隊。將軍在納塔爾最北部的敦提部署了一個步兵旅、一個騎兵團和兩個砲兵中隊。參謀人員擔心，這會嚇到布林人，使他們再也不敢與正規軍交戰。這一切都令人沮喪，所以我一點也不驚訝雷德弗斯・布勒爵士總是悶悶不樂。

　　十二天的光陰在靜謐、和平與深思中悄然流逝。我設想了十幾種情景，從克魯格攻陷開普敦，到喬治・懷特爵士或佩恩・西蒙斯將軍占領普

性情穩重，少言寡語，雖稍顯遲鈍，卻極為堅韌，綽號「遲鈍將軍」。

[128] 斯芬克司在希臘神話中是一個擁有獅子身軀、女人面孔並且有翅膀的怪物。牠坐落在忒拜城附近的懸崖上，向過往的行人提出一個謎語：「什麼東西在早晨用四條腿行走，中午用兩條腿行走，晚上用三條腿行走？」若行人答錯，便會遭其殺害。伊底帕斯成功解開了這個謎語，答案是人，於是斯芬克司因羞愧自投懸崖而亡。斯芬克司後來被用來象徵如謎一般的人和謎語。

利托利亞，但沒有一個假設能讓我完全信服。幸運的是，再過兩天，我們就會知道在這令人困惑的兩週內究竟發生了什麼。幕間休息即將結束，帷幕即將重新拉開，我們將看到什麼呢？對布勒將軍來說，這種懸而未決的狀態一定非常艱難。他會如何應對？將採取什麼方法來了解情況呢？政府真是愚蠢，為什麼不在五天前派遣一艘魚雷快艇去接他，向他通報所有情況？這樣他就可以及時調整觀點，從容不迫地思考他應採取的第一步行動。

忽然，甲板上出現了一陣騷亂，前方赫然現出一艘輪船，船上的人顯然掌握一些大陸的消息。我們迅速聚集起來。若非幾位年輕人興奮地低聲交談，這艘船可能會在一英里外與我們擦肩而過。「我們肯定能從這艘船上獲得一些消息！為何不攔下它？船上一定有開普的報紙！我們不能讓它就這樣開走！」

這些低聲議論傳到了高級軍官耳中。經過審慎考量，他們認為在海上攔截一艘船並非尋常之舉，若無充分理由便拉響警報，對方或許會要求英國政府賠償損失，或面臨其他類似懲罰。最終，他們想出一個折衷方案：我們向那艘船發出問詢訊號，詢問最近的新聞。接到訊號後，那艘船改變了航線，朝我們駛來，距離僅百碼。這是一艘不定期航行的貨船，船上約有二十人，他們聚集在一起注視我們，而我們——正如讀者所料——向他們致意。貨船甲板上豎起了一塊黑板，我們讀到了上面的文字：

布林人被打敗

三次戰鬥

佩恩・西蒙斯陣亡

隨後，這艘船逐漸消失在我們的視野中，留下我們獨自沉思這則蘊含深意的消息。

參謀人員都感到震驚。戰爭真的爆發了——真正的戰鬥！而且甚至

第十八章　隨布勒出征開普

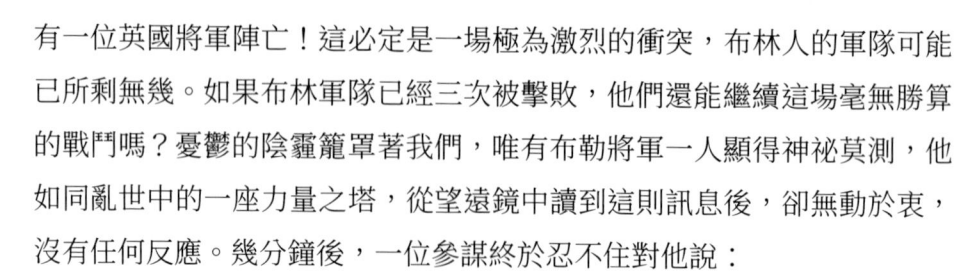

有一位英國將軍陣亡！這必定是一場極為激烈的衝突，布林人的軍隊可能已所剩無幾。如果布林軍隊已經三次被擊敗，他們還能繼續這場毫無勝算的戰鬥嗎？憂鬱的陰霾籠罩著我們，唯有布勒將軍一人顯得神祕莫測，他如同亂世中的一座力量之塔，從望遠鏡中讀到這則訊息後，卻無動於衷，沒有任何反應。幾分鐘後，一位參謀終於忍不住對他說：

「長官，看來一切皆已塵埃落定。」

在此種詢問下，這位重要人物回應道：

「我相信，普利托利亞周邊必定還有大量人力資源，足以支援我們再進行一場戰鬥。」

他一向擁有極其精準的軍事直覺，確實還有大量人員在那裡等待著我們。

這番話重新振奮了我們的士氣，幾分鐘內便在船上迅速傳開。每個人的眼神都變得明亮，心情也隨之輕鬆。參謀人員互相祝賀，隨從副官高興得跳了起來。我提高聲音說：「其實只需花費十分鐘讓這艘船停下來，打聽一些可靠的消息，我們就能了解情況了。」大家都非常樂觀，所以沒有人打斷我的話，反而給出了以下的合理回應：

「年輕人缺乏耐心是一大弱點。我們很快就會了解所有的情況。德雷弗斯·布勒爵士一向冷靜，即使在開普敦登陸後需要處理諸多事務，他也不急於打探。更何況，總司令認為，剩下的戰鬥要等我們抵達普利托利亞後才會開始。由於普利托利亞距開普敦有七百英里之遙，我們有充裕的時間來做所有必要的安排，處理因布林人抵抗而遺留下來的問題。最後，對於戰地記者，尤其是一名剛剛脫下軍服的軍官，總是喜歡在戰時或和平時期對高級軍官的決定提出質疑，這確實令人遺憾。」

然而，我依然固執己見，難以心甘情願地接受此事。

第十九章　裝甲列車事件

所有事情終將結束，幸運的是，沒有什麼比肉體上的痛苦記憶更快消逝。

當我們停泊在塔布林灣時，夜幕已經降臨。岸邊燈火閃爍，不久，一些小艇圍繞著輪船，原來是高級官員和軍隊的軍官抵達，帶來了戰況報告。司令部的參謀人員徹夜審閱，我也拿來一疊報紙，像他們一樣認真研究起來。

布林人已經入侵納塔爾，並在敦提對我們的前哨部隊發動了襲擊。儘管他們在塔拉納山遭到擊敗，但他們殺死了佩恩·西蒙斯將軍，且幾乎包圍了他所指揮的三、四千名正在撤退至萊迪史密斯地區的英軍。在萊迪史密斯，喬治·懷特爵士指揮著一萬二、三千名士兵、四、五十門大砲和一個騎兵旅，試圖阻止布林人的進攻。當時我並不清楚英國政府的計畫是讓懷特爵士向南撤退，越過圖蓋拉河，以拖住布林人，直到來自英國和印度的增援部隊抵達。最重要的是，他不能讓敵人切斷他的退路，也不能被包圍。經過深思熟慮後，英軍決定暫時放棄納塔爾北部無法防禦的三角地帶，並讓布勒將軍率領主力部隊從開普殖民地出發，經過奧蘭治自由邦前往普利托利亞。不久，所有的計畫都被打亂了。

多年後的一次晚宴上，我提到喬治·懷特爵士曾遭受的不公正待遇，巴爾弗先生聽後，原本輕鬆友善的笑容瞬間變得嚴肅起來，彷彿換了一個人。他說：「我們在萊迪史密斯被敵人纏住，都要歸功於他。」

就在我們抵達塔布林灣的那天（10月31日），萊迪史密斯發生了重大

第十九章　裝甲列車事件

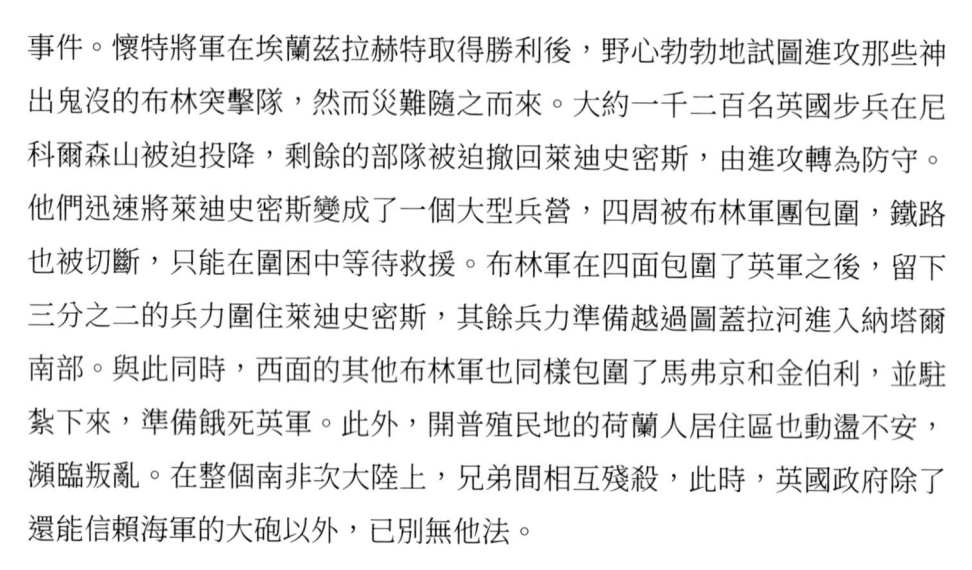

事件。懷特將軍在埃蘭茲拉赫特取得勝利後，野心勃勃地試圖進攻那些神出鬼沒的布林突擊隊，然而災難隨之而來。大約一千二百名英國步兵在尼科爾森山被迫投降，剩餘的部隊被迫撤回萊迪史密斯，由進攻轉為防守。他們迅速將萊迪史密斯變成了一個大型兵營，四周被布林軍團包圍，鐵路也被切斷，只能在圍困中等待救援。布林軍在四面包圍了英軍之後，留下三分之二的兵力圍住萊迪史密斯，其餘兵力準備越過圖蓋拉河進入納塔爾南部。與此同時，西面的其他布林軍也同樣包圍了馬弗京和金伯利，並駐紮下來，準備餓死英軍。此外，開普殖民地的荷蘭人居住區也動盪不安，瀕臨叛亂。在整個南非次大陸上，兄弟間相互殘殺，此時，英國政府除了還能信賴海軍的大砲以外，已別無他法。

儘管我對英軍的作戰計畫一無所知，對敵情也毫不了解，納塔爾今日所發生的災難事件訊息仍被封鎖，但我們一登陸便明瞭，首次激戰將在納塔爾爆發。布勒將軍的部隊需要花費四至六週才能在開普敦和伊麗莎白港集結完畢，這給了我們時間去納塔爾觀戰，然後再返回開普殖民地與主力部隊會合。當時我如此認為，幾天後，雷德弗斯·布勒爵士也悲觀地同意了這一點。所有經過奧蘭治自由邦的交通均已中斷，前往納塔爾必須乘坐火車七百英里，經過德阿爾和斯托姆貝赫，抵達伊麗莎白港，再乘小型郵船或拖船到德班，總計需四天時間。從德阿爾到斯托姆貝赫的鐵路與敵軍戰線平行，毫無防禦，隨時有可能被敵軍切斷。然而，上級認為現在是穿越那裡的良機，於是我和《曼徹斯特衛報》的記者 J. B. 阿特金斯先生一同出發。阿特金斯是一位極具魅力的年輕人，後來成為了《旁觀者》的編輯。我們即刻動身。事實上，我們乘坐的火車是最後一班，當我們抵達斯托姆貝赫時，車站的工作人員已在收拾行裝準備撤離。

我們從東倫敦[129]乘坐一艘約一百五十噸的汽船，頂著可怕的南極暴

---

[129]　東倫敦：位於南非開普東南部的港口城市。

風航行。說真的，我當時感覺這艘小船會被巨浪掀翻，或者會撞在礁石上。藉助港口的燈光，我們在一英里外就可以看到無數張牙舞爪的黑色礁石。但所有這些擔憂很快就被可怕的陣發性暈船驅散了。能夠倖存下來真是運氣，我當時真的連動一下手指的力氣都沒有了，怎麼可能救自己的命。在船尾的甲板下，有一間不通氣的小客艙，六、七個船員就住在裡面，睡覺和吃飯都在那裡。我躺在一個舖位上，身體極度難受，而我們的船上下顛簸，左右搖晃，一會兒被巨浪掀起，一會兒又落下。時間過得很慢，一個下午的時間感覺遙遙無期，晚上的時間感覺更長，好像永遠也沒有盡頭。我想起提圖斯·奧茨受了嚴酷的鞭刑[130]，但依然健康地長壽，所以我堅定地相信上帝會庇佑我們，這是當時我心中唯一的希望。

所有事情終究會結束，所幸沒有什麼比身體上的痛苦記憶消逝得更快。然而，我的德班之行仍深刻留存在我的記憶中，正如歌謠中所唱的那樣：

昨天雖已漸漸消失，

回憶卻銘刻在心裡，

我將攜它同行，步入歲月的塵土。

* * *

抵達德班後，我們連夜趕往彼得馬利茲堡[131]。醫院裡擠滿了傷員。在這裡，我遇見了雷吉·巴恩斯，他在埃蘭茲拉赫特的戰鬥中被敵人近距離擊中大腿。這場戰鬥由我的朋友伊恩·漢密爾頓指揮，他現在已晉升為將軍。巴恩斯向我詳述了戰鬥的經過和細節，談到布林人的高超馬術和精準槍法，還展示了他受傷的大腿。雖然骨頭未受損，但從臀部到腳趾，整

---

[130] 1678 年，有人揭露耶穌會教士密謀暗殺國王，但事後證明這是捏造的謊言，這人因此受到了鞭笞之刑。

[131] 彼得馬利茲堡：位於南非東部，為納塔爾省的省會城市。

第十九章　裝甲列車事件

條腿都變成煤黑色。後來外科醫生讓我放心，說這只是瘀傷，並非我擔心的肌肉組織壞死。那晚，我又趕往埃斯特科特，這個只有幾百居民的小鎮，也是鐵路的終點。

我打算前往萊迪史密斯，因為我確信伊恩・漢密爾頓會在那裡照料我，讓我大開眼界。遺憾的是，我來得太晚了，門已經關閉。布林人已經占領了圖蓋拉河上的科倫索車站和鐵路橋，弗蘭奇將軍和他的參謀，包括黑格和赫伯特・勞倫斯[132]他們冒著敵人的炮火，搭乘最後一班火車，離開萊迪史密斯趕往開普殖民地，英國軍隊的騎兵主力將在那裡集結。我們除了在埃斯特科特等候，別無他法。這裡僅有一些匆忙拼湊起來的兵力，用以保護納塔爾南部，防止布林人入侵。守衛這裡的部隊只有一個營的都柏林燧發槍團的槍手、兩、三門大砲、幾個中隊的納塔爾兵，以及兩個德班輕步兵連和一列裝甲列車，這些就是全部的防衛力量，其餘的納塔爾軍隊都被困在萊迪史密斯，而援兵正從大英帝國的各個角落趕來。在埃斯特科特待了一星期，我們幾乎天天都在擔心被包圍，可是除了加固工事和營造一些自信的氛圍為自己鼓勁外，幾乎沒有什麼可以做的。

在埃斯特科特，我重逢了一些老友。利奧・埃默里——十年前在哈羅公學被我意外推進游泳池的那位班長，現如今是《泰晤士報》的戰地記者，並且長時間是我在國會和政府的同事。我們首次在平等且友善的條件下會面，我的朋友、《曼徹斯特衛報》的記者也和我們同行，三人共住在火車站轉軌的三角形地帶的一頂空帳篷裡。當晚，走在小鎮唯一的一條街上，我再次遇見了霍爾丹上尉。在蒂拉赫遠征中，我得以成為威廉・洛克哈特爵士的參謀，受到了他的許多幫助。霍爾丹在埃蘭茲拉赫特受傷，現希望能在萊迪史密斯重返部隊參與戈登高地的戰鬥。他和我一樣，被困在此地，臨時指揮一連的都柏林燧發槍團士兵。時光緩慢流逝，大家都焦慮

---

[132]　這兩位分別擔任了1917至1918年間的英國陸軍總司令與參謀長。——原注

不安。我們的駐地極不安全，隨時可能有一萬多名布林騎兵襲來並切斷我們的退路。我們必須堅守埃斯特科特。每天早晨，騎兵偵察隊被派往十至十五英里外偵查敵情，以便通報敵軍動向。不幸的是，總指揮竟然派裝甲列車沿著這條未遭破壞的十六英里鐵路去增援騎兵偵察隊。

沒有什麼比一輛裝甲列車更能給人固若金湯的感覺了，但實際上，也沒有什麼比它更容易受到攻擊、更脆弱無助。敵人只需炸毀一座橋或一個涵洞，就能使這個龐然大物陷入孤立無援、進退兩難的境地。然而，我們的指揮官似乎沒有意識到這一點，他決定派出相當數量的兵力乘坐這列六節車廂的裝甲列車去偵察科倫索的敵情。派出的兵力包括一個連的都柏林燧發槍手和一個連的德班輕步兵，再加上一門能發射六磅重砲彈的艦炮，以及一些來自英國皇家海軍「恐怖」號的海員，還有一些殘兵。霍爾丹上尉被選為這次行動的指揮官。出發前的那個晚上，即 11 月 14 日，他毫不隱瞞地向我流露出他對這次任務，或者說是草率行為的擔憂。當然，他和其他人一樣，在戰爭之初，都渴望能與敵人正面交鋒。他問我是否願意和他一起去，如果我這麼做的話，他一定會高興的。出於友情，並且也因為我想要為《晨郵報》盡可能多地收集消息，而且還因為我喜歡冒險，所以我毫不猶豫地接受了他的邀請。

接下來的戰事早已人盡皆知，且屢屢被提及。這列裝甲列車朝著敵方行駛了約十四英里，直到抵達奇夫利站，仍未見敵人蹤影。在起伏的納塔爾地區也未見異常。我們在奇夫利稍作停留，並用電報向將軍報告我們的方位。電報剛發出，我們便注意到在我們與大本營之間的山上，有人影快速移動，距離鐵路線約六百碼。毫無疑問，他們是布林人，正尾隨我們。他們會對鐵路線做什麼呢？事不宜遲，我們立即折返。當我們接近那座山時，我站在車廂尾部的一個箱盒上，探出頭和肩膀，看到一群布林人在山頂上。突然，其中出現了三個帶輪子的裝置，火光閃爍，連續閃亮熄滅十

第十九章　裝甲列車事件

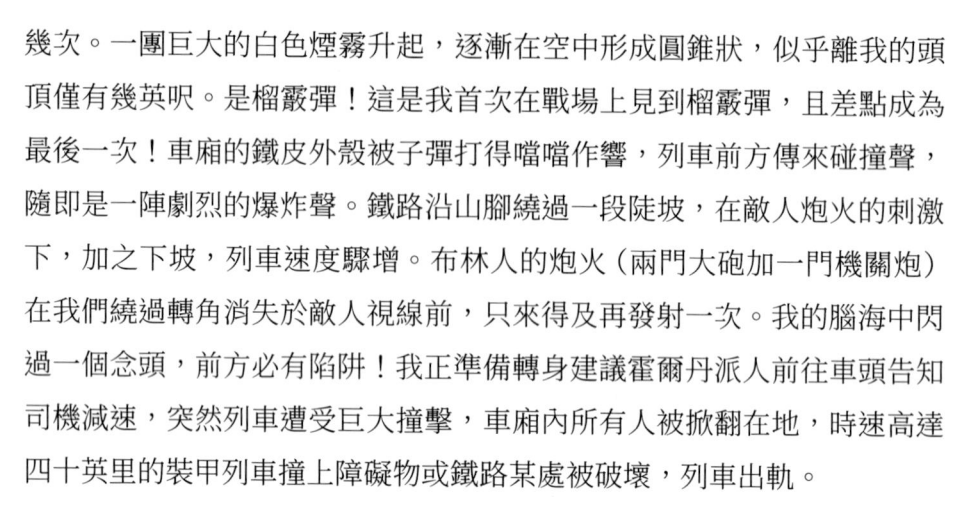

幾次。一團巨大的白色煙霧升起，逐漸在空中形成圓錐狀，似乎離我的頭頂僅有幾英呎。是榴霰彈！這是我首次在戰場上見到榴霰彈，且差點成為最後一次！車廂的鐵皮外殼被子彈打得噹噹作響，列車前方傳來碰撞聲，隨即是一陣劇烈的爆炸聲。鐵路沿山腳繞過一段陡坡，在敵人炮火的刺激下，加之下坡，列車速度驟增。布林人的炮火（兩門大砲加一門機關炮）在我們繞過轉角消失於敵人視線前，只來得及再發射一次。我的腦海中閃過一個念頭，前方必有陷阱！我正準備轉身建議霍爾丹派人前往車頭告知司機減速，突然列車遭受巨大撞擊，車廂內所有人被掀翻在地，時速高達四十英里的裝甲列車撞上障礙物或鐵路某處被破壞，列車出軌。

儘管我所在的車廂裡沒有人受重傷，但我仍花了幾秒鐘才站起來，從裝甲列車的頂部向外眺望。列車停在距離敵軍山頭約一千二百碼的山谷中，山頂上數十個身影正向前奔跑，隨即臥倒在草叢中，草叢中立刻迸發出精確而密集的步槍火力。子彈呼嘯而過，像冰雹般砸在鐵皮車廂上。我從車頂下來，與霍爾丹討論應該怎麼行動。最終，我們達成共識，由他用那門小艦炮和他的都柏林燧發槍手在裝甲列車的尾部盡力壓制敵軍火力；而我則到前面檢查裝甲列車的狀況，檢視鐵軌的損壞情況，是否可以修復，以及能否清除鐵軌上被炸毀的車廂殘骸。

於是，我立刻離開車廂，沿著鐵軌向前奔跑。機車仍停在鐵軌上，第一節車廂已完全翻覆，裡面有幾名養路工或已喪命或重傷。這節車廂已完全脫離鐵軌。接下來的兩節載有德班輕步兵的裝甲車廂也被撞出軌道，一節車廂垂直立起，另一節則側翻，兩節車廂錯綜交疊，阻擋了後方車廂的去路。德班輕步兵們在撞擊中受傷，並受到驚嚇，有些人傷勢嚴重。這些翻倒的車廂成了他們臨時的掩蔽處。敵軍的火力持續不斷，很快步槍聲中又夾雜了野戰炮的轟鳴聲以及砲彈在近處爆炸的聲音。我們陷入了敵人的圈套，遭到伏擊。

當我走過機車頭時，一顆榴霰彈在我頭頂上方爆炸，砲彈碎片在空中尖嘯著迅速落下。司機迅速從駕駛室跳出，躲到翻倒在地的車廂後面。他的臉被彈片劃傷，血流如注。他憤怒地抱怨道：「我只是一個普通平民，他們以為我得到了多少好處，讓我來當炮灰？別做夢了！我不會再在這裡待一分鐘！」顯然，他被剛才的砲彈震懾住了，這會影響他繼續駕駛火車。然而，這裡只有他會開火車，一旦他不做，我們逃生的希望就渺茫了。於是我告訴他，一個人在同一天裡不會兩次受傷，受了傷還能堅持完成任務的人會因為他的勇敢而受到嘉獎，這樣的機會以後也許不會再有了。聽我這麼一說，他又振作起來，擦掉臉上的血，回到了機車的駕駛室，聽從我對他的指揮。[133]。

　　我構思了一個可行的方案：我們可以啟動機車，將兩節損壞的車廂撞出鐵軌，這樣整個部隊都有機會逃脫。鐵路線未受損，鐵軌也未移位。我沿著鐵路返回霍爾丹上尉所在的車廂，透過觀察孔告知他目前的情況以及我的建議。他完全同意，並設法壓制住敵軍的火力。

　　幸運的是，在接下來的一個小時裡我並未受傷。我在火車上上下攀爬，站在露天指揮司機操作。首先，我們需要將半掛在鐵軌上的那節車廂完全脫離軌道。為此，我們必須啟動機車，將半節車廂沿鐵軌向後拖動，直到它與另一節脫離，然後再將其徹底甩出鐵軌。這節報廢的鐵皮車廂相當沉重，機車的輪子打滑了幾次才終於發力。最終，車廂被完全拉開，我召集士兵自願從側面推動，而機車則從後方撞擊。顯然，這些推車廂的士兵將面臨危險。我叫了二十名士兵，他們立刻答應，但只有九人真正站了出來，包括一名德班輕步兵少校和四、五名都柏林燧發槍手。幸運的是，

---

[133] 十多年後，我才得以實現自己的承諾。當時，這位司機並未受到任何軍隊的嘉獎。1910 年，我擔任內政大臣，向國王建議頒發艾伯特獎章成為我的職責。因此，我連繫了納塔爾省的省長和鐵路部門，重新查閱了過去的檔案。最終，這位司機和他的司爐都獲得了平民因勇敢行為所能獲得的最高榮譽。——原注

第十九章　裝甲列車事件

　　我們的努力奏效了，車廂在幾人的推動下，加上機車的猛撞，終於翻出了鐵軌。鐵路上的障礙被清除，危險即將過去，成功近在咫尺。但就在這時，發生了一件事，這件事成為我一生中最失望的經歷之一。

　　機車上的腳踏板較前方的煤水車寬出六英寸，剛好卡住了翻倒車廂的一角。若用力頂撞，機車可能脫軌，顯然不安全。我們將機車與後方車廂分離，不時將其後退一、兩碼，再向前撞擊障礙物，每次都稍稍移動一點。然而，很快出現了新問題：剛脫軌的車廂與原本脫軌的車廂成「T」字形擠壓在一起，機車撞擊越用力，障礙就越嚴重。

　　此刻我想到，如果這兩節車廂因碰撞而更加緊密，那麼只要將其中一節車廂向後拉，它們就會分開。然而，新的難題出現了：機車的車鉤無法夠到五至六英寸外那節翻倒的車廂。我們開始尋找多餘的車鉤，幸運的是我們真的找到了。機車於是將那節車廂後拖了一碼，使其完全脫離軌道。鐵路線似乎已經暢通，但機車踏板的一角又卡住了車廂的一角，我們再度被迫停下。這項工作極其緊張，我全身心投入其中，場景宛如在步槍射程內的鐵靶前工作，而敵人正向鐵靶不停射擊。砲彈連續爆炸，子彈紛飛，我們一邊拖車廂，一邊分離車廂，折騰了七十分鐘。這塊五至六英寸的鐵板竟成了決定我們成敗的關鍵：一邊是危險、被俘和羞辱，而另一邊則是安全、自由和勝利。

　　首先，我們必須極其謹慎，防止機車出軌。然而，敵人的炮火愈發猛烈，他們在另一側增添了一門大砲，我決定冒險一試。機車後退至最大限度，隨後全速衝向障礙物。伴隨著一聲刺耳的聲響，機車在鐵軌上劇烈震動，被撞的車廂直立起來，讓出一條通道，終於清除了路障。然而，我們剩下的三節車廂仍在五十碼之外，依然在障礙物的那一側，因為機車衝過去後，那節破車廂又復位。我們該怎麼辦？顯然不能讓機車倒回去。我們能否靠人力將後面的車廂拖到機車這邊呢？它們比機車窄，剛好能通過。

我再次來到霍爾丹上尉面前，他批准了這個計畫，命令士兵們爬出鐵皮車廂，試圖將其推向機車。儘管這個計畫看似可行，但由於局勢緊迫，最終未能實現。車廂重量驚人，需要所有人合力才能推動，而敵軍的火力極其猛烈，場面一片混亂，士兵們紛紛從暴露在敵人火力下的那一側逃離。由於我軍停止了還擊，大批敵軍出現在對面的山頭，瘋狂地向我們開火。我們最終不得不決定讓機車載著所有傷員沿鐵路緩慢撤退，此時傷員的數量已經相當龐大。都柏林和德班的士兵以機車為掩護步行撤退，而機車也以步行的速度行進。四十名傷員擠上機車和它的煤水車，他們多數都在流血。就這樣，我們緩慢前行。我在機車的駕駛室內指揮司機，裡面擠滿了傷員，幾乎無法移動。砲彈在四周爆炸，一些擊中了機車，另一些落在地上，濺起的沙石擊打著車廂和車廂內那些不幸的人。隨著車速加快，外面的步兵開始掉隊。最終，我讓司機停車，但此時機車已與後方步兵相距三百碼。我們的前方是一座橫跨藍科蘭茨河的大橋。我告訴機車司機，讓他穿過這座橋，並在橋的另一頭等候，而我則從駕駛室內擠出，沿著鐵路線返回去尋找霍爾丹，帶他和他的都柏林燧發槍手們回來。

　　然而，事物總是在不斷變化。當我返回不到二百碼時，並未見到霍爾丹和他的連隊，反而注意到兩個穿著便服的人出現在鐵軌上。「養路工！」我對自己說，但立刻意識到：「這應該是布林兵！」我腦海中浮現出他們的模樣——高大健壯，身穿黑衣，帽子低垂，手持步槍，距我不到一百碼。我迅速轉身朝機車方向奔跑，那兩個布林人開槍，子彈擦過我身旁，僅差幾英寸。我們身處一段狹窄的路塹中，兩側築堤約六英呎高，無處可躲。我再度望向那兩個布林兵，其中一人跪地瞄準我。無計可施，唯有逃跑！我再次衝向前方，兩顆子彈打在空中，未擊中我。這樣下去不行，必須逃離這條狹窄的通道——這條該死的路塹！我迅速向左攀上築堤，塵土在四周飛揚。我安然無恙地穿越鐵絲網，狹窄的路塹外有一小塊窪地，

第十九章　裝甲列車事件

我蹲在那裡，喘息著。

五十碼外有一座磚石小屋，那是養路工的住處，能夠提供藏身之所。約二十碼外是藍科蘭茨河的岩石峽谷，隱蔽之處頗多，我決定朝河邊奔去。我剛一站起，便看到鐵路另一側，有人騎馬疾馳而來，隔著鐵軌和兩道鐵絲網。他身材高大，右手持步槍，勒住馬匹，揮舞著步槍，朝我大聲命令。我們相距四十碼，雖然我是記者，但那天早上我隨身攜帶了一把毛瑟手槍。我心想可以幹掉這個人，剛才的經歷讓我特別渴望這麼做。我把手放到腰帶上，發現手槍不見了，剛才清理路障時，忙著爬上爬下，跑來跑去，肯定把它丟在機車上了。現在我手無寸鐵！與此同時，那個布林兵仍然騎在馬上，用槍瞄準我。馬站著一動不動，布林兵也是，我也是。我朝河邊和養路工的屋子張望，那個布林兵依然對準我。我意識到逃跑無望，如果他開槍，必定會射中我。於是，我舉起雙手，成了戰爭的俘虜。

「當一個人孤立無援、手無寸鐵的時候，投降是可以被原諒的。」這句偉大的拿破崙的話在接下來的幾分鐘內不斷在我腦海中浮現。然而，那個布林兵或許不會擊中我，而且藍科蘭茨河的深谷已經近在眼前，兩道鐵絲網仍未被剪斷。然而，一切已經太遲。那個布林兵放下槍示意我過去，我遵從了他的指示。我穿過鐵絲網，越過鐵軌，站在他旁邊。他從馬上下來，開始向著橋的方向，朝正在撤退的機車和掉隊的英軍士兵射擊，直到最後一個士兵消失在視線中，他才重新上馬。我在他旁邊，邁著沉重的步伐朝著我與霍爾丹上尉及其連隊分開的地方走去。沒有人在視線內，他們都已經成為俘虜。當時雨下得很大，我緩緩地走著，穿過茂密的草叢時，突然想起一件令我不安的事：我的毛瑟手槍有兩個彈夾，每個彈夾有十顆子彈，分別放在我卡其布上衣的兩個口袋裡。這些子彈與我在恩圖曼用的一模一樣，是毛瑟手槍的專用子彈，叫做「軟鼻彈」。之前我一直沒有想起來，現在才意識到這些彈藥帶在身上非常危險。我悄悄地將右手拿出的

彈夾扔在地上，沒有被發現。但當我準備扔掉左邊的彈夾時，那個布林兵狠狠地盯著我，用英語問道：「你手裡拿著的是什麼？」

「這是什麼？」我假裝不知情，並將手掌攤開，「我在地上撿到的。」

他接過子彈，檢視了一下，隨即丟掉。我們繼續前行，來到一群戰俘面前，發現自己被眾多布林騎兵包圍，這些騎兵稀稀落落地排列成一條長隊，大雨傾盆，許多人撐著傘。

＊　＊　＊

以上便是1899年11月15日裝甲列車的故事以及我被俘的經歷。

三年後，布林國的將領們為他們飽受戰火摧殘的國家前往英國，尋求貸款與支援。在一場非正式的午宴中，我被引見給他們的首領博塔將軍。[134]我們談到了那次戰爭，我簡要地講述了自己被俘的經歷。博塔一聲不吭地聽著，然後他說：「你認不出我了嗎？我就是那個俘虜你的布林兵，就是我！」他的眼睛閃著興奮的光芒。博塔身穿白色襯衫，外搭禮服，除了他的身材和黝黑的膚色外，他與我當年在納塔爾見到的那個邋遢、粗魯的形象完全不同。然而，這種奇特的事實無法作假。當年他在納塔爾從軍時還是一個自由民，由於他反對戰爭，戰爭初期他並沒有獲得任何高級指揮權。那次是他第一次參戰，作為一個自由民在軍隊服役，他騎馬衝在布林部隊的最前面，奮勇追擊。就這樣，我們相遇了。

在我認識的人當中，極少有人能比路易斯・博塔更引起我的興趣。我們在一個奇特的情境下相遇，最終成為了朋友，我非常珍視這段友誼。在這個高大健壯的身影中，我看到了這個國家的奠基者，一位博學的政治家，一位來自農村的勇士，一位機智的獵人，一位沉著穩健、卓越非凡的偉人。

---

[134] 路易斯・博塔（1862 — 1919）：南非聯邦首位總理。於第二次波耳戰爭期間擔任川斯瓦軍隊總司令。1910年，南非聯邦成立，他出任總理。

第十九章　裝甲列車事件

1906 年，作為新當選的川斯瓦省首位總理，他前往倫敦參加帝國會議。英國政府在威斯敏斯特會議廳舉辦了一次盛大的宴會，款待英聯邦各國總理。我當時擔任殖民事務次官。這位不久前還是我們敵對方的布林人領袖，穿過大廳走向他的座位，途中停下來，對站在我身邊的母親說：「他和我一起經歷了所有的風風雨雨。」這句話千真萬確。

由於篇幅有限，我無法在此詳述我與這位偉人在長期公務交往中經歷的諸多重大事件。他是卡利南鑽石的擁有者。[135] 贈予英國國王的這顆鑽石晶瑩剔透，其體積至少是其他鑽石的二十倍。當時，我負責解釋川斯瓦和奧蘭治自由邦的自治政策，並透過下議院推動憲法議案。後來在商務部和海軍部任職期間，我經常與博塔將軍及其同事斯馬茨[136] 接觸。在 1906 年至大戰結束的十五年間，他們出色地治理著國家。

博塔總是覺得他對我有某種特殊的吸引力。每當他訪問歐洲，我們總是頻繁見面，不是在會議或晚宴上，就是在家裡或政府的辦公室裡。他那可靠的直覺讓他察覺到大戰即將來臨。1913 年，當他從德國療養回來時，他鄭重地警告我，德國境內瀰漫著危險的氣氛。「我提醒你們要做好準備，」他說，「不要相信那些德國人，他們對你們意味著災難。我聽到一些你們聽不到的話，你們的海軍要做好準備，我能感覺到那裡的氣氛不對。而且，」他補充道，「如果戰爭真的爆發了，我也會做好應戰的準備。當德國軍隊進攻你們時，我會進攻德國的西南非洲殖民地，將他們一網打盡。到那時，我會盡自己的職責。但是你，還有英國海軍，千萬不要措手不及。」

機緣與傳奇以一種奇妙的方式將我們的命運交織在一起。1914 年 7 月

---

[135]　世界上最巨大的鑽石於 1905 年在南非川斯瓦的布萊爾礦山被發現，重達 3106 克拉。1907 年，川斯瓦政府將此鑽石作為禮物獻給英國國王愛德華七世。

[136]　簡·斯馬茨（1870－1950）：南非政治人物、總理。在英布戰爭期間擔任布林軍隊的指揮官，戰後倡導布林人自治與英布合作，對 1910 年南非聯邦的成立具有重要影響。

28日或29日，正值世界大戰爆發前一週，質詢時間[137]之後，我離開了下議院，在王宮苑偶遇了南非的一位官員德‧格拉夫先生，他是我早已熟識且才華橫溢的荷蘭人。「這到底意味著什麼？你覺得接下來會發生什麼？」他問道。「我認為戰爭即將來臨，」我回應道，「而且我猜英國也會被捲入其中。博塔是否意識到事態的嚴重性？」德‧格拉夫面露凝重地離開了，我並未多加思索此事，然而這件事還有後續。

那天夜裡，德‧格拉夫向博塔發送了一封電報，通知他「邱吉爾預見戰爭將至，且英國勢必捲入」，或類似的話。博塔當時不在首都，而是在川斯瓦北部地區，斯馬茨將軍在普利托利亞代理他的職務。電報被放在斯馬茨的桌上，他掃了一眼，然後將其推到一邊，繼續處理手頭的檔案。當他處理完檔案後，再次拿起電報細讀。「這裡面一定有蹊蹺，」他心想，「否則德‧格拉夫不會特地發電報。」於是，他將電報內容複製了一份，發給身在川斯瓦北部的總理。幾個小時後，博塔將軍收到了這封電報，還算及時。那天晚上，他本計劃乘火車前往德拉瓜灣，次日早晨搭乘德國輪船返回開普敦。後來他告訴我，如果不是這封電報，大戰爆發時，他可能正身處德國人的輪船上。如此一來，這位總理，南非的最高領導者，在南非聯邦大部分地區瀕臨叛亂之際，將會落入敵手。若這一災難降臨南非，後果將不堪設想。博塔將軍一收到電報，立即取消了所有計畫，在戰爭爆發前夕，乘坐快車及時趕回普利托利亞。

他在戰爭中的重大貢獻有歷史記載。他所冒的險、所展現的驚人勇氣、卓越的指揮才能，以及橫掃西南非德軍的英雄氣概，1917年在帝國戰爭內閣會議上的堅定而熱情的發言，1919年大戰勝利後在巴黎和會上展現的政治家風範和高貴舉止，無不被載入史冊。

當他最後一次離開英國時，我正擔任戰爭事務大臣。他來到戰爭辦公

---

[137] 英國議會中，大臣回應議員提問的時間。

第十九章　裝甲列車事件

室向我告別。我們進行了長時間的交談，話題涉及人生的起伏興衰，並談到了我們兩人所經歷的艱難時刻。在戰爭勝利後的那些日子裡，許多國家的高級官員都來戰爭辦公室拜訪我，但唯有他一人是我親自陪送下樓，並將他送進等待他的汽車裡。之後我再也沒有見過他，回國後他很快就去世了。無論是在和平時期還是在戰爭時期，無論是在失敗還是勝利之際，無論是在叛亂還是和諧的時刻，博塔將軍始終是一位真正的救世主。

＊　＊　＊

我懇請讀者諒解我寫了過多的題外話，現在讓我們重新回到原先的正題。我全身溼透，和其他戰俘及一些重傷員一起坐在地上，詛咒著自己的命運和當時的決定。我本來完全可以從容地隨機車離開。事實上，根據僥倖逃回去的人所言，我返回部隊應該會受到熱烈的歡迎，根本不必費盡心思讓自己捲入這場毫無意義的災難。我試圖趕回連隊，非但沒有對別人有任何幫助，反而讓自己失去了在這場振奮人心的戰爭中的諸多冒險機會。我茫然地沉思著這種無私美德所帶來的尷尬回報。然而，如果我能預知未來，我應該會明白這次不幸事件為我未來的人生奠定了基礎。我並未成為戰爭的局外人。作為戰俘，我並未因此而潦倒。後來我成功逃脫，並因此在同胞中聲名鵲起，不論是好名聲還是壞名聲。也因此，我作為候選人才為多個選區所認可。同時，這一切也使我有能力獨立，讓我有了自食其力和進入議會的資本。如果當時我跟著機車回去，雖然會受到表揚和重用，但一個月後，我也許會像雷德弗斯・布勒爵士的幾個參謀一樣，在科倫索被打破腦袋。

這些事情都是無法預測的。在布林軍司令部迅速搭起的帳篷前，我憤怒地排在俘虜的隊伍中。後來，我被從其他被俘軍官中挑了出來，單獨站在一邊，心情更加低落。我熟知軍隊的法律，明白一個非軍事人員即使在

戰鬥中表現積極且傑出，也可能會被軍事法庭當場處決，即使他們沒有開一槍。在戰時，任何軍隊都不會在這種事情上浪費時間。我獨自站在傾盆大雨中，內心極度焦慮。我的腦海中不停地思索著該如何回答可能會被問到的各種問題。如果他們告訴我死期已到，我該如何反應。大約過了一刻鐘，帳篷裡的布林軍官們經過簡短的商議後，迅速將我送回戰俘隊伍，我立刻感到如釋重負。幾分鐘後，一個布林人的小官走出帳篷對我說：「我們不打算放你走，雖然你是一個記者，但我們並不是每天都有機會抓到貴族子弟。」聽了這番話，我感到很高興。其實我真的不需要驚慌，對於白人來說，布林人是最人道的，卡菲爾人則另當別論。在布林人看來，即使是在戰場上消滅一個白人都是一件令人惋惜且震驚的事。他們是我在四大洲經歷過的戰爭中所遇到過的最仁慈的敵人。

最終，我們所有的戰俘在布林軍的押送下，行進六十英里抵達埃蘭茲拉赫特，布林軍鐵路的末端。從那裡，他們繼續押送我們前往普利托利亞。

第十九章　装甲列車事件

第二十章　被囚禁的日子

每天都顯得格外漫長，時間彷彿一隻麻木的蜈蚣，緩緩地爬行著。

戰俘！或許是所有囚徒中最幸運的一類，但他們的生活依然艱難。因為你落入了敵人的掌握之中，必須靠敵方的慈悲維持生存，依賴他們的憐憫來獲取每日的食物。你必須服從敵人的命令，他們指示你去哪裡，你就得服從；他們命令你停留在哪裡，你也必須遵從。你只能耐心地期待他們心情愉快。而此時，戰爭仍在繼續，重大戰事也在發生，我們錯失了許多參戰冒險的機會。每一天都顯得無比漫長，時間如同麻痺的蜈蚣般緩慢爬行。娛樂活動幾乎不存在，閱讀變得困難，寫作更是無法實現。從黎明到入夜，生活充滿了漫長的無聊和乏味。

此外，即便是環境最為寬鬆、管理最為有序的監獄牢房，其氛圍亦令人作嘔。獄友之間常因瑣碎小事爭吵不休，更遑論能在彼此間獲得一絲樂趣。若你從未經歷過被束縛的生活，對囚犯的感受一無所知，那麼當你被囚禁在狹小的空間內，四周鐵絲網環繞，持槍哨兵看守，並且被一系列規章制度限制時，你定會感受到無比的羞辱。我憎恨每一分鐘的囚禁生活，這種憎恨超過了我一生中任何時刻。幸運的是，我被囚禁的時間極為短暫，在納塔爾地區，我從成為戰俘到逃離監獄，總共不足一月。在廣袤的南非次大陸，我成功越獄後遭到追捕，但終究重獲自由。回顧這段經歷，我對囚犯和戰俘總是抱有深切的同情。我無法想像，一個人，尤其是受過教育的人，長期被囚禁在監獄裡意味著什麼。日復一日，生活千篇一律，日子在枯燥無味中虛度，迎來的依舊是漫長的囚禁時光。因此，多年以

第二十章　被囚禁的日子

後，當我擔任內政大臣，掌管英國所有監獄時，我在保持政策連續性的前提下，盡量讓囚犯的生活更為多姿多彩，讓受過教育的囚犯有書可讀，定期為囚犯提供娛樂活動，讓他們的生活有所盼望，將來亦有值得回憶的東西。若這些囚犯確實罪有應得，必須服刑，我所能做的便是盡量減輕監獄生活帶給他們的痛苦。儘管我憎惡這種對囚犯施加的可怕懲罰，但在某些情況下這是我的職責所在，此時我會這樣安慰自己：事實上，死刑比無期徒刑要仁慈得多。

犯人很容易陷入情緒低落。當然，如果被關在監獄裡，每天食不果腹，終日不見天日，孤獨無依，那麼他的情緒也只會影響自己。但如果你還年輕，飲食豐足，精力充沛，看管又疏忽，你就會和其他囚犯一起密謀策劃，將思想轉化為決心，再將決心付諸行動。

我們步行和乘火車，耗時三天才從前線抵達普利托利亞的拘留地。在敵我炮火交織中，我們繞過包圍萊迪史密斯的布林軍陣線，抵達埃蘭茲拉赫特車站。此地，我們這一小隊成員——霍爾丹上尉、一位名叫弗蘭克的都柏林年輕中尉[138]和我，以及約五十名士兵被擠進了火車。我們搭乘火車緩慢地行駛了數百英里，深入敵國腹地。不久後，一名帝國輕騎兵團的騎兵也加入了我們的行列，他名叫布羅基，是南非殖民地的居民，當天巡邏時被俘。他在布林人面前謊稱自己是軍官，因為他能流利地講荷蘭語和卡菲爾語，且對這個地區十分熟悉，我們並未揭穿他，因為我們認為他正是我們所需要的人。1899年11月18日，我們抵達普利托利亞，士兵們被押送到賽馬場裡的監獄，而我們四名軍官則被囚禁在國立示範學校。我們一路上低聲商討各種逃跑計畫，決定一有機會便全力爭取自由。奇妙的是，我們四人中有三人在不同時間、不同情況下成功從國立示範學校逃

---

[138]　他是一名擁有非凡魅力和才華的軍官。1915年4月25日，他在土耳其的加里波利半島海灘上殉命，當時已是上校。——原註

脫，除了其中一人外，所有戰俘中僅我們成功逃脫。

在國立示範學校，我們見到了在戰爭初期戰鬥中被俘的英軍軍官，他們大多數是在尼科爾森山脊之役中被俘的。我們這些新來的戰俘被關押在同一間牢房，細緻勘查和研究了牢房，腦海中只有自由的念頭，從早到晚無時無刻不在絞盡腦汁尋找逃脫的機會。很快，我們發現看守中存在不少漏洞。在監獄裡，我們享有很大的自由度，一天中大部分時間都沒有監管，因此我們可以不斷籌劃行動。不足一週，一個初步的越獄計畫便已形成。

經過詳細討論，我們設計了一個孤注一擲且極為大膽的計畫。此計劃乃依據當時的實際情況制定而成。國立示範學校內共關押約六十名英軍軍官，另有大約十至十一名英國勤務兵，而負責看守我們的則是約四十名南非共和國警察。這四十名警察中，有十名一直在圍牆的四個側面布哨，圍牆的中心即為學校。白天，有十名警察通常不在崗，而是進城；其餘二十名警察則在他們的看守帳篷內，不是擦拭武器，就是吸菸打牌，或是休息。這看守帳篷搭在四邊形圍牆的一角，每到夜晚，三十名不值班的警察都在此帳篷內睡覺。

如果我們能夠制服這些守衛並解除他們的武裝，那麼我們就已經邁出了至關重要的一步。首先，我們需要做的首要任務是搞清楚這些守衛在夜間的行動，他們的步槍和手槍放置的位置，以及有多少人在睡覺時仍然全副武裝或至少攜帶手槍。無論是白天還是黑夜，我們都在仔細觀察，結果發現所有不需要值班的守衛都裹著毯子睡在大帳篷的兩邊，每邊躺兩排。那些夜裡不需要站崗的守衛，睡覺時會脫去長靴和大部分衣物；即使是需要在一、兩個小時後換崗的守衛，也會脫掉上衣和靴子，最重要的是他們解下了腰上的子彈帶。他們的步槍和子彈帶都堆放在一起，懸掛在簡易支架上的兩根帳篷桿上。因此，除了哨兵換崗的幾個時間段外，三十名守衛

第二十章　被囚禁的日子

在睡覺時，除了帳篷本身外沒有任何其他保護。他們距離我們這些意志堅定、身強力壯的戰俘不到五十碼，他們的安全狀況絕不像他們自己所想像的那麼穩妥。

　　帳篷入口處設有哨兵把守。無人能確定這行動究竟是可能還是不可能。若不嘗試，誰也不能預見是否能成功解除他們的武裝。哨兵可能會與帳篷內的警察閒聊，談論一些驚悚事件或某人突發急病之類的話題。此時，幾名勇敢的戰俘從帳篷後面的帆布上切開一個縫隙潛入，從架子上取下步槍或手槍，制服剛從睡夢中驚醒的所有看守，同時趁入口處的哨兵尚未反應過來時將其擒獲。要在不被子彈擊中、不被發現、不拉響警報的情況下征服這些看守，確實是一項極其困難且冒險的任務。人們只能說在戰爭史上——我必須補充——或者說在犯罪史上，存在許多類似的意外大膽行為。如果這一步成功，我們也僅僅完成了第一步。

　　我們接下來的步驟是處理這十名武裝哨兵。這一步相當複雜，因為有三名哨兵駐守在圍牆外的尖刺柵欄旁，他們距離圍牆僅一碼之遙。白天，他們經常靠在那裡聊天，但夜晚則沒有這種情況。由於他們在圍牆外，我們無法觸及。剩下的七名哨兵則守在圍牆內。這十名哨兵中的每一個（外面的三名和裡面的七名）都需要我們詳細地研究。

　　倘若其中一、兩名守衛設法逃脫並發出警報，我們的計畫也不會因此失敗。一旦我們成功制服守衛，並將他們的步槍和手槍分發給每個人，我們就能組成一支武裝力量。我們相信，這支力量無論在數量上還是紀律和智謀上，都遠勝於至少半小時後才能趕來救援的布林軍。在這半小時內，我們可以完成許多事情！顯然，凌晨兩點，也就是中班值勤到一半的時候，是最佳行動時機。如果每個英國軍官都能各司其職，在正確的時間完成他們的任務，並且行動過程中沒有重大失誤，即使有一些小錯誤，我們也很有希望征服國立示範學校。

整個圍牆在旗杆上的電燈照耀下顯得格外明亮。然而，我們發現這些電燈的電線竟是從我們的牢房內穿過的。我們中有一人聲稱他能隨時切斷電路，使整個區域陷入黑暗。事實上，有一天晚上這個方法已經被試驗過了。當攻擊帳篷的訊號一發出，只需停電一分鐘，就能輕易地制服那些在崗卻驚慌失措的哨兵。學校的健身房裡還有許多啞鈴，誰能否定在黑暗中，三個用啞鈴武裝的戰俘不能擊敗一個全副武裝的哨兵呢？更何況，我們孤注一擲，目標明確，而哨兵雖然裝備精良，卻完全不知所措。一旦我們成功突襲並制服大部分哨兵，解除他們的武裝，那麼在敵人首都普利托利亞的中心地帶，我們就擁有了一支由六十名軍官組成、配備三十支手槍和三十支步槍的武裝力量。如此一來，我們這項帶有傳奇色彩的偉大計畫的第一階段，即最艱難的階段便告捷了。那麼，接下來又會如何呢？

距離這所國立示範學校約一英里半的地方，坐落著普利托利亞賽馬場。該場地四周環繞著鐵絲網，內部關押著兩千名英國戰俘，皆為普通士兵及無軍銜的士官。我們能與他們取得連繫，共同商討出逃計畫。連繫方式非常簡單，國立示範學校的戰俘軍官有十幾個勤務兵，這些兵員中時常有因不滿而被遣返回賽馬場的，然後再換新人過來。透過這種方式，我們定期掌握這兩千名英國士兵的情況，包括他們的心理狀態和在關押地的生活狀況。我們了解到他們怨聲載道，生活極其枯燥，食物有限供應，住宿條件也極為惡劣。他們既飢餓又憤怒。有一次，他們甚至衝向入口處的看守，雖未引發流血事件，但我們知道布林人為關押如此眾多的士兵而感到頭痛。我們得知那個巨大的戰俘營裡僅有一百二十名南非共和國警察，外加兩挺機關槍。這樣的武裝力量，如果準備充分，無疑能平息任何叛亂。但設想一下，如果在戰俘們起來造反時，賽馬場的看守在背後受到六十名全副武裝軍官的襲擊，情況會如何呢？假如機關槍被從他們的背後突襲呢？假如這兩千名士兵有計畫有組織地從正面發起進攻，又會怎樣呢？誰

第二十章　被囚禁的日子

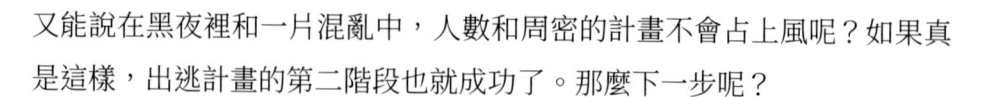

又能說在黑夜裡和一片混亂中，人數和周密的計畫不會占上風呢？如果真是這樣，出逃計畫的第二階段也就成功了。那麼下一步呢？

在整個普利托利亞，能夠使用武器者不足五百，其中大部分是被豁免兵役的富裕市民、不適合參軍者或政府的行政官員和職員。他們名義上組建了一支城市護衛隊，並配發了步槍，但實際上這個組織並未真正運作。如果出逃計畫的第一步能夠成功，第二步會更加容易，第三步則會更加輕鬆。在我們的想像中，我們已經看見自己征服了敵人的首都，城外的堡壘僅有少數留守人員看守，其餘人員都已上前線。堡壘內的大砲對準外面，若後方遭到攻擊，這些堡壘無法發揮有效的防禦作用。如果我們成功控制了這座城市，占領這些堡壘將變得輕而易舉，這將是一個自然的結果。最近的英國軍隊距離普利托利亞僅三百英里，如果一切進展順利，我們只需一揮指揮棒，便能占領敵人的這個首都。我們擁有一支強大的武裝力量，足夠的食物和軍火儲備，我們至少能像馬京那樣防守一段時間。

整個計畫將在黃昏與次日黎明之間展開。在敵軍發動反攻之前，我們有多少時間呢？推測幾天後我們應該就安全了。我們應當掌控南非共和國鐵路的樞紐，向各個方向派遣火車，謹慎地進行四、五十英里的偵察，甚至更遠，然後返回，摧毀所有橋梁和涵洞。如此一來，我們便能爭取時間，有效組織城市防守。設想一下，如果這件事成真，等布林軍發現是因為他們自己的疏忽，將所有戰俘集中在一地而缺乏足夠守備，導致首都落入戰俘之手，情況會如何呢？他們需要調派多少兵力來包圍這座城市呢？布林軍擅長的是在開闊地作戰，整個波耳戰爭中，他們從未成功攻下任何防守嚴密的地方。金伯利、馬弗京、萊迪史密斯便是例證。無論在哪裡，只要遇到我軍的戰壕和牢固陣地，他們就會退縮；但在無邊無際的草原上，他們則是無往不利，難以對付。如果我們占領了普利托利亞，我們可以防守好幾個月。這將是多麼偉大的戰功啊！克魯格總統和他的政府將成

為我們的俘虜。他不是曾說過「讓人吃驚的人性」嗎？這一次，該輪到他自己大吃一驚了。

擁有這些王牌在手，我們便能夠以體面的方式與他們展開和談，透過友善且公平的調解結束戰爭，如此一來，軍隊便可免於行軍和作戰。這是一個宏大的夢想，這個夢想已在我的腦海中盤旋多日。一些急性子的人甚至已經將英國國旗縫製好了，準備在「那一天」使用。然而，這一切仍僅僅是個夢想。當戰俘中的兩、三位高級軍官得知這一計畫後，堅決表示反對。當然，我無法否認他們的立場有其道理。這不禁讓人聯想到一個喜劇場景，劇中的反派嚴肅地宣布：「一萬二千名全副武裝的趕驢人正準備洗劫這個城鎮。」「那他們為何不這麼做呢？」他被問道。「因為警察不允許他們這麼做。」是的，困難就在這裡。十個頭腦清醒、全副武裝的人對一項宏大的計畫來說，也許僅是一個小小的障礙，但在這種情況下，正如在其他許多事情上一樣，他們擁有決定權。因此，我們放棄了集體行動計畫，轉而專注於個人的出逃計畫。

第二十章　被囚禁的日子

第二十一章　出逃記（一）

「我是個自由人，」我開始敘述，「發生了一些意外。我打算加入駐紮在科馬蒂普特的突擊隊。在我們幾個人嬉戲時，我從火車上摔了下來，昏迷了好幾個小時，肩膀脫臼了。」

在被囚禁的前三週，我參與了所有的暴動和出逃計畫，但同時我也積極與布林當局交涉，要求釋放我，因為我只是個新聞記者。他們回覆我，由於我參加了裝甲列車上的戰鬥，我已喪失非戰鬥人員的身分。我辯解說，我當時一槍未發，俘虜時手無寸鐵，這是事實。然而，納塔爾的報紙吸引了布林人的注意，這些報紙大肆報導了我的行動，把機車和傷員的撤離完全歸功於我。因此朱伯特[139]將軍表示，儘管我本人未曾開槍，但我下令撤離機車的行動，已經破壞了布林軍的作戰計畫，因此我必須被視為戰俘對待。當我在 12 月的第一週得知這一決定後，便決意逃脫。

我應將當時所寫的文字原封不動地抄錄於此。

國立示範學校坐落在一個四方形院落的中心，兩側被鐵絲網圍住，另外兩側由約十英呎高的波紋馬口鐵柵欄圍繞。這些圍欄對於年輕人來說並不是特別困難，但問題在於院子內有哨兵巡邏，每隔五十碼就有一名配備步槍和手槍的哨兵，這形成了一道幾乎無法踰越的障礙。沒有什麼牆比這種活人牆更難以穿越的了。

經過緊張的思索和持續的觀察，一些戰俘發現，當東側的哨兵在其管

---

[139] 皮特・朱伯特（1831－1900）：南非政治家與軍事領袖。1899 年波耳戰爭期間擔任共和國軍隊的最高指揮官。

第二十一章　出逃記（一）

轄區域巡邏時，在某些特定時間段，他們無法看到圓形廁所附近的幾碼長的牆頂。四方形院子的中央電燈將整個院子照得通明，但東側的牆卻隱藏在陰影中。因此，我們首先需要避開廁所附近這兩名哨兵的視線，這需要等待他們同時背對我們的那一刻。翻過牆後，我們應該會落在隔壁別墅的花園裡。我們的逃跑計畫只能到此為止，因為接下來的一切都是未知和不確定的。如何逃出花園，如何穿過這條街而不被發現，如何避開城裡的巡邏隊，最重要的是如何完成兩百八十英里的路程，抵達葡萄牙殖民地的邊境，這些都是我們之後將面臨的問題。

12月11日，我與霍爾丹上尉和布羅基中尉一同嘗試了一次逃跑，但未能成功。躲進這個圓形廁所並不困難，但想要翻過牆卻是極其危險的事。如果十五碼外的哨兵正好朝這邊看，那麼爬牆的人便會暴露無遺。哨兵會盤問還是開槍，這完全取決於他們的性情，無法預料。儘管如此，沒有什麼可以阻擋我出逃的決心，我決定第二天再試一次。12月12日這一天，時間過得真慢，我從擔心害怕逐漸變成了絕望。到了晚上，在我的兩位戰友嘗試後未能找到機會後，我穿過四方院，躲進圓形的廁所。我透過廁所的金屬框上的孔眼觀察哨兵。有一段時間，他們一直礙手礙腳地站在那裡。突然，一個哨兵轉身朝他的同伴走去，兩人開始閒聊，身體都轉了過去。

當下正是一個絕佳的機會，千萬不可錯過！我站在牆邊找到一塊凸起之處，雙手緊握牆頭，翻身爬上牆頂。前兩次我猶豫不決，上去後又下來，第三次我終於下定決心，成功翻越。我的背心被牆頂的金屬裝飾物勾住，我不得不停下來，花了相當長的時間才將自己解脫出來。騎在牆上的瞬間，我瞥了一眼哨兵，他們仍然背對著我，在距離十五碼處閒聊，其中一個哨兵正在點菸，他手中的火光在我的腦海中留下深刻的印象。我輕輕地落地，躲進隔壁花園的灌木叢中。我自由了！出逃的第一步已經邁出，不能

再回頭了。我在原地等待著我的戰友。月光下，花園裡的灌木叢在地面上投下大片陰影，是絕佳的藏身之處。我焦急地等待了約一個小時，花園裡不斷有人走動。有一次，一個人走過來，在離我只有幾碼遠的地方朝我這邊張望。其他人在哪裡？他們為什麼不試試？

突然，從四方院子裡傳來一個響亮的聲音，「沒希望了！」我爬回牆邊。只聽見有兩名戰俘軍官在院子裡踱步，談笑風生，用含混的拉丁文交談，提到了我的名字。於是我冒險咳嗽了一聲，其中一名軍官馬上又聊了起來，另一名軍官緩慢而清晰地說：「他們逃不掉的，哨兵已經開始懷疑了。沒希望了，你回得來嗎？」此時此刻，我的心裡反而一點也不害怕了。回去已經不可能了，我不能保證爬牆時不被發現，更何況牆外這一面也沒有凸起的地方可供我踩著爬上去，命中注定我將繼續前進。我對自己說：「我很可能會被重新抓回去，但至少我要試試看。」我對那兩名軍官說，「我會單獨一人行動的。」

此刻，我以一種正確的心態看待將要發生的一切。失敗幾乎是不可避免的，成功的希望渺茫，但可以確定的是，這件事充滿了危險。通往馬路的大門距離另一個哨兵只有幾碼之遙，我對自己說：「勇敢一些。」我戴上帽子，大步走向花園的中央，從別墅窗前大搖大擺地走過，隨後左轉走出大門。我從離哨兵不到五碼的地方經過，大多數人都看見了我，我不確定那個哨兵是否注意到我，因為我一直未回頭，心裡竭力抑制著想跑的衝動。我走了約一百碼，沒有人來盤問我，我知道第二道障礙已經克服，我成為普利托利亞的逃犯。

夜晚，我漫步於馬路中央，悠然哼著曲調。街道上人來人往，卻無人察覺我的存在。逐漸地，我來到了郊外，坐在一座小橋上，開始思索。我此刻身處敵國的腹地，無人能助，距離德拉瓜灣約有三百英里。我出逃的事在黎明時分必定會被發現，隨即便會有追兵前來，所有的出口將被封

第二十一章　出逃記（一）

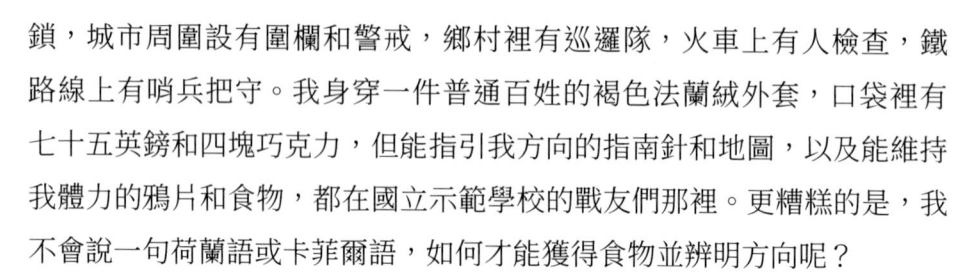

鎖，城市周圍設有圍欄和警戒，鄉村裡有巡邏隊，火車上有人檢查，鐵路線上有哨兵把守。我身穿一件普通百姓的褐色法蘭絨外套，口袋裡有七十五英鎊和四塊巧克力，但能指引我方向的指南針和地圖，以及能維持我體力的鴉片和食物，都在國立示範學校的戰友們那裡。更糟糕的是，我不會說一句荷蘭語或卡菲爾語，如何才能獲得食物並辨明方向呢？

然而，當希望幻滅之時，恐懼也隨之消逝。我設計了一個計畫，務必找到通往德拉瓜灣的鐵路。沒有指南針或地圖，我只能依賴鐵路。我抬頭仰望星空，見獵戶座星光閃耀。大約一年前，當我在沙漠中迷路時，正是它引領我找到了尼羅河岸，助我找到了水源。現在，它應該會引領我走向自由之路。當然，水與自由，缺一不可！

向南行進了半英里後，我遇見了鐵路。這條鐵路究竟是通往德拉瓜灣，還是通向彼得斯堡？若是德拉瓜灣，那麼鐵路應該朝東延伸。然而，眼前的鐵路卻向北蜿蜒。或許它在山間曲折而行。我決定沿著鐵路前行。夜色迷人，一陣涼風撲面而來，令我心情激動。無論如何，我終於自由了，即便只有一個小時，也是非凡的成就。冒險的吸引力愈發強烈，除非天上的星星也為我作戰，否則我無法逃脫。既然如此，還有什麼可擔心的呢？我沿著鐵路線前進，步履輕盈，警戒哨所的燈光閃爍在四周，每座橋都有人守衛，但我成功避開了所有關卡。遇到危險地帶時，我繞道而行，幾乎沒有採取任何預防措施，也許這正是我成功逃脫的原因。

我邊走邊思索我的計畫。步行三百英里到邊境是不可能的，我應該攀上一輛行駛中的火車，然後躲在座位下、車廂頂或車廂連線處，任何隱蔽的地方都行。保羅・巴爾蒂圖德就是這樣從學校逃出的。我想像自己從座位下鑽出來，賄賂或懇求某個坐在頭等艙的肥胖乘客幫助我。我該乘哪列火車呢？當然是第一列。步行了兩個小時之後，我看到車站的訊號燈。我離開鐵路，繞到鐵軌旁，躲在距站臺約二百碼的壕溝裡。我猜測火車會在

站臺停靠，當它到達我這裡時，速度應該不會太快。一個小時過去了，我開始焦躁不安。突然，我聽到火車的呼嘯聲和轟隆聲，接著火車機車上的那盞巨大的黃色前燈映入眼簾。火車在車站停了五分鐘，然後鳴笛再次啟動。我蹲伏在鐵路邊，腦中不斷排練這個動作。我必須等機車駛過後再衝過去，否則會被發現，然後迅速進入車廂。

火車緩緩啟動，但其加速的速度超出了我的預期。閃爍的燈光迅速逼近，車輪的嘎吱聲很快轉變為隆隆聲，一道黑影從我頭頂掠過，機車內的爐火映照出司機的輪廓，機車噴著蒸汽飛馳而過。我衝向火車，伸手去抓，沒抓住；再試，還是沒抓住；再試一次，終於抓住了門把手。我的雙腳懸空晃動，腳趾擦過鐵軌。在一番努力後，我終於爬上了火車前面第五節車廂的連線處。這是一列貨運列車，車廂內堆滿了麻袋，麻袋上覆蓋著煤粉塵。實際上，這是一節裝滿空煤袋的貨車車廂，這些空袋子要運回煤礦。我爬上去，鑽進這些麻袋裡。五分鐘後，這些麻袋把我完全埋住了，靠著這些麻袋感覺溫暖而舒適。也許司機看見我衝上了火車，計劃在下一個車站拉響警報；但也可能他沒有看見。這列火車要開往哪裡？何時卸貨？會被檢查嗎？火車是在前往德拉瓜灣的鐵路上嗎？明天天亮後我該怎麼辦？算了，不去多想了。今晚已經夠幸運了，還是見機行事吧。我決定先睡一覺，沒有比一列載著囚犯以每小時二十英里的速度離開敵人首都的火車所發出的隆隆聲更好的催眠曲了。

我不確定自己睡了多久，但在我猛然驚醒時，所有的興奮感已經消失殆盡，取而代之的是壓在心頭的沉重困頓。我必須在天亮前離開這輛火車，這樣才能找到池塘喝些水，並趁著黑暗找到一個藏身之處。我無法冒險與這些裝煤的袋子一起被卸下，那樣實在太危險。翌日夜晚，我再搭乘另一列火車。於是，我從麻袋堆這個舒適的藏身之處爬出來，移至車廂的連線處。火車飛馳，但我感覺現在是該離開的時刻了。我用左手緊握車廂

第二十一章　出逃記（一）

後面的鐵把手，然後縱身一跳，雙腳著地後向前衝了兩步，隨即翻進壕溝，受到了劇烈的震動，好在沒有受傷。這列火車——我在黑夜中的忠實夥伴，繼續匆匆前行。

天色依然昏暗。我身處一片寬廣的山谷，四周環繞著低矮的丘陵，覆蓋著露珠閃爍的高草。我在附近的溪谷尋找水源，不久便發現了一個清澈的池塘。我乾渴難耐，解渴後又持續飲水，直到喝足了一整天所需的水量。

不久，天際漸漸明亮。東方的天空中，太陽從濃密的黑雲後透出黃紅相間的光芒。我看到鐵路軌道延伸向太陽昇起的方向，頓時鬆了一口氣，確定自己走對了路。

飲足了水後，我開始向山中出發，希望能在那裡找到一個藏身之處。天色已經大亮，我躲進了一片位於深谷旁的小樹林，決定在這裡待到黃昏。唯一能讓我稍感安慰的是：這個世界上沒有人知道我的行蹤，甚至連我自己也不清楚。現在是凌晨四點，離天黑還有十四個小時，我迫不及待地想要趕路，趁著自己還有足夠的力氣。起初，天氣非常寒冷。隨著時間推移，太陽逐漸展現出它的威力；到了十點鐘，天氣已經非常炎熱。我唯一的同伴是一隻巨大的禿鷲，牠對我表現出極大的興趣，不時發出令人不安的叫聲。我身處高處，可以俯瞰整個山谷，西面三英里外有一個小鎮，小鎮的房屋屋頂都是用馬口鐵皮製成；周圍還有零星的農莊，每個農莊周圍都長著一叢樹，為單調起伏的地貌增添了一絲生氣。山腳下有一個卡菲爾人的村莊，村民們的身影點綴在田地裡，或者在牧場上與羊群和牛群為伴。這一天裡，我只吃了一塊巧克力，加上炎熱的天氣，感到非常口渴。池塘距離這裡大約有半英里，但我不敢離開這片小樹林的庇護，因為我看到，偶爾會有一些白人騎馬或步行經過山谷。有一次，一個布林人走過來，還朝著離我不遠的小鳥開了兩槍。不過，沒有人發現我。

前一夜的狂喜與激動已經蕩然無存，取而代之的是一種令人毛骨悚然的恐懼。我感到飢餓，因為在逃亡前沒有吃晚餐，儘管巧克力能暫時充飢，但不足以維持。我幾乎無法入睡，因為心跳得異常迅速，我焦慮不安，對未來感到極度迷茫。我在腦海中勾勒出各種可能性，一想到被抓住並押回普利托利亞，便感到恐懼與憤恨交織，這種感覺難以言喻。有人在無憂無慮、信心十足時曾說過一些富有哲理的話，但此刻對我毫無慰藉。他們看來只是能同甘而不能共苦的朋友。我痛苦地意識到，憑我那微不足道的智慧和力量，無法從敵人手中脫身，若無至高無上的上帝庇佑，改變命運的結局，我肯定無法成功。我不停地熱切祈禱，請求上帝的幫助和指引，看來上帝很快就回應了我的祈禱。

　　這段文字是多年前我所撰寫的，當時我對這場冒險的記憶猶新。當時，我未再繼續寫下去，因為那樣做會危及那些曾經援助過我的人，不僅會損害他們的自由，甚至可能威脅到他們的生命。如今，這些顧慮已不復存在。我現在可以繼續講述這個故事，讓我們一起回顧我當時如何死裡逃生的經歷。

　　白天時，我不斷觀察鐵路，發現每個方向都有兩、三列火車通過。我推測夜間也應有相似數量的列車經過。我決定攀上一列，認為這次會比前一晚更順利。我注意到，這些列車，尤其是長貨車，在爬陡坡時速度極慢，有時幾乎與步行速度相當。如果選擇一個既是上坡又是轉彎的地點，應該更容易，這樣我就能在火車轉彎時爬上凸出的車廂，而此時機車和押車警衛乘坐的車廂已經轉彎，因此司機和警衛都無法看到我。這個計畫看起來很可行。我彷彿看見自己搭上了一列火車，在黎明前離開，夜裡前行了六、七十英里，這樣離邊境就不到一百五十英里了。我可以重複這個方法，這並無不妥，只需連續三個晚上，我就能到達葡萄牙人的領地。當時，我身上還有兩、三塊巧克力和一口袋碎餅乾，足以維持生命，不必冒

第二十一章　出逃記（一）

險與陌生人搭訕求助，以免再次被捕。懷著這種心情，我焦躁不安地等待夜幕降臨。

漫長的白天終於結束了，西邊的晚霞紅如火焰，山的陰影在山谷中蔓延。一輛布林人的沉重四輪運貨馬車，後面跟著一長隊人，正緩緩沿著小路向小鎮前行。卡菲爾人也趕著牲口回到他們的部落村莊。白天過去了。不久，天色已經相當暗了，這時我開始出發。我在山石與高高的雜草之間爬行，有時會停下來喝點甘甜的涼水，急急忙忙地趕往鐵路線。我來到一個白天時曾見火車爬坡特別慢的地方。不久，我找到了符合計畫要求的鐵軌拐彎處。我藏在一處小灌木叢後，滿懷希望地等待。一個小時過去了，兩個小時過去了，三個小時過去了，還是沒有火車經過。距離上次火車經過已經六個小時了（上次火車經過時我仔細留意過時間），肯定應該有一列火車要經過了。又是一個小時過去了，仍然沒有火車！我的計畫開始落空，希望成了泡影。難道晚上沒有火車經過這段鐵路嗎？事實的確如此。我可能會徒勞地等到天亮，不過在半夜裡，我失去了耐心，開始沿著鐵路步行，無論如何先走十至十五英里。然而，我沒走多遠，因為每座橋都有全副武裝的士兵把守，每隔幾英里就有臨時營房；每隔一段距離還有馬口鐵皮做屋頂的村莊包圍著的車站；整個草原都沐浴在明亮的月光下。為了避開這些危險地帶，我不得不繞上大圈子，有時甚至要在地上爬。離開鐵路線後，我遇上了泥沼地，穿過高高的帶露珠的草叢，蹚過鐵路橋下的小溪。很快，我腰部以下就溼透了。一個月的監禁生活讓我幾乎沒有什麼鍛鍊，不久就覺得又困又餓，筋疲力盡。這時我走近了一個車站，其實這只是草原上的一個站臺，周圍有兩、三幢房子和一些臨時營房。但在鐵路的旁軌上停著三列長長的貨車，在夜裡特別顯眼。顯然，這條鐵路線上的交通沒有規律。月光下的這三列靜止的火車證實了我先前的擔憂——晚上這段鐵路線上沒有火車執行。下午的如意算盤落空了。

眼前的機會讓我能迅速登上一列停靠的火車，藏身於貨物之間，隨車行駛至次日白天。若一切順利，第二晚也能繼續前行。然而，這些火車將駛向何方？在哪裡停靠？又會在哪裡卸貨？一旦我進入火車，我的命運就被鎖定。在距離邊境兩百英里的路途中，無論是威特班克、米德爾堡，還是其他任何一個車站，我都有可能再次被捕。因此，在採取這一步之前，我必須弄清火車的去向。為此，我得先潛入車站，檢視車廂或貨物上的標籤，看看能否獲得有用的資訊。我輕手輕腳地走上站臺，來到兩列火車之間的旁軌上。當我檢查車廂上的標識時，突然傳來一陣叫嚷聲，聲音越來越近，讓人不寒而慄。幾個卡菲爾人大聲地笑喊著，似乎還有一個歐洲人的聲音在爭辯或發號施令。不管怎樣，這些已經夠我受的了。我趕快從兩列火車中間撤退到旁軌的末端，在黑暗中迅速溜進無邊無際的草原。

沒有其他選擇，我只能拖著沉重的步伐繼續緩慢前行，感覺越來越迷茫，越來越絕望。當我環顧四周，看到周圍房子裡的燈光，想像著裡面的溫暖與舒適，但我知道這些對我而言只是潛在的危險，我的心中充滿痛苦。遠處，月光照耀下的地平線上，有七、八盞大燈開始發出光亮，那可能是威特班克或米德爾堡車站。我左側也有兩、三點火光在閃爍，我確信它們不是民宅的燈火，但到底是什麼，距離多遠，我無法確定。此時我的腦海中只有一個念頭：這些火光也許來自卡菲爾人的村落，趁我現在還有力氣，去投奔這些卡菲爾人也許是最好的選擇。我聽說他們憎恨布林人，但對英國人比較友善。無論如何，也許他們不會抓住我，也許他們會給我一些食物，提供一個乾燥的地方讓我休息。雖然我不會說他們的語言，但我想他們或許知道英鎊的價值，甚至可能為我提供嚮導和馬匹，這些都是我急需的。當然，最重要的還是食物、取暖和休息。於是，我朝著那些火光走去。

就這樣，我大約走了一英里，猛然發覺自己的決定既荒唐又輕率，於

第二十一章　出逃記（一）

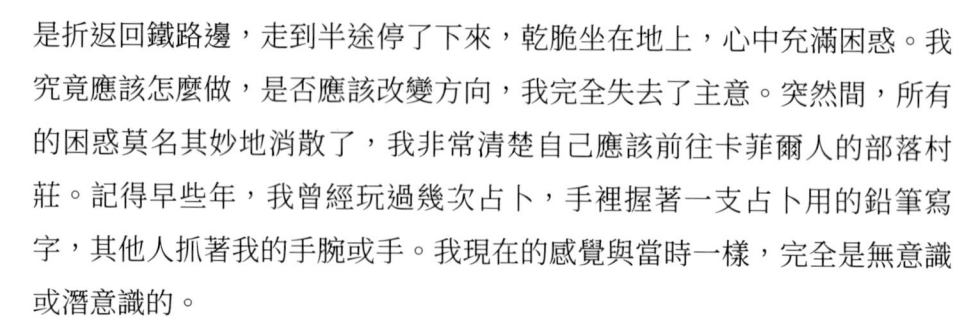

是折返回鐵路邊，走到半途停了下來，乾脆坐在地上，心中充滿困惑。我究竟應該怎麼做，是否應該改變方向，我完全失去了主意。突然間，所有的困惑莫名其妙地消散了，我非常清楚自己應該前往卡菲爾人的部落村莊。記得早些年，我曾經玩過幾次占卜，手裡握著一支占卜用的鉛筆寫字，其他人抓著我的手腕或手。我現在的感覺與當時一樣，完全是無意識或潛意識的。

我迅速朝著火光走去，最初以為這些火光距離鐵路線不過幾英里，但很快發現遠遠超過幾英里。大約行走了一個半小時，那些火光依然看起來像之前一樣遙遠，但我依然堅持。到凌晨兩、三點之間，我意識到這並不是卡菲爾人部落村莊的燈火，那裡的建築物在燈光的映照下顯露出輪廓，我這才明白自己正走向一個煤礦周圍的一些房子。礦井口的升降機在齒輪上運轉的輪子清晰可見，這才理解把我引到這麼遠地方來的火光，原來是升降機的蒸汽鍋爐所發出的。緊挨著礦井的是一幢堅實的兩層小石樓，礦井周圍還有一、兩座不起眼的小建築物。

我站在荒野中，環視四周，反覆思索著下一步的計畫。一方面，現在返回仍是可行的，但若回頭，只會繼續徒勞地徘徊，忍受飢餓與疾病之苦，最終被發現或抓捕，我看不到任何希望。另一方面，前方或許隱藏著一線生機。在我逃亡之前，曾聽聞威特班克和米德爾堡礦區有一些英國人，他們為了保持礦區的正常運作而留在那裡。現在我是否已經來到其中一個礦區？這幢黑暗神祕的小樓裡住著什麼人？是英國人還是布林人？是友是敵？當然，也不僅限於這兩種可能性。我的口袋裡還有七十五英鎊，如果我的身分暴露，我可以承諾支付一千英鎊。或許我會遇到一個中立者，他出於善良或為了一大筆錢願意幫助我這個身陷絕境之人。我當然會竭力與他談判，因為此時我還有一點力氣，可以為自己辯護，若情況不利，也許還能脫身。前路依然未知，我猶豫地走出微光閃爍的昏暗草原，

走進爐火的光芒中，朝那幢寂靜的小樓走去，敲響了大門。

寂靜無聲。我再次叩門，樓上的燈光閃爍，接著上方的一扇窗戶開啟了。

「誰在那裡？」[140] 一名男子的聲音響起。

一股失望與驚恐迅速席捲了我的全身。

「我發生了意外，請求協助。」我回應道。

樓上傳來低語聲，隨後我聽見了下樓的腳步聲。門閂被拉開，鎖在轉動，門猛地開啟。黑暗中，過道裡，一個面色蒼白、留著黑色鬍鬚的高個男子，急忙披著衣服站在我面前。

「What do you want？」他用英語問道。

此刻我得編造些話語，我不願引起他的警覺，也不想驚擾其他人，我只希望能與他平心靜氣地對話。

「我是個自由人，」我開口道，「出了點事故。我計劃加入科馬蒂普特的突擊隊。幾個人在嬉戲時，我從火車上摔了下來，昏迷了好幾個小時，肩膀脫臼了。」

能創造出如此令人驚奇的故事著實讓人驚訝。這段故事彷彿一直深藏在我心底，從我口中自然流露。實際上，我對自己想表達的內容毫無頭緒，甚至無法預測下一句會是什麼。

那個陌生人仔細地打量著我，經過一番猶豫，終於開口道：「好吧，請進。」他稍微向黑暗的過道退了一步，開啟過道一側的一扇門，用左手指向一個漆黑的房間。我從他身旁走進房間，心裡不禁思索這個房間是否會成為我的牢房。他隨後也走了進來，點燃火柴，點亮燈，並將燈放在桌子的遠端。這個房間不大，顯然是餐廳和辦公室二合一的空間。房間裡除

---

[140] 原文中這裡並非使用英語。

第二十一章　出逃記（一）

了這張大桌子外，還有一張活動的辦公桌、幾把椅子和幾臺機器，其中一臺是用來製作蘇打水的，由兩個裝在鐵絲網中的球狀玻璃器皿組成，兩個玻璃球上下疊加。桌子的那一端有一把手槍，推測剛才一直握在他的手裡。

「我想多了解一些關於你這次火車事故的情況。」過了好久，他才開口。

「我認為我應該如實告知你真相。」

「我也這麼認為。」他緩緩地答道。

因此，我便將我經歷的所有事情一五一十地全盤托出。

「本人溫斯頓‧邱吉爾，《晨郵報》戰地記者。昨夜自普利托利亞逃脫，計劃前往邊境。」（前往邊境！）「我有大量資金。你願意協助我嗎？」

經過許久，他才從桌邊緩緩站起，並將門鎖上。他的舉動令我感到無望。這個動作的意圖確實不明確。他朝我走來，突然伸出手。

「感謝上蒼，你終於來到這裡了！在這二十英里的範圍內，唯有這屋子裡的人不會出賣你。我們都是英國人，會協助你前往邊境。」

多年過去，當時那種全身輕鬆的感覺，如今回想起來比描述更容易。剛才還以為自己要被抓，現在朋友、食物、資源、幫助，一切都有了。我感覺自己像個快要溺水的人被救上岸後，又被告知他在賽馬中贏了賭注。

此刻，我的主人開始自我介紹。他名為約翰‧霍華德，擔任川斯瓦煤礦的經理。早在戰爭爆發前多年，他已成為川斯瓦的自由民。然而，由於他本是英國人，加之賄賂了當地的治安官，他未被徵召入伍對抗英國。他獲准與其他幾名英國人一道，留在礦井中維持秩序，以便未來恢復生產。在這座礦井中，除了他的祕書外，還有一名來自蘭開夏的機車司爐和兩名蘇格蘭礦工。這四人皆為英國臣民，並被要求承諾在此期間保持中立。由於我的主人已成為川斯瓦共和國的自由民，若他窩藏我，便是叛國罪行；

若被發現，將面臨槍決。

「無需擔憂，」他安慰道，「我們會妥善處理。」然後，他續道，「今天下午，當地治安官前來詢問是否見過你。他們已收到通緝令，立即通知了鐵路沿線及整個地區。」

我表示我不願牽連他。我請求他提供一些食物、一把手槍、一位嚮導，若有可能，再給我一匹馬，我便能避開鐵路和居民區，連夜趕往海邊。

他對此充耳不聞，執意為我安排妥當，但他格外謹慎。鑒於密探無處不在，其實他的兩個荷蘭女僕就住在這所房子裡，礦上僱用了許多卡菲爾人，考慮到這些風險，他深思熟慮。

「你尚未進食。」

我默然不語。他指向一瓶威士忌和那臺剛提到的蘇打水機，示意我自行操作，而他則迅速跑進廚房。片刻後，他帶著一塊上等的冷羊腿肉和其他佳餚回來，隨即將我獨自留在那裡享用美食，自己則從後門離開了房間。

一個小時過後，霍華德先生歸來。在這段時間內，我的體能得到了充分的恢復，前景一片光明，我對自己的成功信心滿滿。

「事情已經處理好了，」霍華德先生說道，「我會見了幾個人，他們都表示支持。今晚我們會將你藏在礦井下，你必須一直待在那裡，直到我們找到讓你出境的方法。只有一個問題，」他說，「就是食物，荷蘭女僕每天都會觀察我的用餐情況，廚師也會注意到她的羊腿肉少了一大塊。今晚我得仔細想想該怎麼解釋。現在你必須立刻下井，我們會讓你待得舒適一些。」

於是，在破曉之前，我隨我的主人穿過一個狹小的庭院，進入一個有圍牆的區域，裡面有一個升降機的滑輪，旁邊站著一位健壯的男子，霍

第二十一章　出逃記（一）

華德先生介紹說這位是來自奧爾德姆的杜那普先生,他用力地緊握了我的手。

「下一次奧爾德姆的選民們肯定會支持你的。」他低聲道。

門開啟了,我們進入了升降機,降到了井底。兩名蘇格蘭礦工提著燈籠,手持一大捆物品,已經在那裡等候,之後才得知這些物品是床墊和毯子。我們在漆黑的迷宮中行走了一段時間,不時左轉右拐,最後停在一個小房間裡,裡面的空氣涼爽且清新。我的嚮導將手中的那大捆物品放下,霍華德先生遞給我幾支蠟燭、一瓶威士忌和一盒雪茄。

「這些事情在這裡都不成問題,」他表示,「這些物品全由我鎖起,鑰匙也在我這裡。當下我們需要討論一下明天如何給你送食物。」

「無論發生任何事,你都不准離開這裡,」他語帶叮囑又帶命令地說,「白天的時候,礦上會有不少卡菲爾人,但我們會注意,不讓他們靠近這裡。到目前為止,沒有人知道你在這裡。」

在他們離開後,四位朋友提著燈籠走了。穿越礦井裡那如天鵝絨般的黑暗,我看到生命似乎沐浴在玫瑰色的光輝中。經歷這樣的磨難,甚至可以說是絕望,我堅信自己終將重獲自由。我不再擔心會再次被捕,蒙受恥辱;也不再擔心會被長期囚禁在普通牢房中,度過無聊的漫長時光。我彷彿看見自己帶著真正的榮耀重返部隊,享受自由,追求年輕人心中渴望的冒險生活。在這樣輕鬆的心情和過度的疲勞中,我很快進入了甜美的夢鄉。

第二十二章　出逃記（二）

在這次冒險中，至今為止，沒有什麼比這個計畫更令我憂心忡忡的了。當一個人意外地獲得了巨大的利益，並且已經享受了數日，一旦想到可能會失去這些好處，簡直令人無法承受。

我無法確定自己睡了多久，當我醒來時，已經是次日傍晚。我伸手去觸碰蠟燭，但無論怎麼摸索都找不到。由於這些礦井的坑道裡可能隱藏著各種陷阱，因此對我來說，最佳的選擇是靜靜地躺著等待援助。數小時後，一束微弱的燈籠光線映入眼簾，有人來了，正是霍華德先生本人。他手中提著一隻雞和其他一些好東西，還帶來了幾本書。他問我為什麼不點蠟燭，我說我找不到蠟燭。

「你沒有將它置於床墊底下嗎？」他詢問。

「並無。」

「那一定是被老鼠叼走了。」

他告訴我礦井裡有成群的老鼠，幾年前他引進了一種特殊的白鼠，這種白鼠在礦井內是非常有效的清道伕，繁殖速度快，成長也迅速。他告訴我，他去了二十英里外的一位英國醫生家裡，才獲得了這隻雞。他很擔心兩個荷蘭女僕的態度，她們對這隻羊腿肉的去向非常好奇。對此，我當然應該承擔全部責任。如果第二天他弄不到另一隻熟雞的話，他將不得不在吃飯時要雙份食物，趁女僕離開餐廳時，將多餘的一份食物倒進袋子裡留給我。他說布林人在整個地區到處查詢我的蹤跡，普利托利亞政府把我逃跑這件事當成大事來辦。因為米德爾堡礦區有一些英國僑民，所以我有可

第二十二章　出逃記（二）

能逃到這裡來，這裡所有的英國人或多或少都受到了懷疑。

我再次提出了獨自騎馬並攜帶一名卡菲爾嚮導的請求，但霍華德先生斷然拒絕。他表示，將我送出境需要精心策劃，因此我可能還得在礦井裡滯留相當長的一段時間。

「在這裡，」他說，「你是完全安全的。」「麥克，他指的是其中一位蘇格蘭礦工，了解這裡所有廢棄的礦坑和其他人無法想像的地點。這裡有一個地方在水下，水面距離巷頂僅一、兩英呎。如果布林人來搜查礦井，麥克會帶你潛入這個被水隔絕的礦坑。沒有人會想到要去那裡搜查，我們已經用鬼故事嚇唬了卡菲爾人。不管怎樣，我們仍然會密切監視他們的一舉一動。」

用餐時，霍華德先生與我作伴，隨後告辭離去，留下了其他物品，其中包括六根蠟燭。在他的提醒下，我將蠟燭藏在枕頭和床墊下。

又睡了許久，我猛然驚醒，感覺周圍有些異動，似乎有什麼在拉扯我的枕頭。我伸手一探，感覺到某物迅速逃竄，原來是老鼠在偷我的蠟燭。我及時奪回蠟燭，並點燃了一支。幸好我對老鼠並不畏懼，牠們的膽小模樣讓我安心，因此並未引起特別的不安。然而，在井下的這三天並非我記憶中最愉快的時光。小老鼠們四處亂竄，有一次，我正在打盹，突然感覺有東西在我身上飛奔而過，等我點亮蠟燭，那些東西便消失無蹤。

第二天——如果這也能被稱作「日子」的話——如期而至，這是 12 月 14 日，是我從國立示範學校逃離後的第三天。兩位蘇格蘭礦工來訪，與我聊了許久，讓我感到輕鬆不少。此時，我才驚訝地得知，這礦井僅有約二百英呎深。

麥克提到，井下有幾處可以從廢棄的礦井口見到外界的日光，他問我要不要他帶我在這些老舊的礦坑周圍逛逛，看看那微弱的陽光？我們花了

一、兩個小時在這些地下坑道裡四處走動，時而上升，時而下降，又在礦井口下方停留了一刻鐘，觀看那灰白而微弱的陽光從上面射入。這次閒逛中，我看到許多老鼠，牠們看起來很可愛，渾身雪白，眼睛是黑色的，但我相信在日光下牠們的眼睛一定是明亮的粉紅色。三年後，一位在這個地區任職的英國軍官寫信給我，說他在我的一次講座中聽我描述這種白鼠和牠們粉紅色的眼睛，認為這是彌天大謊。後來他特意參觀了礦井，親眼目睹之後，又寫信來為之前對我的懷疑表示道歉。

12月15日，霍華德先生表示，似乎通緝我的消息已經平息。整個礦區未見我的蹤影，布林官方認為我應該藏匿於普利托利亞某個親英的當地人家中，他們不相信我已經離開這座城市。在此情況下，霍華德先生覺得當晚我可以出井，在草原上散步，如果次日早晨無事，我便可轉移到辦公室後面的房間。霍華德先生顯得相當自信，對這次冒險行動也愈發興奮。於是，那晚，我呼吸著新鮮空氣，在月光下的草原上漫步。此後，我搬到了辦公室內堆放貨物箱子後的地方。在這裡，我又待了三天，每晚霍華德先生或他的助手都會陪我在無邊的草原上散步。

12月16日，我出逃後的第五天，霍華德先生告訴我，他已經擬定了將我送出境的計畫。礦場有一條支線連線到鐵路幹線。煤礦附近住著一位名叫伯格納的荷蘭人，19日他要運送羊毛至德拉瓜灣。這位紳士對英國人抱有好感。霍華德先生找到他，向他透露了我們的祕密，他表示願意協助。伯格納先生的羊毛將被紮成大包，裝滿兩、三節車廂，車廂停靠在礦區附近的鐵路支線上。這些大包在裝入車廂時，可以在車廂中間留出一小塊空間，我可以躲藏在其中。貨物裝載完畢後，每節車廂的貨物將在外面用防水帆布捆紮覆蓋。抵達邊境時，如果防水帆布的繩索未被移動，檢查人員不太可能會開啟來檢查裡面的貨物。他問我是否願意嘗試這個機會。

在這次冒險中，迄今為止，沒有什麼比這個計畫更令我擔憂的了。當

第二十二章　出逃記（二）

一個人意外獲得了某種巨大的利益，並且已經享受了幾天後，一旦想到可能會失去這種利益，簡直是難以承受的。我原以為自由已經近在咫尺，但一想到自己可能再次陷入無助的困境中，任由邊境哨兵任意搜查，真的讓我憂心不已。與其面對這種折磨，我寧願騎馬帶著嚮導從草原逃走，避開敵人的搜捕，逃離布林共和國的邊境。然而，最終我還是接受了慷慨的救命恩人的提議，於是他們開始安排。

倘若我當時讀到了英國報紙上的幾封電文，我無疑會更加憂心忡忡。比如說：

普利托利亞，12月13日電——儘管邱吉爾先生機智地逃脫了監禁，但他成功越過邊境的可能性微乎其微。

普利托利亞，12月14日訊息——據悉，溫斯頓·邱吉爾先生在科馬蒂普特火車站遭逮捕。

洛倫索馬貴斯[141]12月16日訊——根據報導，邱吉爾先生已於上瓦特法爾被拘捕。

倫敦，12月16日電——溫斯頓·邱吉爾先生從普利托利亞越獄後，人們憂慮他即將再度被捕，一旦成真，他或面臨槍決的命運。

若我看到那些關於我的描述，以及在鐵路沿線和各處張貼的懸賞告示，我肯定會愈發焦慮。所幸的是，我對此毫不知情。

12月18日下午，時光流逝得異常緩慢。記得我大部分時間都在研讀史蒂文森[142]在小說《綁架》中，作者描繪了大衛·巴爾弗和艾倫·布雷克在峽谷中逃生的場景，這與我的經歷極其相似，我讀得陶醉且深有感觸。作為一名被通緝的逃犯，一個被懸賞抓捕的人，本身就是一種精神上的考驗。戰場上的危險與子彈砲彈的威脅是一回事，被警察追捕又是另一回

---

[141]　洛倫索馬貴斯：這是莫三比克首都以前的名稱，現今稱為馬布多。
[142]　史蒂文森（1850－1894）是一位蘇格蘭的小說家、詩人及隨筆作家，其代表作品為《金銀島》。

事。被追捕時不但需要東躲西藏，還需要瞞天過海，這會讓人有一種真正的負罪感，對情緒有很大的影響，感覺隨時都會有人問你諸如這樣的問題：「你是誰？」「你從哪裡來？」「你要去哪裡？」對於這些問題，自己卻無法給出滿意的回答，自信心也必會受到打擊。我懼怕在科馬蒂普特車站等待著我的嚴峻考驗，但是，如果我想順利地從敵人那裡逃脫，我只能被動地忍受。

公告的具體內容如下：

懸賞告示

第五師懸賞二十五英鎊捉拿逃脫的戰俘邱吉爾。無論生死，賞金照付。

第五師分委會

忽然，近處傳來一陣槍聲，聲音斷斷續續，毫無規律。我驚愕不已，腦海中掠過一個不祥的念頭：布林人來了！霍華德和他的那幾個英國人在敵國的腹地公然造反了！由於我被再三叮囑，無論發生什麼事，都不能離開我的藏身之地，因此我只好待在原地，心中充滿焦慮。很快，事情的真相浮出水面，最糟糕的情況並未發生。從辦公室傳來一陣談笑聲，顯然有人在友善地交談。我重新拿起書，繼續與書中的主角艾倫·布雷克為伴。最終，聲音消失了。不久，我的房門被推開，霍華德先生蒼白而憂鬱的臉上掛著笑容，他關上門，滿心歡喜地朝我走來。

「治安官剛剛在這裡出現過，」他說，「他並不是來逮捕你的。他提到昨天已經在上瓦特法爾抓住了你。但我不希望他隨處逛蕩，所以和他進行了一場步槍射擊酒瓶的比賽。他贏了我兩英鎊，然後滿意地離開了。」

「今晚的所有準備都已完成。」他補充道。

「有什麼是我需要做的嗎？」

第二十二章　出逃記（二）

「你不需要做任何事情。到了時候，我會來找你，你只需跟著我走。」

12月19日凌晨兩點，我整理好行裝，等待出發的訊號。這時門開了，霍華德先生出現，他向我示意，我們都沒有說話。他領著我穿過辦公室，來到礦區附近的鐵路旁軌，這裡停著三節巨大的車廂。月光下，杜那普和兩位礦工站在不同方向迎風，一群卡菲爾人正忙著將一大包東西抬進最後那節車廂。霍華德走到第一節車廂前，跨過鐵軌，來到車廂的末端。他一邊走一邊用左手指了指，我敏捷地跳上緩衝拉桿，看見車廂的後面與裝羊毛的大包之間有一個小洞，剛好夠我擠進去。進洞後發現在裝羊毛的大包中間有一個狹窄的通道，一直可以到達車廂的中央。車廂中間所留的空間，足夠我平躺下來或坐起來，這就是我的臨時住所。

數小時後，當黎明的光線透過避難所的縫隙和車廂地板的裂縫投射進來時，我聽到了火車頭駛來的聲音，隨後便是車廂鉤連時的碰撞聲。不久，火車轟鳴著啟程，載著我前往一個未知的地方。

此刻，我已在新居安頓妥當，並整理了事先準備的武器和食物等必需品。首先，我擁有一把手槍，雖然很難預測它將如何幫助我解決潛在的問題，但至少是心理上的支持。其次，這裡有兩隻烤雞、幾片肉、一條麵包、一個甜瓜和三瓶冷茶。到海邊的整個行程不會超過十六小時，但現在是戰爭時期，沒有人會知道普通的貿易運輸會出現怎樣的延誤。

目前，我的藏身之處已經充滿了充足的光線。這節車廂的側壁和地板上布滿了裂縫，光線透過這些裂縫滲入，照射在這些堆積的羊毛包之間。沿著通往車廂底部的狹窄通道，我發現了一條大約八分之一英寸寬的縫隙，透過這縫隙可以窺見外界的一部分景象。為了掌握行程，我事先用心記下了沿途所有車站的名稱。至今，很多站名我仍能回憶起來：威特班克、米德爾堡、伯津德爾、貝爾法斯特、達爾曼努塔、瑪沙杜杜普、上瓦特法爾、下瓦特法爾、伊蘭茨、諾德格達赫特等等，一直到科馬蒂普特。

火車現在已經抵達了第一站，在這裡，它從礦區的支線駛上了幹線。經過兩、三個小時的延誤和轉軌，我們掛靠上一列正規的火車，很快，我們就會以令人滿意的速度前進了。

整整一天，我們一直向東穿越川斯瓦。夜幕降臨時，火車停靠在一個車站。據我推測，這應該是上瓦特法爾，我們已經完成了近半的行程。然而，我們會在這裡停留多久？也許會等上幾天吧。當然，第二天早上就出發也是有可能的。在漫長的一天裡，我躺在車廂的地板上，腦海中反覆描繪著獲得自由後的欣喜場景，想像著重返部隊的喜悅，以及成功出逃後的激動之情。但同時，焦慮和擔心也不斷困擾著我。我們越來越接近邊境，搜查是不可避免的。另外，還有一個不安也困擾著我：我想睡覺了。事實上，我不可能一直保持清醒。但如果我睡著了，就有可能會打呼！如果我打呼時，火車正停在寂靜的旁軌上，那麼我的打呼聲就有可能會被人聽到。一旦被發現……為了小心起見，我決定不睡覺。可是，之後我很快就進入了甜蜜的夢鄉，第二天早上才被列車與機車連線所發出的碰撞聲吵醒。

在上瓦特法爾與下瓦特法爾車站之間，有一段極為陡峭的下坡路段。機車經過此處時，需藉助支架與小齒輪逐漸滑行。我們以每小時三至四英里的速度前進，這一特徵令我確信，下一站便是下瓦特法爾車站。整日，我們都在敵占區行駛，傍晚時分，我們抵達了令我畏懼的科馬蒂普特站。我從縫隙中偷窺，發現這是一個相當大的車站，有多條鐵軌，停滿了貨車。此地人來人往，充斥著談話聲、叫喊聲和口哨聲。經過一番觀察外面的情景後，火車停了下來，我退到車廂中部，平躺下來，蓋上一個袋子，心跳加速，靜待事態發展。

數小時過去，我無法確定我們的火車是否已經接受檢查。期間有人數次上上下下，說著荷蘭語，但防水帆布始終未被揭開，看來車廂應該不會

第二十二章　出逃記（二）

遭到特別檢查。此時天色漸暗，我的心情再度變得焦躁不安。經過數百英里的行程後，在距離邊境僅幾百碼的危險地帶滯留如此之久，確實讓人心急如焚！我再次擔心打呼會帶來風險，但最終我還是入睡了，什麼事也沒有發生。

當我醒來時，火車仍然停著。也許布林人對火車進行了徹底的檢查，所以耽擱了這麼久！或許我們的火車被遺忘在旁軌上，要停上幾天或幾週。我迫不及待地想往外看，但我忍住了。十一點的時候，我們的火車又連上了機車開始行駛。如果我之前的推測沒錯，剛才我們過夜的車站就是科馬蒂普特站，那麼我現在已經進入葡萄牙人控制的地區了。但也許我弄錯了，也許我數錯了車站，也許離邊境還有另外一個車站，也許還要面臨搜查。然而，當火車到達下一站時，這些疑慮都煙消雲散了。我從縫隙往外看，看到站臺上葡萄牙軍官的制服帽，站牌上寫著「雷沙那伽西」。我強壓住內心的狂喜，直到我們繼續前進。火車又一次轟隆隆地出發了，我再也控制不住自己，將頭伸出防水帆布，高聲唱著、喊著、歡呼著。我實在是太激動了，太高興了，以至於用手槍向空中開了兩、三槍，鳴槍慶祝。幸好這些荒唐的行為未引起任何不良的後果。

我們抵達洛倫索馬貴斯時已是傍晚。火車駛入貨場，一群卡菲爾人開始卸貨。現在是我離開這個藏匿之所的時刻了。在此，我已經度過了三個焦慮不安的日日夜夜。我已經扔掉了剩餘的食物和殘渣，並清理了我曾隱藏在這裡的痕跡。我悄悄地從車廂尾部溜出，趁人不注意，混入貨場的卡菲爾人和閒逛的人群中。我邋遢的樣子在人群中並不引人注目。我走到門口，來到洛倫索馬貴斯的大街上。

伯格納在門外等候著我。我們交換了一個眼神後，他旋即轉身朝城裡走去，而我則在二十碼之外緊隨其後。我們穿過幾條街道，轉過幾個彎後，伯格納停下了腳步，注視著對面房子的屋頂片刻。我順著他的視線望

去，那是一個神聖的瞬間！我看見了鮮豔的英國國旗迎風飄揚！這是英國領事館。

領事的祕書顯然沒有料想到我會出現。

「請回，」他說，「領事今天無法接見你，如有要事，請於明日九點前來辦公室。」

聽他這麼說，我感到極度憤怒，便大聲重申堅決要求立即見到領事本人。這時，領事從窗戶探出頭來，終於下樓詢問我的名字。自那一刻起，我受到了熱情的接待：我洗了熱水澡，換上了乾淨的衣物，享用了一頓豐盛的晚餐，並發出了電報。所有我想要的都一一得到了滿足。

我迫不及待地閱讀完了面前所有的報紙。自從我攀過國立示範學校的圍牆逃走以來，發生了許多重大事件。英軍在那段時間正經歷波耳戰爭的「黑色一週」。加塔克將軍在斯托姆貝赫、梅休因勛爵在馬格斯方丹、雷德弗斯・布勒爵士在科倫索都遭遇了失敗，英軍傷亡慘重。自克里米亞戰爭結束後，英軍從未經歷過如此重大的損失。所有這些，使我急切地想要重返部隊。領事本人也同樣急於將我送出洛倫索馬貴斯，因為這裡充斥著布林人及其支持者。幸運的是，每週一班開往德班的輪船正好在當晚啟航，正好與我要搭乘的火車銜接。我決定乘這艘輪船離開。

我抵達此地的訊息迅速傳遍整個城市。當我們正享用晚餐時，一群陌生人來到領事館的花園，要求會見領事。原來，他們是一些全副武裝的英國人，趕來保護我，防止我再次被捕。在這些愛國者的護送下，我穿過街巷，安全抵達碼頭，大約在十點鐘登上了「印度納」號輪船。

抵達德班之際，我驚訝地發現自己如同凱旋的英雄般受到了熱烈的接待。港口懸掛著彩旗，軍樂隊奏響了歡慶的樂章，碼頭上擠滿了圍觀的民眾。海軍上將、陸軍將領以及市長都登船與我握手。我幾乎被熱情的人群

第二十二章　出逃記（二）

撕成碎片，他們把我高高舉起，抬進了市政廳。在市政廳，大家一致要求我發表一次演講。這時候，除了演講，我確實沒有其他方式來回應這些熱情的期盼。在推辭了一番之後，我最終答應了。隨後，一封封電報如雪片般從四面八方飛來。那個晚上，在勝利的光輝中，我出發重返部隊。

在部隊中，我同樣受到了極為熱情的歡迎。我住進了養路工的小屋，一個多月前，正是在距這個小屋不到一百碼的地方，我被俘成為戰俘。由於納塔爾戰役仍有許多激烈的戰鬥要進行，許多朋友為我舉辦了一場晚宴，祝我好運。我們共同度過了聖誕夜。

第二十三章　重返部隊

所以，我可以用《聖經》中的話來安慰自己：「寧做聰明的貧童，不做愚蠢的老王……」

在我成為戰俘的幾週期間，我的名字已經在英國境內、我的故鄉廣為人知。我在那次裝甲列車突圍行動中的表現，被成功撤回的鐵路工人和傷員誇大了。聚集在埃斯特科特的戰地記者添油加醋、栩栩如生地描繪這一傳奇故事，並將其發回英國，於是各大報紙紛紛對我大加讚賞。我出逃的九天裡，音訊全無，一切都懸而未決，加上我再次被捕的傳言，將這一事件推到了頂峰，也再次激起了民眾的讚美。年輕人喜歡冒險，新聞媒體需要吸引廣告，這兩樣我都具備，所以當時我是家喻戶曉。那段時期，英國上下因戰爭的挫敗而情緒低落，非常需要多宣傳此類事件以喚起人們的士氣。我以智取勝打敗布林人的訊息無疑大快人心，因此備受關注。當然，在人們的讚譽聲中，也夾雜著一些人的蔑視。例如：

11月23日，《真理報》：……「火車上已經陷入混亂，據稱邱吉爾先生高聲呼喊『要像個男子漢！要像個男子漢！』來重新組織部隊。那麼這支派遣部隊的指揮官在做什麼呢？此外，士兵們的行為難道都不像男子漢嗎？戰場上的指揮官能允許一名記者來『組織』他的隊伍，並讓士兵們都聽從他的指揮嗎？」

11月23日，《鳳凰報》（現已停刊）報導：「溫斯頓・邱吉爾先生在裝甲列車上拯救了一名傷員的生命是有可能的，或許他還持槍對一名布林士兵射擊。然而，問題在於他為何會在裝甲列車上呢？無論如何，他並無權

第二十三章　重返部隊

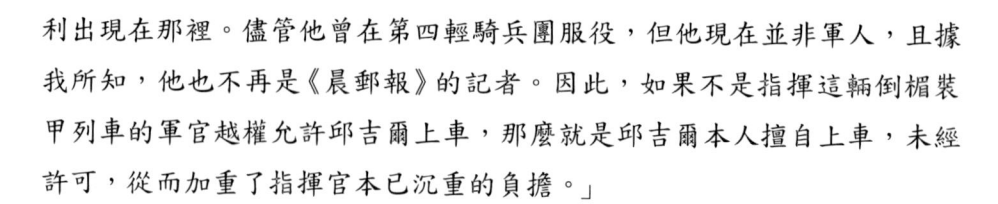

利出現在那裡。儘管他曾在第四輕騎兵團服役，但他現在並非軍人，且據我所知，他也不再是《晨郵報》的記者。因此，如果不是指揮這輛倒楣裝甲列車的軍官越權允許邱吉爾上車，那麼就是邱吉爾本人擅自上車，未經許可，從而加重了指揮官本已沉重的負擔。」

……當時我仍在敵方的掌控之下，生死未卜，儘管我與他們同屬一國，但《鳳凰報》依然以相當冷酷的語氣報導：

我們衷心希望邱吉爾先生未遭槍決。然而，如果布林人的將軍下令處決，那也無可指責。非戰鬥人員沒有攜帶武器的權利。在普法戰爭期間，任何攜帶武器的非戰鬥人員一旦被俘，都會立即被處決。我們不能指望布林人比高度文明的法國人和德國人更仁慈。

12月16日，《國民日報》（現已停刊）：「邱吉爾先生的越獄在軍隊中既不被視為光彩的行為，也不被視為值得稱讚的事蹟。他被俘時是以戰鬥人員的身分，並且享有與其他軍官戰俘相同的假釋待遇，但他無視這種特殊待遇，選擇了逃脫。如果普利托利亞當局對此類事件採取更嚴厲的預防措施，也不足為奇。」

最後是12月26日，《威斯敏斯特公報》報導：「溫斯頓·邱吉爾先生重獲自由。他以其獨特的智慧和策略，成功從普利托利亞逃脫。布林政府一直在忙於調查他逃脫的具體方法。到目前為止，一切進展順利。如果他的逃脫完全符合規定，那麼他同時向朱伯特將軍報告自己是記者，並未參與戰鬥，要求釋放，這點讓我們難以理解。當我們讀到關於邱吉爾先生在裝甲列車上的英勇事蹟報導時（而且看起來很真實），簡直不敢相信自己的眼睛。朱伯特將軍也無法相信，並回覆說他本人不認識邱吉爾先生，扣留他是因為所有納塔爾報紙都將裝甲列車的成功突圍和撤離歸功於邱吉爾先生的勇敢與努力。不過，既然這些報導有誤，將軍便相信邱吉爾的話，認為他是非戰鬥人員，並下令釋放他。這道命令在邱吉爾先生逃脫的半天

後到達戰俘營。邱吉爾先生是否真的是非戰鬥人員仍然是個謎，但有一點很清楚，他不可能同時占據兩種身分的好處。許多記者認為他應該獲得維多利亞十字勳章，但他寫給朱伯特將軍的信表明，他不配。」

當我閱讀這些評論時，除了認為他們有些心胸狹隘之外，並無其他不滿。至於鐵路工人和裝甲列車上傷員的傳奇故事，以及這些描述如何被誇大後傳至英國，這都不是我的責任。這些報導引起國內廣泛關注，更非我所能控制。我當時只是戰俘，必須保持沉默。看過前幾頁的讀者能理解我為何與霍爾丹上尉一起執行那次倒楣的偵察任務，並了解我在突圍戰中的角色，因此能判斷我的非戰鬥人員身分是否有根據。我不確定朱伯特將軍是否真的改變了將我視為戰俘的決定，但我不明白的是這項命令為何在我逃出國立示範學校後才公布，這難道不是奇怪的巧合嗎？至於有人說布林人給我假釋或其他優待，但我仍然出逃，這純屬無稽之談。戰俘從未有過假釋，我們都在全副武裝的哨兵嚴格看守下。不過，謠言一旦出現，就會被政敵利用，後來我至少在四個不同場合被迫控告這些造謠誹謗者，要求賠償名譽損失並公開道歉。當時，我非常憎恨那些親布林的英國人。

我從德班發給《晨郵報》的一篇電報文章也受到了英國軍方和各界的批評。我這樣寫道：

在回顧整場戰役時，我們未曾察覺到對手的強大和難纏，這是極大的疏忽。布林自由民的高素養增強了他們的作戰效能。儘管他們的政府腐敗，但在戰爭中卻全力以赴。

我們不能逃避現實。布林騎兵擁有地理優勢，一名騎兵的戰鬥力相當於三到五名普通士兵。布林軍隊裝備的現代化步槍威力驚人，我軍的正面進攻屢屢遭到挫敗。敵軍行動靈活，側翼防禦也非常嚴密。擺脫目前困境的唯一辦法是派出與之匹敵的英軍，如果英軍素養不足，只能派出大規模部隊。若能派出八萬人的武裝部隊，並配備一百五十門大砲，布林兵必敗

第二十三章　重返部隊

無疑。但若只派遣一萬五千人的縱隊去攻打布林軍，注定會失敗。零星地逐步增援是一種極其危險且浪費兵力的策略。

布林共和國必定會如同美國的美利堅邦聯。[143] 同樣因兵力消耗而日益削弱和衰敗，我們不應急於求成。我們應該集結一支龐大且無堅不摧的軍隊，與其零星地逐步增援，不如一次性派出大部隊，這樣最終損失反而更少。即便向這裡派遣二十五萬大軍也不為過，南非這片土地值得我們付出血汗和財富，這裡需要更多的非正規軍。英國的紳士們都去獵狐了嗎？為什麼不能組建一支輕騎兵？為了我們的男子氣概，為了我們忠誠的殖民者，為了我們陣亡的將士，我們必須堅持到底。

忠言逆耳，常致怨恨。說「布林騎兵在地利上占優勢，一個騎兵能抵三至五個普通士兵」被視為對英國軍隊的貶低。二十五萬大軍的猜測也被斥為荒唐。《晨導報》稱：「我們獲得一個未經證實的訊息，蘭斯多恩勳爵在羅伯茨[144]勳爵抵達前，便任命溫斯頓·邱吉爾先生為英軍總司令，指揮南非的部隊，並委派雷德弗斯·布勒將軍為其參謀長。字裡行間充滿了諷刺意味。軍官俱樂部的老上校和老將軍們極為憤怒，他們中的一些人甚至發電報給我，說道：「這裡的朋友們希望你不要再這麼愚蠢下去了。」然而，我的「幼稚」觀點很快被事實所證實。一萬名帝國義勇軍騎兵以及各式各樣的志願軍被派往增援南非的英軍正規部隊。如此一來，在勝利前夕，這裡已經集結了二十五萬英國士兵，相當於布林兵力的五倍。因此，我可以用《聖經》中的話來安慰自己：「寧願做一個聰明的窮孩子，也不做一個愚蠢的老國王……」

與此同時，「黑色的一週」中的那些災難喚醒了整個英國，英國當局

---

[143]　美利堅邦聯：在1861年至1865年的美國南北戰爭期間，由脫離聯邦的十一個南方州組成的政府。

[144]　羅伯茨（1832－1914）：英國陸軍元帥，出生於印度。1858年因在鎮壓印度兵變中的卓越表現獲得維多利亞十字勳章，1895年晉升為陸軍元帥，1899－1900年在波耳戰爭中擔任總司令。

對此做出了回應。巴爾弗先生被批評家們認為缺少陽剛之氣，而且才疏學淺，但在這危急關頭，事實證明了他是大英帝國政府的中流砥柱。雷德弗斯·布勒爵士12月15日在科倫索失利，傷亡達一千一百人，他感到心煩意亂。在當時看來，這個損失非常慘重，他驚慌失措地發了急件給戰爭辦公室，畏首畏尾地給喬治·懷特爵士下了命令，建議他在萊迪史密斯繼續堅持，然後盡可能達成最好的投降協議。12月15日，他給戰爭辦公室的電文如下：「我不認為我們目前強大到足可以解救懷特。」這份電報是週末到的，當時大臣中只有巴爾弗先生在倫敦。他的回覆非常乾脆：「如果你不能為萊迪史密斯解圍，就請你把指揮權交給弗朗西斯·克利里爵士，然後回國。」懷特也冷冷地回覆說他無意投降。這件事我們一直不知道，很久以後才獲悉。就在此時的稍早時候，德國皇帝派英國駐柏林的一名武官回國，給維多利亞女王捎去口信：「我不能永遠坐在安全閥上，我的臣民要求干預，你們一定要打勝仗。我建議您派羅伯茲勳爵和基秦拿勳爵去南非。」不管是不是因為他的建議，還是其他的原因，12月16日，羅伯茲勳爵被任命為總司令，基秦拿爵士任總參謀長，他們率領除印度之外的整個英國軍隊以及來自英國和殖民地的志願軍組成的強大的增援部隊，奔赴南非。有了這強大的增援，布勒將軍被派去負責指揮納塔爾地區的戰事，奉命解圍萊迪史密斯。而主力部隊則以比原計畫大得多的規模從開普殖民地向北挺進解救金伯利，攻占布隆方丹。

布勒對於他的任命並不滿意，他深知圖蓋拉河岸高地上敵軍的實力，自從在科倫索遭遇失敗後，他甚至誇大了布林軍的實力。在連續攻打圖蓋拉失敗後，他坦率地向我表達了他的心聲。他說：「我一直認為應該避開在納塔爾作戰，但現在卻要我在這裡作戰，而且還要沿著對我軍最不利的路線前進。」

如今，他全心全意地參與了與其意願相悖的納塔爾戰爭。我深信，在

第二十三章　重返部隊

他這個年紀，他的軍事才能和精力已經無法滿足職責的需求，不再具備隨機應變的能力，也不再那麼果斷堅決。然而，他依然擁有士兵們的信任，仍然是英國民眾心目中的偶像。

倘若一位年輕的軍官因其英勇善戰而榮獲維多利亞十字勳章，那麼在二、三十年後，他是否仍能擔當指揮軍隊的重任，我深表懷疑。這類似乎理所當然的假設，過去曾多次導致嚴重的災難。隨著年齡的增長、體重的增加、和平時期的安逸生活以及多年來的順遂官運，這些因素都會削弱戰爭中至關重要的銳氣。在長期和平的年代，國家應該預備一批四十歲以下、擁有中級軍銜的海軍和陸軍軍官。這些軍官應接受特殊的訓練和考驗，他們應被派往各支軍隊進行指揮鍛鍊，並給予他們作出重要決策的機會。他們應被帶到國防委員會進行多方面的考核，以了解他們的觀點。隨著年齡的增長，他們將被另一批年輕人所取代。[145] 像這樣的人物畢竟是罕見的，而羅伯茨勳爵則是一個例外。

* * *

雷德弗斯·布勒爵士對川斯瓦當前的局勢進行了仔細的詢問，我毫無保留地將自己所掌握的所有資訊，包括從車廂縫隙中觀察到的情況，全部告訴了他。他對我說：

「你表現得非常出色，我們可以幫你什麼嗎？」

我立即回應，表達了我願意加入那支正在從各個領域召集的非正規部隊。自從我們的航程結束後，我便再也沒有見過這位將軍。然而，在我四年的軍旅生涯中，我們偶爾仍有連繫。此刻，他露出一絲為難的神色，停頓了許久才問道：

---

[145]　丹多洛（1107－1205）：在八十六歲高齡時當選為威尼斯共和國總統。此後，這位失明的長者還組織了第四次十字軍東征。

「那麼可憐的老博思威克那邊怎麼辦？」他所指的是阿爾傑農・博思威克爵士，即後來成為《晨郵報》所有人的格萊內斯克勳爵。我回答說，我和他是簽了合約的，我是戰地記者，不可能放棄這個職位。這樣就出現了一些需要考慮的問題。在前幾年的各種小規模戰爭中，休假中的軍官當戰地記者，或現役軍官身兼兩職，都是司空見慣的事。這種現象被認為是濫用職權，遭到了很多人的反對。我在印度邊境和尼羅河畔的戰爭中都是雙重身分，因此我受到這類批評也比別人多。遠征尼羅河之後，戰爭辦公室明確規定軍人不能擔任記者，記者也不能從軍。這項新規定的發表應該與我有很大的關係，如果現在為我破了例，不是對這一神聖規定的褻瀆嗎？而且這也是一件非常難辦的事情。雷德弗斯・布勒多年來一直在戰爭辦公室任人事行政參謀部主任，他老於世故，但也是恪守軍紀的代表人物。他在房間裡繞著走了兩、三圈，用一種古怪的眼神注視著我。最後他說：

「好吧。你可以加入賓上校[146]指揮的團，你盡量做到兩頭兼顧。然而，」他補充，「你無法從我們這裡獲得任何軍餉或報酬。」

對於這一反常的安排，我立刻表示同意。

＊　＊　＊

因此，我攜帶著一份中尉的任命書，再次加入了南非輕騎兵團。這支部隊由六個中隊組成，擁有超過七百名騎兵，並配備一個機槍連。該團是由朱利安・賓上校在開普殖民地招募並成立的。賓上校此前是第十輕騎兵團的一名上尉，他是一位前途光明的軍官。他任命我為他的副官，並允許我在非戰鬥期間自由行動，這無疑是再好不過的安排了。我將軍銜標記縫在卡其布外套上，並在軍帽上插上一根長鳥羽，開始過上了極為愉快的日子。

---

[146] 賓上校即如今的朱利安・賓勳爵。——原注

第二十三章　重返部隊

南非輕騎兵團屬於鄧唐納德勳爵指揮的騎兵旅，這支部隊的幾名軍官和朋友在後來的歐洲大戰中都獲得了顯赫的地位。賓、伯德伍德、休伯特·高夫後來都成了司令官；巴恩斯、索利·弗勒德、湯姆·布里奇以及其他幾名軍官也都晉升為師級指揮官。在整個納塔爾戰役期間，我們共同生活，圍著同一堆篝火取暖，擠在同一輛馬車上睡覺，成為最好的朋友。士兵們雖然出身各異，但都是一流的戰士。這支南非輕騎兵團大多數成員是南非人，其中包括來自世界各地的冒險家，甚至有一位來自美國南北戰爭時期南方的騎兵。巴恩斯的帝國輕騎兵中隊成員大多來自南非蘭德金礦的外族人。兩個納塔爾憲兵中隊和桑尼克羅夫特的騎步兵部隊則由納塔爾省的農場主和殖民者組成。兩個英國騎步兵連也非常優秀。殖民者，特別是外族人和納塔爾人，對敵人充滿仇恨。當時，職業軍人認為他們不夠專業，但他們能夠精誠團結，協同作戰。

第二十四章　斯皮恩山戰役紀實

一個營迅速陷入激烈的戰鬥，但整個旅的其餘部隊則暫停了行動。

在此，我不再詳述萊迪史密斯的解圍過程，只簡要概述。雷德弗斯・布勒爵士放棄了在科倫索強渡圖蓋拉河並沿鐵路線推進的計畫。增援到達後，他的部隊增至一萬九千名步兵、三千名騎兵和六十門大砲。他嘗試繞過布林軍的右翼，並在圖蓋拉河上游距科倫索二十五英里的地方渡河。1月11日，鄧唐納德的騎兵旅迅速出擊，占領了俯瞰波特希特和特里哈特渡口的高地。次日，所有步兵在前哨騎兵掩護下，未拆帳篷地從容趕往特里哈特渡口。17日黎明，騎兵部隊在沒有遇到激烈抵抗的情況下渡過了渡口，繼續向左挺進，經過與約二百名布林兵的激烈戰鬥並取得勝利後，在夜幕降臨時到達阿克頓霍姆斯附近。與此同時，先頭步兵旅在渡河時遇到了一些困難，但最後在斯皮恩山腳下紮營，並開始搭建兩座浮橋。次日早晨，兩座浮橋完工，查爾斯・華倫爵士指揮的第二師及一支加強旅、我軍大部分砲兵於當晚安全通過浮橋。18日上午，近一萬六千名士兵安全渡過圖蓋拉河，騎兵距阿克頓霍姆斯的開闊地不遠，只需再行軍兩天即可進入萊迪史密斯。參戰部隊——包括有經驗的殖民地居民——普遍認為，只要左翼騎兵繼續推進，整個戰線即可推進到斯皮恩山以西，繼續前進即可解萊迪史密斯之圍。

不過，布勒與其參謀人員對於他們的交通運輸線感到憂慮，這是有原因的。實際上，他們繞過敵方右翼前進，拉長了戰線，面對的是一支靈活

第二十四章　斯皮恩山戰役紀實

的敵軍。一個英軍步兵旅駐守在科倫索的渡口，另一個由利特爾頓[147]指揮部位於波特希特渡口對岸，主力部隊已經集結完畢，右翼駐紮在斯皮恩山腳下，左翼則是分散的騎兵。然而，這條長達三十英里的前線並非連續不斷。兩、三千名布林士兵隨時可能從兩個英軍守衛旅之間的空隙渡河而來，如果布林軍隊繼續南進，他們可能會切斷英軍的補給線。布勒總司令擔心部隊撤退至鐵路線的路徑會被敵軍截斷，像萊迪史密斯的喬治·懷特將軍那樣被包圍。而他的部隊既沒有壕溝圍繞的堅固營地，也沒有足夠的糧食和彈藥來抵禦圍攻。這種擔憂如同噩夢般困擾著布勒的心頭。布勒軍隊的行動緩慢，使得這些危險很快成為現實。我們的騎兵渴望迅速大規模前進，而布勒認為縮短戰線至關重要，決定以斯皮恩山為中心作戰。於是，在23至24日的夜晚，我軍派出一個步兵旅和桑尼克羅夫特騎兵團（下馬作戰）前去攻占斯皮恩山，並成功占領。山上的少數布林士兵逃走了。第二天早晨，伍德蓋特將軍的這個旅駐紮在山頂，其餘部隊則駐紮在西面的丘陵地帶。

　　與此同時，布林人已經整整六天觀察著英軍緩慢得令人難以置信的進展。布勒的部隊彷彿在悠閒地散步，而華倫的隊伍則像是在艱難地爬行。敵人有充足的時間進行重新部署和修築防禦設施。他們能夠從包圍萊迪史密斯的部隊中調出七千名騎兵、十幾門大砲和機關炮。然而，當布林人發現我們的騎兵已經威脅到阿克頓霍姆斯時，他們驚慌失措，大批自由民開始北上，有的單獨行動，有的組成突擊隊。英軍占領斯皮恩山的壯觀場景帶給布林人的更多是驚奇而非恐懼。沙爾克·伯格將軍親自召集了一千五百名布林士兵，其中大多數是埃爾默洛和普利托利亞地區的突擊隊員，在晨霧尚未散盡的一小時內，向斯皮恩山發起猛烈的反擊，同時指揮他那數量不多但裝備精良、射程遠的大砲從四面八方向山上開火。

---

[147]　即後來成為內維爾·利特爾頓爵士者。——原注

斯皮恩山是一座岩石山，幾乎堪稱大山，海拔達一千四百英呎，其頂部平坦，面積相當於特拉法加廣場。在這區域域，兩千名英軍步兵集結於此。山頂幾乎沒有遮擋，敵人來襲前，他們僅有時間挖掘淺淺的戰壕作為掩體。布林軍迅速在槍戰中占據上風，榴彈在英軍士兵中爆炸。對英軍而言，守住山頂比發起衝鋒更加艱難。此時，若能向斯皮恩山的山坡下發起猛烈衝鋒，再配合部隊主力的正面進攻，我們必定能取得勝利。然而，山頂上的英軍旅並未發起衝鋒，而是在南非炎熱的夏天，苦撐了一整天。戰鬥伊始，伍德蓋特將軍即陣亡，整個旅損失慘重。在這片彈丸之地，至少有一千名英軍將士暴露在敵軍火力下，或死或傷，但他們頑強抵抗，死守山頂，直至傍晚。為解此困境，利特爾頓孤注一擲，派出兩個營在波特希特渡口渡過圖蓋拉河。這兩支精銳部隊——第六十步槍營和蘇格蘭步兵營——從山的另一側向上攀登，占領了名為「雙胞峰」的兩個山頭。若總司令決策果斷，這兩個山頭將成為決定性制高點，而其餘部隊則在旁觀戰。夜幕降臨，英軍雖受挫嚴重，但仍守住了所有重要位置。

與騎兵部隊同行的一週時間，我們在向圖蓋拉河挺進的過程中，整日憂心忡忡，擔心敵軍會對我們力量薄弱的前哨發動攻擊。17日清晨，我們在特里哈特渡過圖蓋拉河，當晚便在阿克頓霍姆斯參與了一場小規模戰鬥。這場戰鬥令人振奮，布林軍以為能從側翼包抄我們旅，設下埋伏。然而，我們的兩個騎兵中隊隱蔽地沿著河邊低地前進，從側翼包圍了敵人。敵軍毫無戒備地三三兩兩進入一個勺狀山谷，我們從三面開火，最終殲滅了約半數敵軍，並俘虜了三十名戰俘，而我們僅損失四、五人。次日，本應有兩個騎兵旅繼續前進與敵軍交戰，以將其引離步兵陣地。然而，上級命令所有騎兵返回，與左翼步兵保持連繫。三天後（20日），我們向溫特溪前的高地發起進攻。在炮火掩護下，我們迅速涉過小溪，將戰馬留在山谷，徒步爬上陡峭山坡，將布林軍前哨趕回。我們攻占了山上的凸角，猛

第二十四章　斯皮恩山戰役紀實

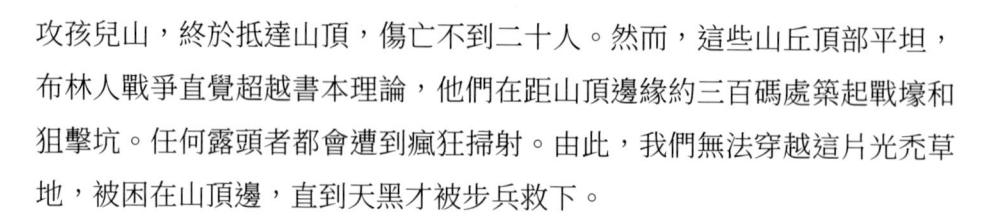

攻孩兒山，終於抵達山頂，傷亡不到二十人。然而，這些山丘頂部平坦，布林人戰爭直覺超越書本理論，他們在距山頂邊緣約三百碼處築起戰壕和狙擊坑。任何露頭者都會遭到瘋狂掃射。由此，我們無法穿越這片光禿草地，被困在山頂邊，直到天黑才被步兵救下。

翌日對我們而言是休整日。然而 24 日清晨，醒來時，我們全都注視著右側的斯皮恩山峰巔。據悉，夜間此山巔已被我軍占領，持續的砲火聲顯示布林軍正展開反攻。午餐後，我和一名戰友騎馬前往三樹山觀察戰局進展。此地有六個野戰砲兵連和一個榴彈砲連，這樣的配置在此種戰爭中已屬強大，但他們卻不知該對何處開火。布林軍分散的砲火猛烈攻擊斯皮恩山，而我軍卻無法發現目標，也看不到其他敵人。我們決定登山。我們將馬停在山腳下，從靠近萊特農場的地方出發，翻越一塊塊巨石，來到後山脊。戰鬥的激烈程度顯而易見，傷員不斷從山上撤下，有的緩慢行進，有的滾下，還有的需要四、五人抬著。山腳下迅速搭建起兩個臨時醫院。山頂邊緣，一個預備營仍按兵不動，另有一名准將也無所事事。據悉，伍德蓋特將軍陣亡後，桑尼克羅夫特上校接替指揮山頂全部部隊，拚死抵抗。准將接到命令，不得干預桑尼克羅夫特上校指揮。山上曾豎起白旗，布林軍來接受幾個連的投降，但桑尼克羅夫特趕到，怒斬白旗，雙方又在近距離激烈交火。我們右邊是「雙胞峰」，能看到上面不時有細小人影出現。初時以為是敵軍，若真如此，則他們已占有利地形，很快會斷我軍退路。但實際上，那是我們的蘇格蘭步兵團，從波特希特渡口趕來。我們抄近路登頂，但火力太猛，不宜觀戰，遂決定回去向指揮部報告戰況。

我們抵達第二師指揮部時，天色已近黃昏。查爾斯·華倫爵士年屆五十九，儘管如此，他的外貌顯得比實際年齡更為蒼老。十六年前，他曾指揮貝專納[148]戰役。他曾被臨時調派到倫敦警察局擔任局長，現在又重

---

[148]　貝專納：即現今位於非洲中南部的國家波札那。

新被召回擔任這個關鍵的軍隊指揮職位。他顯得相當焦慮，因為與山頂的連繫已中斷好幾個小時，而我們帶來的消息未能讓他安心。他的參謀表示：「我們整天都非常焦急，但最糟糕的時刻已經過去了。我們將派遣新部隊前往，連夜挖掘戰壕，明天用少量兵力守住山頂。現在請將這些話轉告給桑尼克羅夫特上校。」我要求他將這些話寫下來，他同意並照辦了。

於是，我再次攀登那座山峰，但這次是在夜晚。我途經仍然保持靜默的預備營，終於抵達山頂。此刻，戰火已然熄滅，只剩下零星的槍聲響起，地面上滿是死傷的士兵。我搜尋了好一會兒才找到桑尼克羅夫特上校。我向他敬禮，祝賀他晉升為准將，隨即遞上信條。「若有幸，明天再成為准將吧，」他說，「一個小時前，我已下令全面撤退。」「這信裡沒有什麼實質性的內容，」他看了看信條，不耐煩地說，「增援？這裡的人已經夠多了。總體計畫是什麼？」我回應道，「在撤離這座山之前，我是否應先通知查爾斯·華倫爵士？我確信他希望你堅守此地。」「不必了，」他說，「我已經決定，撤退已經開始了。我們已放棄了許多陣地，隨時可能被切斷退路。」接著他語氣加重，「與其明早一場血戰，不如今晚六個營安全撤下山。」由於他身旁沒有副官或參謀，這場艱苦的戰爭已使他身心俱疲，我便一直留在他身邊。夜色中，部隊一列接一列地向山下撤退，持續了一個多小時。

周圍再度歸於寧靜，我們幾乎是最後一批下山的人。當我們經過幾棵矮樹時，一些黑影映入眼簾。「布林兵，」桑尼克羅夫特低聲說，「我早料到他們會攔截我們。」我們拔出手槍，結果發現是自己人。離開山頂向下走了約一百碼時，我們遇到了那個一直未參戰的預備營。桑尼克羅夫特上校盯著這些聚集在一起的士兵看了一、兩分鐘，似乎在權衡他的決定，但整個山頂已經撤空，敵人重新占據了山頂。桑尼克羅夫特搖了搖頭，繼續往下走。半小時後，在接近山腳的地方，我們遇到了一長隊拿著鎬和鐵

第二十四章　斯皮恩山戰役紀實

鍬的士兵，領頭的軍官提著一盞燈籠。「有一封信要交給桑尼克羅夫特上校。」他說。「念。」桑尼克羅夫特對我說。我撕開信封，信很短：「我們已派出四百名工兵和一個新的步兵營，到明天前，必須牢牢防守。」但桑尼克羅夫特上校揮舞著他的手杖，命令增援部隊掉頭和我們一起下山。夜色漆黑，我花了一個小時才找到華倫將軍的指揮部。將軍已經睡著了，我把手放在他的肩膀上，將他叫醒。「桑尼克羅夫特上校來了，長官。」他非常平靜地接受了這一切。他是一位很有魅力的老紳士，我真心為他感到遺憾，也為部隊感到惋惜。

桑尼克羅夫特上校違抗軍令，擅自從他的士兵們用生命捍衛的陣地撤退，犯下了嚴重的錯誤。由於當天他表現出非凡的勇氣，多次阻止士兵投降的企圖，因此得到了寬恕，沒有受到軍法處置。有些人長時間未向他下達任何明確的命令，也沒有與他進行任何連繫，自然不能責怪他。如果有一位年輕且精力充沛的師長，制定好所有的營救計畫，並在夜幕降臨時上山加入桑尼克羅夫特上校的隊伍，親自安排一切，這場無情的災難應該可以避免。

布林軍隊在這場戰鬥中也遭受了慘重的損失，他們一直攻不下這座山頭，非常沮喪。當路易斯·博塔從萊迪史密斯趕來時，他們正準備撤退。博塔兩個月前還只是一名二等兵，現在已經是總指揮了。他命令布林兵掉頭，帶他們上了山頂。山上屍體橫陳的場面令人震驚，淺淺的戰壕裡擠滿了死傷的官兵，有近一百名軍官陣亡。重新占領山頂以後，博塔掛出一面休戰旗，讓我們上山料理傷員，掩埋死者。25日那天靜靜地過去了。25日和26日，英軍的大型運貨列車轟隆隆地越過大橋返回；26日晚上，整個部隊再次全部越過圖蓋拉河。我一直不明白布林軍為什麼不把橋炸毀。我們順利地渡過河，雷德弗斯·布勒爵士因此可以聲稱他的部隊在撤退中「沒有損失一兵一卒和一點糧草」。這便是十六天以來整個部隊的作戰情

況，傷亡約一千八百人。

接下來，布勒將沿著斯皮恩山以東的山脊進軍，目標是多倫峽谷。部隊獲得了增援，火炮數量增至近百門，包括能發射五十磅重砲彈的遠端艦炮。儘管作戰計畫極為複雜，但我可以簡要說明。在波特希特渡口，我們搭建了一座橋梁，一個步兵旅在火炮掩護下，準備向布林軍的中心發起攻擊。當敵人的注意力被吸引到此處時，另外三個旅將前往下游兩英里的地方，在那裡迅速搭建另一座橋梁。其中一個旅將進攻左側的瓦爾格蘭茨山脊，另外兩個旅則進攻多倫峽谷。正規軍騎兵旅和我所在的隊伍，這兩個騎兵旅，加上一個騎兵砲兵連，將經由這些戰鬥開啟的缺口，朝克里普山口發起衝鋒。這些部署高度保密，行動前夜才告知我們，得知後我們頗為擔憂。當我們在斯皮恩山上，用望遠鏡觀察那片被戰火摧殘的地區時，看到四處是小山丘和溪流，還有許多灌木和巨石。我們猜測，騎馬衝鋒時很可能會遭遇敵人的頑強抵抗。但我們無法對此妄加評論。

隨著英軍在茲瓦特山上展開猛烈的炮擊，攻勢正式打響。騎兵隊伍從斯皮恩山有序地向下行進，朝圖蓋拉河出發，場面蔚為壯觀。瓦爾格蘭茨山脊上的敵軍陣地在我軍重炮的轟擊下，猶如濃煙滾滾的火山。我為我的弟弟在南非輕騎兵團謀得一職，當時他剛滿十九歲，抵達僅兩天，我們一同衝下山去。利特爾頓指揮的旅越過第二座橋，向左側進攻瓦爾格蘭茨山的東端。當他們無法再前進時，便挖戰壕潛伏下來。此刻，輪到第二旅出動了，但他們似乎不太情願越過橋進入這片險惡的陣地。一個營迅速捲入激烈的戰鬥，但整個旅的其他部隊卻暫停了行動。大約下午四點，我們接到命令，第二天再行動，於是我們在山腳下紮營，只是偶爾受到敵軍砲彈的騷擾。雖然我們距離運輸隊只有五英里，但因為原本計劃從缺口突進，所以除了必需品外，什麼也沒帶。那晚很冷，賓上校和我共用一條毯子。當他翻身時，我便感到寒冷；而當我翻身時，毯子從他身上被拖走，他表

第二十四章　斯皮恩山戰役紀實

現出不滿。他是上校，這樣的安排並不理想。天終於亮時，我感到非常高興。

　　同時，利特爾頓將軍和他的步兵在山脊上挖掘了深邃的戰壕，隱蔽得極為巧妙。他們預料到白天會遭受敵人的猛烈炮火襲擊，結果果然如此。然而，他們的戰壕構築得非常堅固，成功抵擋了一整天的炮轟，並擊退了多次敵軍步兵的進攻，我軍傷亡不到二百人。我們在露營地緊密觀察著他們，期盼著騎兵衝鋒的那一刻，但始終未能如願。當晚，利特爾頓指揮的步兵旅撤過了河，浮橋被收起，整個部隊在損失五百人後，從容地返回了奇夫利和弗萊利的營地。一個月前，我們正是從那裡開始展開解圍萊迪史密斯的行動。與此同時，萊迪史密斯的守軍在飢餓中苦苦支撐，靠吃戰馬和騾子維持生計。喬治·懷特爵士聲稱他還能再堅持六個星期，但已經無力再配合我們，只能坐以待斃。因此，前景顯得相當黯淡。

第二十五章　解圍萊迪史密斯

在一千二百名進攻的官兵中，包括兩名上校、三名少校、二十名軍官及近六百名士兵，皆或死或傷，進攻被徹底擊退。

雖然戰爭令人心煩，但解救萊迪史密斯的兩個月卻成為我生命中最愉快的時光之一。儘管我們的非正規旅在五天內至少有三天與敵人交火，除了斯皮恩山戰役中桑尼克羅夫特軍團的傷亡較大，其餘時間我們的損失都很輕微。小規模的戰鬥不斷發生，每次的傷亡人數都在六到二十人之間，讓我大開眼界。每天早晨，我們騎馬出發，攻打側翼，與布林軍隊周旋，有時策馬疾馳，有時攀爬山岩，遠望飛奔的騎兵，聽見幾聲槍響，瞄準後射出幾發子彈，然後平安返回營地，享用豐盛的晚餐，與戰友歡聚。與此同時，我以最快的速度連續不斷地給《晨郵報》發稿，並從他們那裡得知，我的報導贏得了廣大讀者的喜愛，包括一些有影響力的社會人士。我結識了所有的將軍和其他重要人物，與他們每個人都打過交道，無處不受歡迎。我們在曠野中過著神仙般的生活，夜晚涼爽怡人，白天陽光燦爛，還有足夠的肉、雞和啤酒。納塔爾的報紙總是在中午送到前線，晚上我們回來時，它已經在等著我們閱讀。在這裡，每個人都活在當下，沒有時間多想，因為隨時可能發生一些事情。心中無憂無慮，既不對過去感到遺憾，也不對未來感到憂慮。我們不需要花錢，沒有人向我們追債，更沒有什麼糾紛，我們的薪水放在家裡，越積越多！當我還在普利托利亞當俘虜時，我覺得有義務寫信給《晨郵報》，請求解除合約，因為他們已經不可能再從我這裡獲得更多有價值的報導，但他們沒有同意。不過，在獲悉這

第二十五章　解圍萊迪史密斯

一消息前，我已經自由了。我和他們一直保持著良好的關係，再也找不到比這更好的僱主了。

我的弟弟傑克能與我相伴，這讓我感到無比快樂，盼望著能帶他四處遊覽，目睹戰爭的壯麗景象。然而，這份快樂的心情很快便被打斷。2月12日，我們在鐵路線以東約六、七英里的地方偵察，並在一處有大片樹林的高地停留了數小時，部隊裡的人稱此地為胡薩山。布勒將軍和他的司令部參謀希望視察那裡的情況，我們整個騎兵旅全數出動，驅散了布林軍的哨兵和巡邏隊，設立了自己的前哨，使將軍一行得償所願。到中午時分，槍聲開始頻繁起來，當我們返回營地時，布林軍尾隨而至，騎兵旅在撤退過程中遭受了一些傷亡。

自胡薩山撤離後，我們疾馳而行，成功將敵軍甩開了一英里。隨後，我們中隊放緩速度，沿著一片長長的草坡，緩緩向營地出發。如今的我已成為一名作戰經驗豐富的年輕軍官，對即將來臨的危險極為敏感，就如同你能感受到微風拂面的輕觸。當我們騎行至一處陌生的小山或河道，若該地處於步槍射程範圍內，我便會感到一股寒意。此刻正是這種情形，我頻頻回望胡薩山，觀察身後那片緩步回營的棕色騎兵中隊。我對同伴說：「我們離敵軍還是太近了。」話音剛落，便傳來一聲槍響，隨即兩、三百支毛瑟槍同時開火，子彈如冰雹般落入我們隊伍中，一些騎兵從馬鞍上摔下，有些戰馬也被擊倒。騎兵們本能地四散奔逃，朝著離我們二百碼遠的山頭衝去。我們在那裡跳下馬，匆忙將馬匹隱藏，隨後臥倒在草地上，奮力向敵軍還擊。

假如布林軍的行動稍微加快一點，提前四分之一英里發起攻擊，我們將面臨慘重的損失。然而，現在雙方距離超過兩千碼，我們臥倒在地，幾乎和敵人一樣隱蔽，因此損失很小。傑克就在我身旁。突然，他猛然跳起，向後蠕動了一、兩碼，他的小腿被一顆擦肩而過的子彈擊中。這是他

首次參加戰鬥，我幫助他離開陣地，看著他進了救護車。戰鬥很快結束了。我騎馬來到戰地醫院，確保他得到妥善治療。那時候英國軍醫非常重視他們的軍銜，所以我向這位軍醫行禮，稱他為「少校」，並與他聊起這次戰鬥，然後提到了我弟弟的傷勢。這位醫生心情愉快，爽快地答應對傑克進行麻醉手術，保證他不會感到痛苦，並會細心照料他。果然，他說到做到。

這裡有一件純屬巧合的事。當我在南非戰場忙碌的時候，我的母親在家裡也沒有閒著。她募集了一個基金，得到了一位美國百萬富翁的捐助，買了一艘船，並把它改裝成醫療船，配備了護士。經過一番艱辛的航程後，到達了德班，準備接待傷員。在這艘名叫「緬因」號的醫療船上，她的小兒子是她接待的第一批傷員。我請了幾天假去德班看望她，並住在這艘船上，感覺就好像是在一艘遊艇上。經過半年的各自不同經歷後，我們一家終於在這裡團聚，大家都很高興。珀西·史考特艦長是德班的關鍵人物，他是「恐怖」號裝甲巡洋艦的指揮官。他熱情地接待了我們，並帶我們參觀了他的戰艦，還以我母親的名字命名了一門已經裝上貨運列車的 4.7 英寸的大砲。後來，他還安排我母親去前線參觀這門大砲的射擊情況。總而言之，南非戰爭有其優美得體和令人愉快的一面，這也是十五年後的歐洲戰場上的戰爭[149]所缺乏的。

布勒將軍現在展開了他第四次解圍萊迪史密斯的行動。那裡的守軍已陷入極端困境，這對於我們所有人——無論是解圍者還是被圍者，都是生死攸關的最後時刻。敵軍的主要據點沿著圖蓋拉河的懸崖和高地分布，圖蓋拉河在科倫索斷鐵路橋後轉了一個大彎，流向萊迪史密斯。河流轉彎處包括我們左側的赫朗溫山（面對敵人時），南非輕騎兵團曾於 12 月 15 日攻打過這座山；中間是長滿草的格林山，實際上是一片高原；右邊遠

---

[149] 此處指的是第一次世界大戰，因為作者撰寫自傳時尚未經歷第二次世界大戰。

第二十五章　解圍萊迪史密斯

處有兩座樹木繁茂的大山，分別名為「辛格洛山」和「蒙特克里斯托山」；圖蓋拉河在布林軍右翼部隊的前方，也在其左翼和中間部隊的後方。上級決定採取行動，試圖透過突然襲擊，占領敵軍左翼的高地。如果成功，我軍兩個步兵師將在所有炮火掩護下進攻中部高原，隨後向敵軍右翼發起攻擊，占領赫朗溫山。拿下這座山將使布林軍在科倫索周圍的據點難以防守，通向圖蓋拉河的道路也將開啟。這是一個可行的計畫，事實上也是顯而易見的，只是不清楚為何戰爭初期未曾採用這個計畫，或許布勒之前未曾想到。在科倫索時，儘管有人肯定地告訴他赫朗溫山與英軍在圖蓋拉河的同一側，但他不相信，只是後來才逐漸接受了這一事實。這就是全部的情況。

2月15日，整個部隊從營地出發，沿著鐵路線向胡薩山進軍，準備展開攻勢。然而，這一切的成功與否取決於我們能否攻下辛格洛山和蒙特克里斯托山。這項任務交由賓上校與我們團負責，並配有一支步兵旅作為後援。結果這項任務相當容易就完成了。夜間，我們沿著蜿蜒的道路前進，18日黎明時，我們爬上辛格洛山的南坡。我們發動突襲，迅速驅逐了少量駐守這些關鍵地點的布林兵。在18日和19日兩天裡，我們在步兵部隊的協助下，完全驅逐了布林兵，然後越過兩山之間的鞍部，控制了整個蒙特克里斯托山。從這個制高點，我們可以俯檢視蓋拉河對岸所有布林兵的陣地，萊迪史密斯就在我們腳下六英里外。與此同時，步兵主力和砲兵主力進攻格林山上敵軍用沙袋堆築的防禦陣地和戰壕，也取得了全面勝利。被猛烈圍攻的敵人，由於圖蓋拉河切斷了他們的退路，感到非常不安，無心抵抗。到20日晚上，圖蓋拉河以南所有的布林軍陣地，包括赫朗溫山，都在英軍的掌控之中。布林軍撤出了科倫索，退到河對岸他們的主要防禦陣地上。到目前為止，一切順利。

只要我們繼續向右推進，就能取得勝利，因為蒙特克里斯托山實際上

掌控了布林人在河對岸巴頓山上的陣地。如果能夠攻下巴頓山，其周圍的高地就會一覽無遺。然而，此時久經沙場的布勒卻犯下了一個難以原諒的錯誤，導致部隊遭受重大損失。據說這是因為華倫將軍的催促。他命人在科倫索附近架設一座浮橋，收縮右翼部隊，放棄了制高點，並開始出動左翼部隊沿鐵路線前進。在接下來的兩天裡，他將部隊全部集中在科倫索以外的丘陵間。面對這些不利條件，布勒沒有命令部隊迂迴行動，反而命令部隊強攻皮斯特的布林軍堅固陣地，這顯然是瞎指揮。22日晚上，我和司令部的一位高級參謀聊天，他就是後來人所共知的雷平頓上校。他直言不諱地說：「我不喜歡這種局勢。部隊都從制高點上撤下來，所有的大砲也都從高山上撤下來，這樣我們就把自己困在圖蓋拉山谷的小丘裡，就像置身於羅馬鬥獸場裡一樣，每排座位上的敵人都可以向我們射擊！」事實也正是如此。布林軍已經對抵抗我軍大範圍的迂迴攻勢感到絕望，大部分布爾人已經開始向北撤離，當他們發現英軍再次自投羅網時，就又大規模地殺了回來。

在22日至23日之間的夜晚，兩軍在圖蓋拉河附近的丘陵地帶展開了激烈的交戰，造成大量傷亡。對皮斯特陣地的進攻被推遲到次夜才開始。由於騎兵部隊無法參戰，我便騎馬渡河，攀上一座陡峭的岩石山尖，發現利特爾頓將軍正獨自蹲在一塊石頭後面觀察戰況。見到我，他顯得頗為高興。哈特將軍指揮的愛爾蘭步兵旅沿著鐵路線展開，在暴露區域遭受重大損失，但最終向左展開了攻勢。皮斯特陣地由三個圓頂山頭組成，從右向左較易攻破，但從左向右進攻卻幾乎不可能。當愛爾蘭步兵旅艱難地攀登如今被稱為恩尼斯基倫山的陡峭山坡時，已是下午四點。都柏林燧發槍團在恩尼斯基倫山上發起進攻時，太陽已經落山。戰鬥場面極為悲壯。透過望遠鏡可以看到，在暮色掩映下，布林軍頭戴寬邊帽的輪廓在砲彈爆炸的煙霧中若隱若現；在光禿的斜坡草地上，愛爾蘭士兵的褐色身影和閃爍的

第二十五章　解圍萊迪史密斯

刺刀依稀可見，他們緩慢地向上爬。槍聲密集，我們耳邊響起，在攀爬的身影逐漸減少，他們停止了前進，消失在黑暗的山坡中。進攻的一千二百名官兵中有兩名上校、三名少校、二十名軍官和近六百名士兵或死或傷，進攻被徹底擊退。

雷德弗斯·布勒爵士終於被說服，重新開始向右進軍，並再次發動大規模攻勢。我們花了三天時間才讓部隊擺脫布林人的糾纏，這本來是可以避免的。幾百名受傷的官兵已經在恩尼斯基倫山上躺了兩天，他們得不到救援，也沒有水，忍受著殘酷的折磨。這些可憐的人無法言語，只能揮舞布條求救，場面極為悲慘。26日，布勒請求休戰，但布林軍拒絕了這一請求，不過他們還是派來了醫生和擔架隊，將傷員抬走，掩埋死者。黃昏時分，一切完畢，雙方又重新開始交火。

2月27日是馬朱巴山戰役的紀念日，這一天，納塔爾的英國軍隊發起了最後的進攻。當時所有的大砲重新部署在山上，而布林人設定於圖蓋拉河上的橋梁仍未被摧毀。因此，各旅得以透過這些橋梁渡河，向右側進攻布林軍的防禦陣地。我們首先攻占了巴頓山，隨後占領了鐵路山，最終奪取了險峻的恩尼斯基倫山，這座山的部分割槽域早已在我軍掌控之中。我們依靠刺刀戰術攻下了整座山，從而清除了我們與萊迪史密斯之間的最後障礙。我們迫不及待地騎上馬匹向河邊疾馳，準備繼續追擊敵人。總司令在橋上遇見我們，嚴厲地命令我們掉頭回去。「該死的，不追了！」據說這就是他在當時這種重要時刻說出的歷史性話語，就好像是在說：「該死的，都已經付出那麼大的犧牲了，還要獎賞幹什麼，我們不要了！該死的，這筆債拖了這麼久都沒還，我們不要了！該死的，管他以後的日子好過不好過，這筆獎賞我們不要了！該死的！」

翌日清晨，我們步伐輕盈地越過河流，穿過滿是彈痕的高地，邁向六英里外的萊迪史密斯的廣闊平原。布林軍已經全面撤退，炮火從布瓦納山

上撤除，北行車輛揚起的塵土在地平線上升騰。「不再追擊！」的命令依然生效。據說總司令曾表示，「現在最好不要理會布林人，讓他們撤退。」整整一天，我們都感到焦躁和憤怒。直到晚上，南非輕騎兵團的兩個中隊才獲准衝過潰敗的敵軍後衛，進入萊迪史密斯，我也隨行。戰馬飛速穿越灌木叢生的平原，僅有零星幾個布林士兵向我們開槍。突然，幾個憔悴的身影從灌木叢中站起，揮手向我們致意。我們繼續前行，在滿目瘡痍的街道上遇見了騎馬、穿戴整齊的喬治·懷特爵士，隨後我們一同騎馬進入長期被圍困、幾乎彈盡糧絕的萊迪史密斯。這真是一個振奮人心的時刻。

那晚，我與司令部的參謀們一同享用了晚餐。伊恩·漢密爾頓、羅林森、赫德沃恩·拉姆頓都熱烈地歡迎我們。某些長期珍藏的香檳也被開啟了。我原本想品嘗馬肉，但為了慶祝，他們宰了最後一頭牛。我們的主人——那位面色蒼白、身形消瘦的萊迪史密斯將士——無法掩飾內心的激動和滿足。經歷了漫長而艱辛的旅程，終於抵達萊迪史密斯，我感到無比欣喜。

第二十五章　解圍萊迪史密斯

第二十六章　在奧蘭治自由邦

在此，我不得不坦言，我這一生總是輪流地與英國兩大主要政黨中的某一個意見不一致。我經常極力提倡戰爭和其他爭鬥，直至徹底勝利，然後對戰敗者伸出友誼之手。

羅伯茨勳爵是我父親生前的摯友。1885年，當倫道夫·邱吉爾勳爵擔任印度事務大臣時，他堅決任命羅伯茨為英軍駐印度總司令，無視了沃爾斯利勳爵對該職位的渴望。羅伯茨與我父親的友誼持續至我父親去世前的十年。我童年時經常見到羅伯茨將軍，並與他進行了幾次愉快的交談，這令我深感自豪。他對年輕人總是非常友善，對他們的早熟和自負也極為寬容，擁有吸引他們忠誠的種種魅力。當然，作為一名年輕的軍官，我在軍中的高層中擁有了一位值得信賴且可敬的朋友。

當我們在納塔爾慶祝這場來之不易的勝利時，消息傳來，羅伯茨率軍從開普殖民地北上進入奧蘭治自由邦，解救了金伯利，並包圍了科隆尼。[150]指揮布林軍的部隊，在帕尼德伯格經歷了一場激烈的戰鬥後，最終使得布林人不得不投降。這一切彷彿是揮動魔杖般，戰局瞬間發生了奇蹟般的逆轉。1899年11月，英軍還處於「黑色的一週」，而到了1900年2月，英軍已經全面取得勝利。戰局的劇變使大眾對羅伯茨勳爵更加信任。人們都說，這位能幹的小個子一旦出現在戰場上，烏雲便會立刻散去，陽光重新照耀在南非次大陸上所有英軍的身上。

由於戰局失利，布林軍放棄了對納塔爾的入侵，並以他們一貫的迅速

---

[150] 科隆尼（1840－1911）：南非軍方將領，於波耳戰爭期間戰功彪炳。

第二十六章　在奧蘭治自由邦

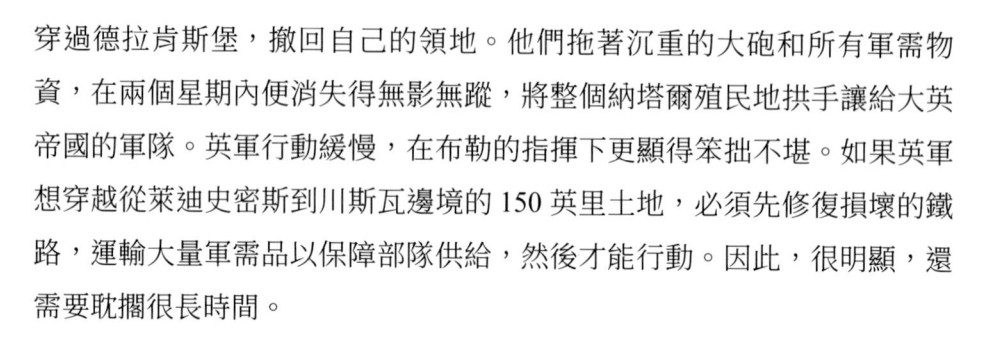

穿過德拉肯斯堡，撤回自己的領地。他們拖著沉重的大砲和所有軍需物資，在兩個星期內便消失得無影無蹤，將整個納塔爾殖民地拱手讓給大英帝國的軍隊。英軍行動緩慢，在布勒的指揮下更顯得笨拙不堪。如果英軍想穿越從萊迪史密斯到川斯瓦邊境的150英里土地，必須先修復損壞的鐵路，運輸大量軍需品以保障部隊供給，然後才能行動。因此，很明顯，還需要耽擱很長時間。

如今，我急切地想進入主戰區。自從我從普利托利亞逃出後，納塔爾的軍事當局給了我相當大的行動自由，不必辭去南非輕騎兵團的軍職即可獲得長期休假，並在羅伯茨勳爵的部隊擔任戰地記者。此時，該部隊正駐紮在布隆方丹。我背上背包，沿著納塔爾鐵路南下，從德班乘船抵達伊麗莎白港，再橫穿開普殖民地的鐵路，按計劃時間到達開普敦的豪華蒙特納爾遜飯店。當時，《晨郵報》視我為其最重要的記者，為我提交了必要的申請，將我委派到羅伯茲勳爵的部隊。我估計辦理這些手續需要幾天時間，在此期間，我採訪了當時在南非首都的南非和荷蘭的政界人物，這些日子過得非常愉快。

迄今為止，我一直被視為沙文主義者，熱衷於殘酷的戰爭，因此遭到親布林分子的誹謗，也與托利黨發生了矛盾。布林軍從納塔爾地區撤離後，所有曾參與、協助或同情布林軍的人都遭到報復，殖民地的居民們憤怒不已。對此，英國政府的首要反應是，既然英軍已經取得勝利，那麼過去的事就讓它過去吧。國務次官沃爾弗頓勳爵根據這一理念發表了一次演講。我對政府的這種寬宏大量表示讚賞。3月24日，我從萊迪史密斯發回電報：

無論那些為大英帝國奮戰的殖民者心中有何想法，我懇切盼望並呼籲推行一項寬容的政策。若軍事鎮壓過於殘酷且持續，則既無必要也無理由對已經投降的反叛者施以「教訓」。明智的策略是堅決消滅所有抵抗者，

寬恕那些願意投降的人，甚至給予他們友誼。布林軍中的荷蘭裔農民只是法律上的叛國者，他們只是因血緣而加入自己的民族隊伍，雖然行為不當，但可以理解。相比之下，他們的行為遠比那些加入布林軍殘酷打擊自己同胞的南非英裔自由民在道義上應受的譴責要少得多。

然而，若這些英裔自由民的公民權未能受到法律的保障，他們也應該得到某種程度的原諒。雖然荷蘭籍的叛軍與那些叛變的英裔自由民是一丘之貉，但應該理解，他們所做的一切皆因我們在非洲早年所犯的錯誤和罪行所引發。區分願意投降的叛軍與在戰鬥中被俘的叛軍的關鍵在於其行為是否完全出於政治動機。我們應該採取一切措施削弱敵人的實力，使其屈服。一方面，英國強大的軍隊勇猛前行，無堅不摧；另一方面，英國政府也應該保持寬容，確保敵人家屬的安全。這樣的政策在南非共和國士兵的眼中才是最「完美的」，也是通向「帶著榮譽的和平」的捷徑。

這封電報在英國引發了爭議。這種敵對情緒雖然無濟於事，但卻在情理之中。英國政府站在民眾一邊，國務次官的言論被壓制，我成為保守黨攻擊的目標。甚至連《晨郵報》在刊登我稿件的同時，也遺憾地表示不贊同我的觀點。納塔爾地區的報紙也紛紛強烈譴責。對此，我的回應是：勝利的戰士驚訝地發現自己被坐在豪華包廂裡的人貶低，這樣的事情並不罕見！

阿佛烈·米爾納[151]爵士對此深表理解，並友善地與我交談。他的副官威斯敏斯特公爵養了一群獵狗供其打獵娛樂。我們在桌山下捕獲了豺狼，隨後在灌木叢中享用了午餐。

那位高級行政長官表示：「當我閱讀你的報導時，我意識到納塔爾的居民可能會感到極度不悅。無論如何，所有這些人，包括荷蘭籍農民和英

---

[151] 阿佛烈·米爾納是英國的殖民地管理者，曾擔任埃及行政長官、南非高級專員以及開普殖民地總督等職務。

第二十六章　在奧蘭治自由邦

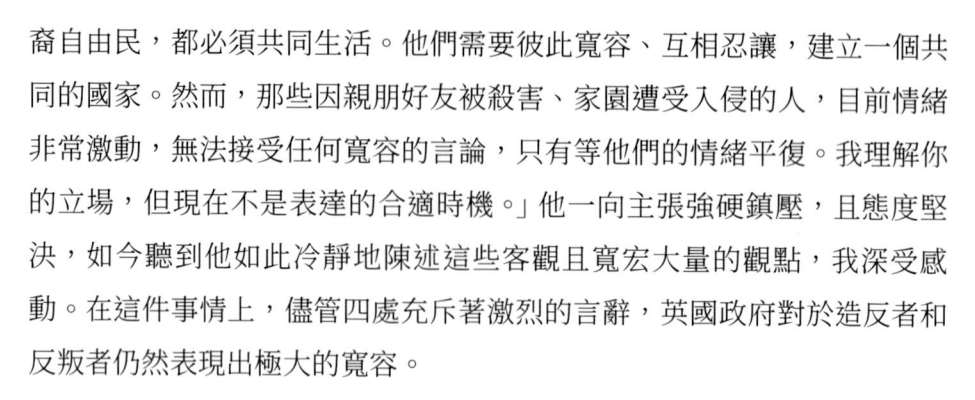

裔自由民，都必須共同生活。他們需要彼此寬容、互相忍讓，建立一個共同的國家。然而，那些因親朋好友被殺害、家園遭受入侵的人，目前情緒非常激動，無法接受任何寬容的言論，只有等他們的情緒平復。我理解你的立場，但現在不是表達的合適時機。」他一向主張強硬鎮壓，且態度堅決，如今聽到他如此冷靜地陳述這些客觀且寬宏大量的觀點，我深受感動。在這件事情上，儘管四處充斥著激烈的言辭，英國政府對於造反者和反叛者仍然表現出極大的寬容。

在此，我不得不坦白，我這一生總是輪流與英國兩大主要政黨之一意見相左。我時常竭力倡導戰爭和其他形式的爭鬥，直至獲得全面勝利，然後對被征服者伸出友誼之手。因此，在戰爭中，我總是反對和平主義者；而戰爭結束後，我又反對沙文主義者。多年後，南非戰爭結束後的一次，伯肯黑德勳爵向我提及一句拉丁語的引用，形象地表達了我的觀點。他將這句話翻譯為「寬恕被征服者，滅驕傲者威風」。我在無師自通的情況下接近了這一思想境界。很多時候，羅馬人搶先提出了我的許多好主意，但我必須承認，這句名言是羅馬人的專利。這句話在南非戰場上真是再合適不過了。無論在哪裡，只要我們偏離它，就會遭受痛苦與損害；但如果我們遵從它，我們就會取得勝利。

不僅僅在南非問題上如此，在其他問題上，我認為也是一樣。我們應先征服愛爾蘭，再賦予他們地方自治權；應先讓德國人挨餓，再供應他們食物；應先鎮壓總罷工，[152]再傾聽礦工們的陳述。然而，由於很少有人有相同的想法，我總是難免陷入困境。有一次在法國，我被要求為一座紀念碑題詞。我寫道：「戰時，果敢堅定；敗時，寧折不屈；勝時，寬宏大量；平時，友好親善。」結果，這段碑文未被採納。人的大腦分為左右兩

---

[152] 1926年，英國發生了一場大規模的總罷工，涵蓋了主要工業部門，有超過兩百萬人參與。起因於煤炭行業，隨後波及其他產業。罷工歷時九天，導致停產接近半年。最終，在政府的積極干預下，問題得到了協商解決。

半，只有其中一半用於思考，因此我們不是右撇子就是左撇子，這真是個錯誤；反之，如果我們的大腦結構合理，我們就可以根據情況熟練地使用我們的右手和左手。現實情況是，能贏得戰爭的人很少能維持和平；而那些擅長維持和平的人則不會打勝仗。但如果說我能兩者兼顧，那或許就太離譜了。

＊　＊　＊

在開普敦悠閒地度過了幾天後，我開始疑惑為何我的布隆方丹通行證仍未獲批。已經超過一週，司令部對我正式申請的回應依然杳無音信，這讓我意識到問題似乎出現了。但我無法想像這會是什麼樣的問題。在我從納塔爾發回的所有報導中，我一向致力於維護國內讀者的信心，報導納塔爾戰事中的多次失敗和「令人遺憾的事件」時，我總是盡量往好的方面寫。當時，戰爭的規模尚小，戰地記者被視為重要人物，而我正是其中最著名的撰稿人之一，並且為最具影響力的報社工作，我怎麼也想不通自己會遇到阻礙的合理理由。

幸運的是，我在羅伯茨勳爵的總司令部內擁有兩位非常有影響力的好友。萊迪史密斯一旦解圍，羅伯茨便立即召回他以前的副官和信賴的朋友伊恩·漢密爾頓到自己身邊；尼科爾森將軍，即曾在蒂拉赫戰役中擔任洛克哈特參謀的「老尼克」，現今也在羅伯茨的總司令部中擔任要職。這兩人，無論在和平時期還是戰爭年代，都長期追隨羅伯茨，與福煦相似。[153]根據元帥的描述，這兩位是羅伯茨勳爵的「軍人家庭」，他們深受勳爵的喜愛，隨時能接近總司令。儘管我們在年齡和級別上有所不同，但我們之間始終保持著平等的友誼。因此，我認為可以依賴他們，於是向這兩位軍官尋求幫助。他們發來電報告訴我，阻礙來自羅伯茨本人。因為我

---

[153]　福煦（1851－1929）：法國元帥，第一次世界大戰中聯軍的總司令。

第二十六章　在奧蘭治自由邦

在《尼羅河上的戰爭》一書中有幾段似乎冒犯了基秦拿將軍，羅伯茨勳爵認為，若讓我以戰地記者身分隨行主力部隊，會得罪他的參謀長基秦拿。他們還提到，羅伯茨對我從納塔爾發給《晨郵報》的報導心存芥蒂，因為我嚴厲批評了一位英國聖公會隨軍牧師在戰前晚上的不稱職布道，總司令認為這對那些盡職的牧師是不公正的評價。這兩位朋友說，羅伯茨「極其固執」。不過，他們會盡全力勸說他，相信幾天後應該會成功。我別無選擇，只能等待。

時至今日，我依然能夠清晰地回憶起那次隨軍牧師布道的情景，以及我對此所撰寫的報導。那是在斯皮恩山戰役和瓦爾格蘭茨戰役之間的一個星期天，步兵旅整裝待發，準備在接下來的一、兩天內投入戰鬥。他們在圖蓋拉河附近的一個長滿雜草的小山谷裡做禮拜，這裡恰好處於敵軍槍炮的射程之外。在這個時刻，所有士兵，即便是最冷漠的人，也特別渴望心靈能得到上帝的慰藉。如果這次布道能夠精彩動人，必定會給人留下深刻且持久的印象。然而，我們聽到的卻是一場荒唐離奇的講道，內容是關於以色列人如何使耶利哥城牆倒塌的奇異且難以置信的計謀。對此，我的評論或許有些尖刻，但確實不為過：「聽著這些荒誕的言辭，我不禁想起了在恩圖曼戰役中那位勇敢而受人尊敬的布林德爾神父。」[154] 我想知道羅馬人是否會再度占領坎特伯雷。[155]「不屑一顧的機會呢？」這些嚴厲的評論在英國聖公會中引發了一陣動盪，他們極為憤怒，立即展開了一場真正的聖戰。幾位最有口才的牧師離開了講壇，自願要求上前線。此時，他們正迅速趕往南非，前來增強隨軍牧師團。雖然結果頗有成效，但這個事件的起因仍是一種冒犯。羅伯茨勳爵是一位虔誠的教徒，他戎馬一生，覺得軍隊牧師受到了不應有的詆毀，外界的增援只能加重這種痛苦。在這種情況

---

[154]　這位神父在當時的英國軍隊中頗具名望，後來成為諾丁漢的主教。——原注
[155]　坎特伯雷大主教乃全英格蘭的宗教領袖，亦為全英國教會的首席主教。

下，幾天內想要說服羅伯茨的前景看來非常渺茫。我雖然身處蒙特納爾遜飯店的歡樂氣氛中，卻悶悶不樂，無精打采。

無論如何，最終我的兩位朋友成功地說服了有關部門，通行證順利簽發，我得以前往布隆方丹。然而，有一項限制條款，即在我履行戰地記者職責之前，必須先到總司令的軍事祕書那裡接受訓誡，並不得再有任何魯莽無情的批評。對我而言，這已經相當不錯了。當晚，我便踏上了漫長的火車之旅。我受到了兩位傑出朋友的熱情款待，他們的地位和影響力使所有來自下屬的非議煙消雲散。我順從地接受了軍事祕書的訓誡，從那時起，我便獲得了完全的自由，可以隨意前往任何地方，在遵守相對寬鬆的審查制度下，寫我想寫的任何報導。然而，羅伯茨勳爵依然對我保持冷淡。儘管他知道我每天和他最親密的助手和朋友在一起，也知道我的一舉一動都是他們餐桌上討論的話題，但他從未接見過我，也未表現出任何認可的跡象。一天早晨，在布隆方丹的集市上，我意外地發現自己與他之間僅隔幾碼，我向他行了軍禮，他回禮了，但僅僅像是回應一個陌生人的敬禮。

在我日常生活中，充斥著許多令人興奮且富有趣味的事件，因此我無暇顧及這位大人物和尊貴朋友的不滿。《晨郵報》慷慨地為我提供了優質的馬匹和其他必要的交通工具，使我能迅速地從一個縱隊趕往另一個。戰火燃起之處，便是我前往之地。有時，我會獨自一人騎馬穿越廣袤而危險的荒野，追趕已與敵軍交鋒的英軍縱隊的後衛。如果縱隊的將軍態度友善，我會與其共處三、四天，然後穿越寂靜可怖的地區迅速返回，為我的報社撰寫稿件，並源源不斷地發送報導。

萊迪史密斯之圍解除後，布林軍在奧蘭治自由邦遭遇敗績，許多布林人認為戰爭已經結束，急忙返回家園。南非共和國試圖透過談判尋求和平，認為英國人「已經恢復了名譽」，因而認為和談是可能的。然而，英國人並不這麼認為。英國政府強調，布林人的入侵給英軍造成損害，堅決

第二十六章　在奧蘭治自由邦

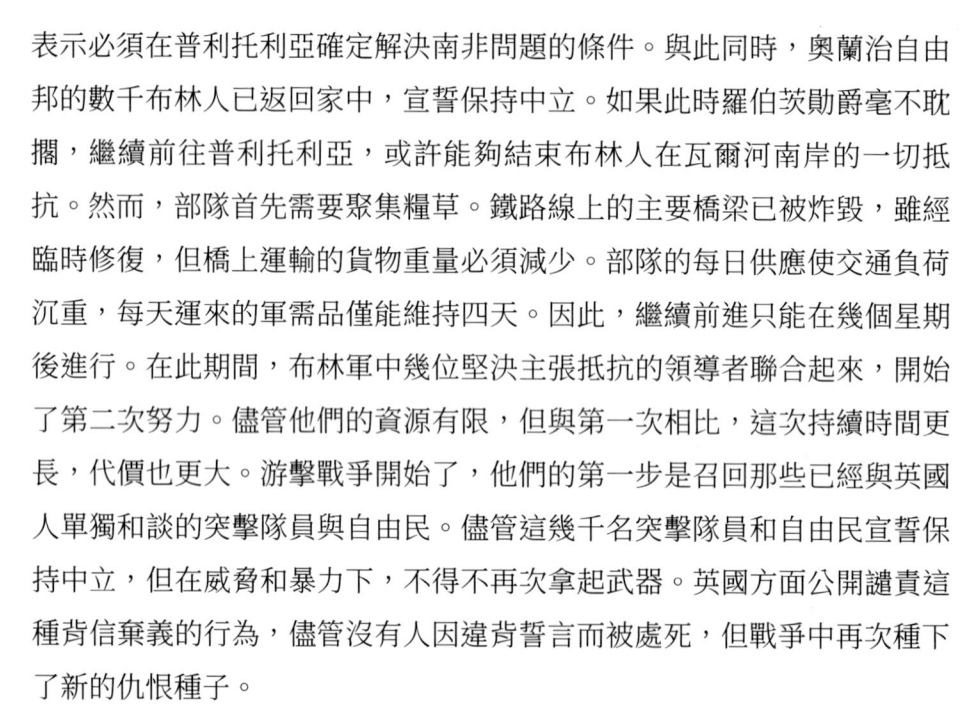

　　表示必須在普利托利亞確定解決南非問題的條件。與此同時，奧蘭治自由邦的數千布林人已返回家中，宣誓保持中立。如果此時羅伯茨勳爵毫不耽擱，繼續前往普利托利亞，或許能夠結束布林人在瓦爾河南岸的一切抵抗。然而，部隊首先需要聚集糧草。鐵路線上的主要橋梁已被炸毀，雖經臨時修復，但橋上運輸的貨物重量必須減少。部隊的每日供應使交通負荷沉重，每天運來的軍需品僅能維持四天。因此，繼續前進只能在幾個星期後進行。在此期間，布林軍中幾位堅決主張抵抗的領導者聯合起來，開始了第二次努力。儘管他們的資源有限，但與第一次相比，這次持續時間更長，代價也更大。游擊戰爭開始了，他們的第一步是召回那些已經與英國人單獨和談的突擊隊員與自由民。儘管這幾千名突擊隊員和自由民宣誓保持中立，但在威脅和暴力下，不得不再次拿起武器。英國方面公開譴責這種背信棄義的行為，儘管沒有人因違背誓言而被處死，但戰爭中再次種下了新的仇恨種子。

　　據我所知，截至目前，布拉巴宗將軍的戰績並不理想。他原本負責指揮一支正規騎兵旅，但在科爾斯伯格戰役前與弗蘭奇將軍鬧翻了。弗蘭奇年輕且個性強勢，而老布拉巴宗則難以適應戰爭的新形勢，經常回憶起「1878 年阿富汗戰爭和 1884 年薩瓦金戰役」的情景，那時弗蘭奇還只是個中尉。然而，如今弗蘭奇已成為他的上司，過去的經驗已不再適用。此外，布拉巴宗說話不加修飾，帶著嘲諷，無論是對弗蘭奇的策略還是他的年輕氣盛，都毫不掩飾。流言傳到了司令部，弗蘭奇進行了反擊。布拉巴宗失去了正規旅的指揮權，被委任為即將抵達南非的一萬名帝國義勇騎兵的指揮官。表面上看，他似乎得到了升遷，布拉巴宗自己也是這麼被告知的，但實際上，這是一個名不副實的降職。一萬義勇騎兵被分散在整個戰場的各個地區，我這位可憐的朋友從這些被人瞧不起的業餘軍人中只得到一個旅。現在他就帶著這些人馬在布隆方丹的東南地區。我決定去找他。

我將馬和馬車裝載到一節車廂內，乘火車向南前往伊登堡。4月17日上午，火車在一場大雨中穿過一片混亂的區域。一路上，我的旅程非常順利，並於19日夜晚抵達距離德韋茨多普十一英里的英軍縱隊。這支縱隊隸屬於第八師，是大英帝國各個要塞中最後集結的正規軍，指揮官是萊斯利·朗德爾爵士，後來他被戲稱為「磨蹭爵士」。[156] 我在尼羅河戰役中就已經認識他了，他對我非常友善且熱情。布拉巴宗率領的旅在前面偵察。次日清晨，我騎馬趕上了布拉巴宗的部隊。他見到我非常高興，向我大吐苦水，抱怨了很多關於弗蘭奇的事情並提出了對他的批評，同時也大致介紹了當前的戰況和世界局勢。我們一起度過了幾天。

我們很快便接近了德韋茨多普周圍的丘陵。遠方傳來的槍聲打破了寧靜，我們的巡邏隊迅速撤回。隨後發生的，是我所見過最荒唐的軍事行動。布拉巴宗的義勇騎兵迅速占據了附近的山丘，並與布林軍發生了小規模的衝突。布林軍在雜草叢生的山脊上顯然有一定的戰力，三、四門大砲開始轟鳴。這個消息傳回給朗德爾，他當晚便帶著兩個旅趕到。我被准許參加前線會議。布拉巴宗堅決主戰，他已為次日的進攻做好了一切準備。然而，次日清晨，先鋒旅的旅長赫伯特·徹姆賽德爵士向我們的總指揮官陳述了局勢的嚴峻性。二十二年前，即1878年，徹姆賽德曾參加過俄土戰爭。[157] 因此，他的話具有高度的權威。他斷言布林軍目前所占據的陣地與當年的普列文相似，[158] 同樣難以攻克，若不集中所有兵力和火力便發動進攻，將會犧牲數千士兵的生命。因此，前線會議決定等待由巴坎貝爾將軍指揮的第三旅到達再作定奪。該旅包括兩個營的近衛軍，已經乘火車出發，預計晚上抵達。於是，我們與布林軍愉快地展開了一整天的小規

---

[156] 這位爵士的名字在英語中與其綽號的發音相近，帶有諷刺的意味。
[157] 17至19世紀，俄國為了爭奪黑海海峽及巴爾幹地區，與土耳其進行了一系列戰爭。1877至1878年的最後一戰結束了這場俄土戰爭，並簽訂了對俄國有利的《聖斯泰法諾和約》。
[158] 普列文：保加利亞北方的一座城市，1877至1878年間的俄土戰爭在此地進行了激烈的戰鬥。

第二十六章 在奧蘭治自由邦

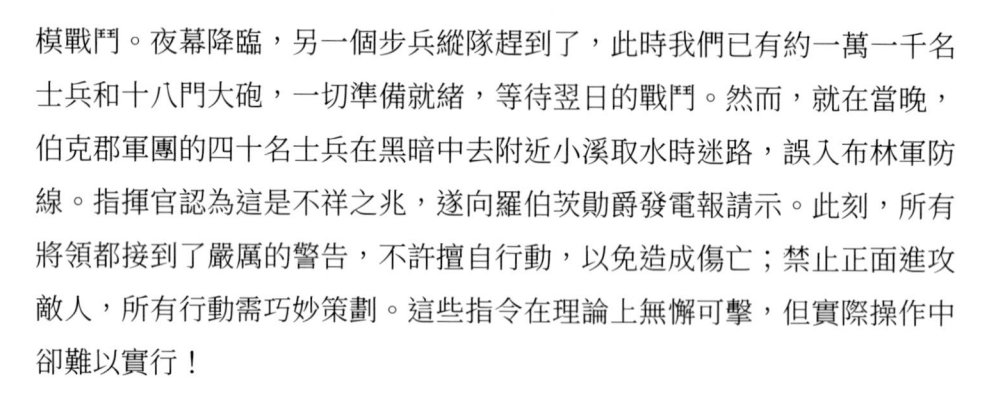

模戰鬥。夜幕降臨，另一個步兵縱隊趕到了，此時我們已有約一萬一千名士兵和十八門大砲，一切準備就緒，等待翌日的戰鬥。然而，就在當晚，伯克郡軍團的四十名士兵在黑暗中去附近小溪取水時迷路，誤入布林軍防線。指揮官認為這是不祥之兆，遂向羅伯茨勳爵發電報請示。此刻，所有將領都接到了嚴厲的警告，不許擅自行動，以免造成傷亡；禁止正面進攻敵人，所有行動需巧妙策劃。這些指令在理論上無懈可擊，但實際操作中卻難以實行！

黎明時刻，整個部隊已經集結完畢，整裝待發。我們的義勇騎兵也隨時準備在命令一下達後，迅速包抄敵軍左翼。就在此時，一名參謀匆忙趕來，宣布戰鬥至少需要推遲一天。布拉巴宗忍無可忍，騎馬走向我，搖著頭，臉上露出古怪的表情，突然在眾人面前大喊：「胡扯！」至於這位參謀是否因此震怒，回去後是否彙報布拉巴宗的輕率行為，我就不得而知了。

為了安撫布拉巴宗，並尋求一些事務以消磨時間，騎兵獲准外出偵察，探查名為「普列文」的敵軍左翼情況。在此過程中，我經歷了一場極為振奮人心的冒險。

為了防止我的記憶美化這段經歷，我將那天晚上寫下的文字轉錄如下：

這支部隊，包括騎兵和步兵在內，約有一千人，從前哨陣地後方向南移動。他們快速且大範圍地迂迴前進，很快便逼近敵軍的左翼……眼前出現一個陡峭的盆地，盆地中央矗立著一座奇特的小山丘，掩藏在其後的是德韋茨多普。小山周圍布滿了布林軍，有騎兵和步兵，約有二百人。

我們迅速挺進，幾乎深入敵方核心區域。敵軍驚慌失措，無法確定我們是在偵察還是發動真實攻擊，於是決定包圍其外圍的英軍騎兵以探明情況。我軍的遠端步槍火力剛剛迫使他們退到山後，隨即又有一支新布林軍隊突然出現，約兩百人，穿越我方前線約兩千碼處，向右側的白石小山衝去。

自從蒙特莫倫西陣亡以來，安格斯・麥克尼爾接任了這支偵察部隊的指揮。他跑到將軍面前請示：「長官，我們有可能攔截他們嗎？我認為我們可以做到。」偵察兵們都豎起了耳朵。將軍沉思片刻後答道：「好吧，你可以嘗試。」

「偵察兵們，快上馬！」麥克尼爾邊喊邊跳上他的戰馬。隨後他轉向我說，「來吧，跟我們一起，我會讓你見識見識。」

幾日前，我無意間答應了某天要與偵察兵一同外出。我仔細觀察布林軍：他們距離白石小山比我們更近，但仍需攀登山峰，或許他們的裝備也不如我們。成功攔截的機會是存在的，若真能成功——我想起了阿克頓家的事件——那麼他們在這片平原上將付出巨大代價。為了《晨郵報》的利益，我騎上馬，與麥克尼爾及四、五十名偵察兵一同，以最快速度策馬疾馳。

從一開始，雙方就已經意識到這是一場時間的競賽。當我們相遇時，我發現前方的五個布林兵裝備得比其他士兵精良，速度也更快，正全力爭奪有利位置。我說：「我們來不及了。」然而，沒有人願意放棄，都想與敵人一較高下。接下來的事情再簡單不過了。

我們抵達距離小山頂約一百二十碼的一段鐵絲網前，下馬後開始剪鐵絲網，準備奪取山頭。突然，十幾個布林兵的頭和肩膀冒了出來，這是一張張冷酷、毛茸茸且可怕的臉孔，我在布林人破壞鐵路時曾見過這樣的表情，不知道他們後面還跟著多少布林兵。

此刻，突然出現了一段幾乎無法解釋的停頓，當然也可能根本沒有停頓。但我彷彿記得在這段時間裡發生了許多事情。最初出現的是兩個布林兵，其中一個蓄著濃密的鬍鬚，穿著棕色的外套，另一個則戴著紅色的圍巾。兩個偵察兵笨拙地剪著鐵絲網，另一名士兵則隔著戰馬瞄準。這時，麥克尼爾的聲音響起，且相當堅定：「晚了，回到另一座小山上。快跑！」

槍聲隨即響起，子彈在空中呼嘯。我準備把腳踩上馬鐙以便上馬，然

第二十六章　在奧蘭治自由邦

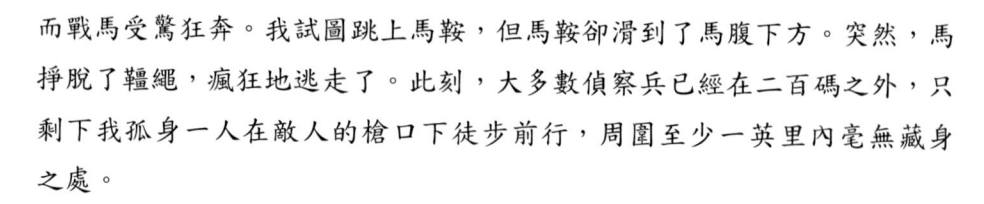

而戰馬受驚狂奔。我試圖跳上馬鞍,但馬鞍卻滑到了馬腹下方。突然,馬掙脫了韁繩,瘋狂地逃走了。此刻,大多數偵察兵已經在二百碼之外,只剩下我孤身一人在敵人的槍口下徒步前行,周圍至少一英里內毫無藏身之處。

唯一讓我感到寬慰的是自己還攜帶著手槍,不再像過去那樣手無寸鐵、束手待斃。然而,我預感最好的情況也不過是受傷致殘。於是,我再一次在布林兵的槍口下向前疾跑,一邊心想:「這次恐怕無法逃脫。」忽然,我瞥見左側有一名騎馬的偵察兵奔來,他身材高大,佩戴著骷髏圖案的徽章,騎著一匹蒼白無力的戰馬,宛如死神降臨,但我卻感到自己重獲新生!

當他從我面前走過時,我喊了一聲:「帶上我。」出人意料的是,他立即停下,乾脆地說:「好的,上來。」我迅速跑過去,靈巧地跳上馬,瞬間坐在他後面的馬鞍上。

接著,我們並肩策馬前行。我用手臂摟住他,手指死死攥住馬鬃。我的手上沾滿了鮮血,原來馬匹受了重創,仍然勇敢向前奔馳。子彈從我們頭頂呼嘯而過,我們與敵人的距離逐漸拉大。

「別擔心,」救我的人說,「他們無法傷害你。」還沒等我回應,他又接著說,「可憐的馬,噢,我的可憐的馬!牠被爆炸的子彈擊中。這些惡魔!他們的末日將近!噢,我的可憐的馬!」

我道:「無妨,你救了我的性命。」「哦,」他回應,「但我擔心的是我的這匹馬。」這便是我們之間的全部對話。[159]

根據我聽到的槍聲頻率,我推測跑出五百碼後便不會被擊中,因為一匹奔馳的戰馬難以成為精確的射擊目標,加上布爾兵已經疲憊不堪,過於興奮,因此危險性大大降低。當我轉過另一個更遠的小山角時,才終於放

---

[159]　這名騎兵羅伯茨因其此次的卓越表現而獲得了卓越獎章。——原注

下心來，慶幸自己再次死裡逃生。

回到營地後，我們得知羅伯茨勳爵誤以為朗德爾「被強大的布林軍阻擋」，於是從布隆方丹調來了另一個步兵師。與此同時，弗蘭奇的三個騎兵旅也從西北方向大舉出發德韋茨多普。兩天之內，這兩支部隊會師了。這兩千五百名布林兵在與至少十倍於己的英軍周旋了近十天後，帶著戰俘悄然北移。顯然，游擊戰為英軍帶來了新的挑戰。

我現在成為弗蘭奇騎兵師的一員，與他們一同向北出發。我發現這裡的氛圍極為冷淡，弗蘭奇和其他許多將軍一樣，似乎對我頗有反感。我這種既是中尉軍官又是戰地記者的身分，在部隊中自然容易引起厭惡，但除了這些偏見之外，還有一些人際關係的因素，我被視為老布拉巴宗的親信和好友，因此也被捲入了敵視的圈子。即便是傑克‧米爾班克，他是弗蘭奇的副官，最近獲得了維多利亞十字勳章，他傷癒歸隊後也無法緩和這種敵對的氣氛。儘管我經常隨弗蘭奇的縱隊行軍，並參加小規模的戰鬥，但他完全無視我的存在，對我沒有表現出一絲禮貌或友善。對此，我感到非常遺憾。我對他在科爾斯伯格前線布下的出色防禦非常欽佩，也十分敬佩他策馬衝破布林軍防線解救金伯利的壯舉，他作為軍人的英勇形象讓我為之傾倒，當時也正是他聲譽鵲起的時候。就這樣，在南非戰爭期間，我從未和這位將軍說過一句話。但後來，他成了我最重要的朋友之一，我們在和平年代和戰爭年代一起共事多年，共同商量處理重要的事務。

第二十六章　在奧蘭治自由邦

第二十七章　約翰尼斯堡與普利托利亞

多年來，我始終堅信，那枚擊中路基、在我們附近爆炸的砲彈會是我見到的最後一顆炸彈。然而，事實顯示，這種想法並無依據。

五月初，羅伯茨勳爵在部隊充分休整併補充彈藥後，開始進軍約翰尼斯堡與普利托利亞。此時，戰爭局勢已顯惡化，短期內結束的希望渺茫。總司令部在布隆方丹駐紮了兩個月，出發前此地一片喧囂。當時在羅伯茨勳爵麾下任參謀的有諾福克公爵、威斯敏斯特公爵及馬爾博羅公爵，這引發了激進報刊的嘲諷——總司令或許天生對大眾輿論過於敏感——羅伯茨決定裁減人員，他選定馬爾博羅公爵作為精簡對象。我的堂兄見自己將被大部隊拋下，心情非常沮喪。幸運的是，伊恩·漢密爾頓被任命為將軍，指揮一支一萬六千名士兵的分遣隊，其中至少有四千名騎兵。這支部隊距離主力部隊右翼四、五十英里，與主力平行前進。我決定隨這支隊伍同行。在那裡，我會受到歡迎，猶如在家中般自在。我發了一封電報給漢密爾頓，建議他任命馬爾博羅為參謀，將軍表示同意，向來公平的羅伯茨勳爵也欣然批准。我駕上四匹馬拉的馬車，我們一行疾馳了四十英里，追上了右翼縱隊，並安全穿過布林軍出沒的鄉村，在溫堡的郊區追上了漢密爾頓的部隊。自此以後，一切順利。

接下來，我們展開了一次令人愉悅的長途跋涉，歷時約六個星期，行程四、五百英里。南非的清新空氣、宜人的氣候、壯麗的景色，以及不斷的行軍和戰鬥，給我留下了深刻的印象。即使時隔二十五年，回想起來仍令人心潮澎湃。每天白天，我們都能見到不同的新景色，晚上則在小溪邊

第二十七章　約翰尼斯堡與普利托利亞

露宿，因為沒有帳篷。我們趕著羊群作為口糧，並在無人居住的農莊裡抓雞吃。我的馬車裡有一層夾板，足有兩英呎深，下面藏著從倫敦帶來的最好的罐裝食品和美酒。生活舒適，每天精力充沛地與巡邏騎兵一起奔跑，像初生的牛犢一樣尋求和經歷各種冒險。天一亮，大隊人馬就開始出發，槍聲從四面八方傳來，使我們的軍旅生活充滿了刺激。有時候，比如當部隊經過沙河時，會有正式的戰鬥，大批軍隊向著山丘或山脊出發，而這些山上往往已經被靈活機動的布林騎兵占據。每隔幾天，總會有二十來個英軍士兵被他們分割包圍，或遭到埋伏，陷入圈套。這使我們認識到這些布林騎兵的強大作戰能力，他們猶如機警敏捷的警犬，死死咬住英軍不放。

羅伯茨勳爵未遵從情報部門的建議，堅信敵軍會向川斯瓦西部而非東部撤退。因此，當我們接近川斯瓦邊境時，伊恩·漢密爾頓爵士的縱隊從主力部隊的右翼被調至左翼。我們沿著鐵路線中心向瓦爾河渡口出發。在這種情況下，我們的位置正對著約翰尼斯堡的西側，不需主力部隊發起正面攻擊便可逼迫敵軍撤退。布林人對英軍此次調動的意圖極為敏感，儘管他們計劃撤出約翰尼斯堡，但仍派出一支精銳部隊，在約翰尼斯堡至波切夫斯特魯姆一線上的弗羅裡達阻擊漢密爾頓縱隊。

1900年6月1日，正是在四年前詹姆士部隊投降的地點，爆發了一場當時被認為極為激烈的戰鬥。布林兵隱藏在山脊間參差不齊的岩石後面，不懼炮火，我們不得不以刺刀將他們逼退。這一艱鉅任務由戈登指揮的蘇格蘭部隊負責，損失近百人。與此同時，弗蘭奇的騎兵試圖包圍敵人的右翼和後衛部隊，但效果甚微。在這次戰鬥中，我再次僥倖逃脫。當英軍占領山脊後，漢密爾頓手下的一名旅長史密斯·杜利恩將軍希望迅速將大砲架設在剛奪來的山頂上，因為時間緊迫，他決定親自挑選位置。他邀請我跟隨，隨即獨自策馬穿過起伏的山坡開始向前慢跑。布林人使用慣用的策略，從四面八方點火燒山。他們點燃乾草，使山上到處升起長長的煙霧，

遮擋了視線。在這些煙霧中，我們錯過了山脊上戈登指揮的蘇格蘭部隊的左翼，當走出煙霧時，才發現我們與敵人僅相距幾十碼。敵人的步槍立即開火，子彈呼嘯聲在我們周圍四處響起。我們立刻掉轉馬頭，衝進煙霧裡。其中一匹馬被子彈擦傷，除此之外，我們安然無恙。

事件發生的第二天，伊恩‧漢密爾頓爵士的部隊橫亙在通往約翰尼斯堡西側的主要道路上。這座城市南行二十英里即是羅伯茨勳爵的司令部所在地，但目前這兩支部隊無法取得連繫。約翰尼斯堡仍在敵人掌控之下，若沿此路線南行，需繞道近八十英里崎嶇山路。我們已派出騎兵沿此路線前往連繫司令部。在這個關鍵時刻，找到更快捷的途徑與總司令部連繫至關重要。來自城內的居民對城內狀況說法不一，布林軍正在撤離，但仍駐守於此。一位年輕的法國人似乎消息靈通，向我保證穿便衣騎腳踏車穿過城市是輕而易舉的事，布林軍撤離之際，普通民眾被盤問的可能性很小。他願意借我一輛腳踏車，並擔任嚮導，我決定一試。伊恩‧漢密爾頓爵士將急件交予我，我還攜帶了準備發給《晨郵報》的報導。我們下午出發，騎車沿大路直奔城區。經過我軍前哨線時，我明顯感受到冒險的氣息。我們迅速抵達約翰尼斯堡的大街。夜幕已降，但街上仍有許多人，其中有全副武裝的布林騎兵，他們依然控制著城市，我們已進入他們的防線。按照戰時法律條文，我在此情況下若被捕，將非常麻煩。我在南非輕騎兵團擔任軍職，卻喬裝平民潛入敵軍陣線，歐洲任何軍事法庭處理此事都不會手軟。對此，我十分清楚。

我們推著腳踏車爬上一條陡峭的街道，聽見身後傳來馬蹄聲，這聲音逐漸逼近。此時，如果我們改變速度，將會招致致命危險。我們繼續緩慢前行，裝作滿不在乎的樣子，偶爾還用法語交談幾句。不久，那名騎馬人來到我們身邊，他勒住韁繩，讓馬緩步前行，仔細打量我們。我抬頭看他，我們的目光相遇。他斜挎著一支步槍，手槍插在槍套裡，身上背著三

第二十七章　約翰尼斯堡與普利托利亞

條子彈帶，馬背上載滿他的行李。於是，我們三人並排前行，這段路對我來說顯得極為漫長，直到這位討厭的同伴策馬離去，把我們甩在後面。我們不敢過早慶幸，因為隨時可能遇上布爾軍哨兵——如果他們設了哨的話。我們只想沿著馬路騎車，毫無隱藏意圖。然而，我們既沒有發現布林軍哨兵，也沒看到英軍哨兵。走到約翰尼斯堡近郊時，我們遇到羅伯茨勳爵部隊的士兵，他們沒有攜帶武器，準備進城尋找食物和飲品。我們問部隊在哪，他們說就在附近。我們建議他們不要再往城裡走，否則會被俘或被擊斃。

「發生什麼事了，先生？」一名士兵詢問，他忽然對這個奇異的可能性感到好奇。

當我告知他們我們在一英里外遇見了全副武裝的布林士兵時，這些士兵便放棄了進城劫掠的計畫，轉而去搜尋附近的幾間小屋。我與同伴騎著腳踏車沿著大路繼續前行，找到了羅伯茨勳爵先鋒師的指揮部，他們告訴我們總司令部位於南方約十英里的地方。最終，我們抵達總司令部時，天色已完全黑了。我認識的一位副官來到了門口。

「你是從哪裡冒出來的？」

「我們是從伊恩・漢密爾頓那裡來的，攜帶一封緊急信件給總司令。」

「太棒了！」他說，「我們一直在等待消息。」

他話音剛落便離開了。我必須去尋找新聞審查官，因為我攜帶了一大捆最新的獨家電報稿。然而，在我找到這位官員之前，副官便回來了。

「勳爵羅伯茨命令你即刻進見。」

總司令正與司令部十餘名參謀共進晚餐，我進入時，他立即從椅子上起身，滿懷熱情地向我走來，並伸出手來。

「你是如何過來的？」他詢問道。

「長官，我們是沿著大街穿越城市而來的。」

「穿越約翰尼斯堡？我們接到的情報顯示此城市仍有敵軍駐紮。」

「有些敵軍存在，長官，」我回應道，「但他們正在撤退。」

「你有注意到嗎？」

「是的，長官，我們目睹了數個。」

他眨了眨眼睛。羅伯茨勳爵擁有一雙異常明亮且格外引人注目的眼睛。當時我便對他的眼睛留下了深刻的印象。

「你昨天有目擊到漢密爾頓的舉動嗎？」他隨即詢問。

「遵命，長官。」

「將所有的事情都告訴我。」

於是，我在享受他熱情款待的同時，詳細地向這位父親生前的老友——如今也成為我朋友的人——講述了所有關於漢密爾頓將軍部隊的情況。

＊　＊　＊

四天後，普利托利亞在特定條件下投降了。一大群牛拉著兩門 9.5 英寸的榴彈砲，這種砲被稱為「母牛砲」，從幾百英里外趕來，準備炮擊城外的堡壘，但現在它們已經無用武之地。儘管如此，我重返布林人首都時依然非常激動。5 日清晨，馬爾博羅公爵與我一同騎馬出發，不久便趕上了已在城郊的步兵縱隊前鋒。現在不必再提心吊膽了，我們一大批英軍軍官來到鐵路道口已經關閉的門前，一長列由兩輛機車牽引的火車從我們眼前緩緩駛過，車廂裡滿載全副武裝的布林士兵，車廂的每個視窗都密密麻麻地豎立著布林人的步槍。雙方僅相距三碼，彼此愣愣地注視著對方。此時只需一顆子彈，就會引發一場可怕的殘殺。雖然滿載敵軍的火車在我們眼皮底下開走了，我們感到遺憾，但當看到敵軍的最後一節車廂從我們前

307

第二十七章　約翰尼斯堡與普利托利亞

面緩緩駛過時，我們真的是如釋重負。

馬爾博羅公爵和我緩緩騎馬進入城鎮。我們得知英軍軍官戰俘已經從國立示範學校轉移，便開始打聽他們的新關押地點，希望他們仍然被囚禁在那裡。我們擔心他們可能已經被最後一列火車帶走了。然而，當我們轉過一個街角，就看到了戰俘營。那是一個用馬口鐵搭建的長條建築，周圍被鐵絲網緊密圍住。我舉起帽子大聲歡呼，裡面立刻傳來了回應聲。接下來的場景宛如倫敦艾德菲劇院上演的傳奇劇的結尾，我們只有兩個人，而面前則是全副武裝、嚴陣以待的布林衛兵。佩戴著閃亮紅色參謀肩章的馬爾博羅公爵命令布林衛兵的指揮官立即投降，並承諾為收繳的步槍出具收條。戰俘們紛紛從牢房衝到院子裡，有些穿著軍服，有些穿著法蘭絨便衣，有的沒戴帽子，也有的沒穿外套，但所有人都異常興奮。哨兵扔下手中的步槍，大門被推開，最後的布林衛兵（一共五十二人）不知所措地站在那裡，長期被關押的戰俘軍官們將他們包圍起來，繳了他們的武器。有人拿出一面英國國旗，川斯瓦旗被扯了下來，在一陣陣瘋狂的歡呼聲中，被俘的戰友們將第一面英國國旗升起在普利托利亞的上空。時間是 6 月 5 日上午八點四十七分，一個戲劇性的場面！

＊　＊　＊

在南非，我經歷了一次冒險。兩週後，我參與了鑽石山戰役，將布林的部隊從普利托利亞更遠地驅離。戰鬥結束後，我決定返家。如今，戰鬥已接近尾聲，接下來的戰爭將演變為漫長的游擊戰。國內的大選不會拖延很久。經過當局批准，我退役了，搭上了前往開普敦的火車。

在我們抵達科普傑斯火車站之前，一切都進展順利。這個車站位於約翰尼斯堡以南約一百英里處。天剛亮，我與威斯敏斯特公爵正在共進早餐，他受羅伯茨勳爵的委派出差。突然，火車猛然劇烈震動，隨即停了下

來。我們剛剛下車，布林軍的一門小炮便向我們開火，砲彈幾乎落在我們腳下，猛烈的爆炸將路基上的泥土拋向天空，前方一百碼處的一座臨時木橋正在燃燒。我們這列火車特別長，擠滿了來自二十個軍團的士兵，他們或被派往南部，或準備送回國。火車上缺乏指揮，士兵們混亂地擠出車廂，未見軍官指揮。科普傑斯車站有一處部隊工事，配備了兩門能發射五英寸口徑砲彈的大砲，但距離此地有三英里。那次裝甲列車的經歷使我對撤退的路線異常敏感。我不願重蹈去年11月15日的覆轍，於是沿著鐵路奔向機車，爬進駕駛室命令司機鳴笛，讓士兵們重新上車，然後立刻返回科普傑斯車站。他服從了。我站在踏板上，確認所有士兵都已返回火車。這時，我看見不到一百碼處那座燃燒的木橋下，有一群黑影站在乾涸的河道裡，那是我最後一次見到仍與我們敵對的布林軍。我把毛瑟手槍裝上槍柄，朝他們開了六、七槍，他們沒有還擊，隨即散開。隨後，火車啟動，我們迅速安全地回到科普傑斯車站。在那裡，我們得知鐵路線的下一站——霍寧斯普魯伊特站正發生激戰，我們前面的一列火車被攔截，遭到一支攜帶大砲的布林軍攻擊。前方的鐵路遭到破壞，顯然敵人試圖阻止我軍增援部隊的救援。我軍在霍寧斯普魯伊特車站損失了六、七十人，但他們設法堅持到第二天，當南面的援軍趕到後，布林軍撤退了。修復鐵路需要數天，我們借了馬，與澳洲長矛槍騎兵隊伍一起，連夜從科普傑斯車站出發，一路平安。

多年來，我一直以為，那顆擊中路基、在我們附近爆炸的砲彈會是我看到的最後一顆炸彈。然而，事實證明這種想法是毫無根據的。

第二十七章　約翰尼斯堡與普利托利亞

第二十八章　參與大選

那一年，我二十六歲。想到自己已經達成了目標，這難道不是一件值得高興的事情嗎？然而，幸好生活並非總是順遂無波，否則，我們的日子將變得過於單調。

當普利托利亞被英國軍隊占領後，尤其是馬弗京解圍之後，英國大多數民眾都認為戰爭已經結束。羅伯茨勳爵的演講進一步激勵了他們，使大家沉浸在喜悅之中。然而，英國政府對此保持著清醒的認識，戰爭的持續勝利將他們推入了一個極其危險的境地。英國與布林共和國之間已無談判的可能，布林只能被徹底消滅。若布林士兵個人或由其指揮官帶領投降，他們將得到寬大處理。當被征服的土地上有足夠數量的英國移民，以確保該地區的安全時，該地區將像其他英國殖民地一樣獲得自治權。否則，他們將被徹底追剿，甚至被趕盡殺絕。正如米爾納勳爵後來所言：「從某種意義上說，戰爭永遠也不會結束。」戰爭只會逐漸消亡。游擊戰需由正規軍來解決，隨後山林和草原上的強盜則由武裝警察來鎮壓。

這一過失注定會讓我們付出沉重的代價。無數無所畏懼的布林人在博塔、斯馬茨、德韋特、德拉雷伊及赫佐格等人的指揮下，在他們廣闊的領土上奮勇作戰。他們戰鬥的目標不是勝利，而是榮譽。英軍背後，在戰亂已經平息的地區，戰火不斷重新燃起。斯馬茨在開普殖民地重新點燃的戰火持續了兩年，最終透過正式談判才得以平息。這場曠日持久的戰爭帶來的災難是毀滅性的，令人震驚。神出鬼沒的敵人不穿制服，與平民混居，並受到那些宣誓保持中立的農場主的庇護和幫助。他們不時突襲毫無防備

第二十八章　參與大選

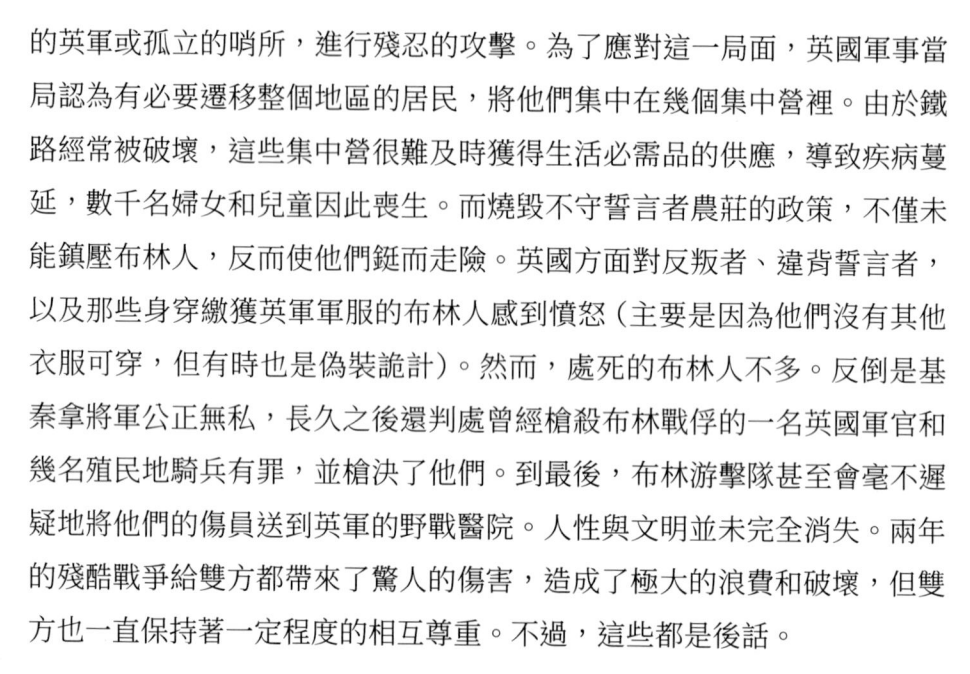

的英軍或孤立的哨所，進行殘忍的攻擊。為了應對這一局面，英國軍事當局認為有必要遷移整個地區的居民，將他們集中在幾個集中營裡。由於鐵路經常被破壞，這些集中營很難及時獲得生活必需品的供應，導致疾病蔓延，數千名婦女和兒童因此喪生。而燒毀不守誓言者農莊的政策，不僅未能鎮壓布林人，反而使他們鋌而走險。英國方面對反叛者、違背誓言者，以及那些身穿繳獲英軍軍服的布林人感到憤怒（主要是因為他們沒有其他衣服可穿，但有時也是偽裝詭計）。然而，處死的布林人不多。反倒是基秦拿將軍公正無私，長久之後還判處曾經槍殺布林戰俘的一名英國軍官和幾名殖民地騎兵有罪，並槍決了他們。到最後，布林游擊隊甚至會毫不遲疑地將他們的傷員送到英軍的野戰醫院。人性與文明並未完全消失。兩年的殘酷戰爭給雙方都帶來了驚人的傷害，造成了極大的浪費和破壞，但雙方也一直保持著一定程度的相互尊重。不過，這些都是後話。

　　回國時，我受到了熱烈的歡迎。奧爾德姆的民眾無論黨派，全都前來慶賀我的凱旋。在十輛馬車的簇擁下，我進入了城鎮。街道兩旁站滿了熱情的男女工人。在皇家劇院，我面對無數觀眾，講述了自己越獄出逃的經歷。由於英軍已經占領了威特班克煤礦區，那些曾幫助過我的人已經安全地受到英國政府的保護，所以我才第一次放心大膽地講述了整個過程。當我提到那位帶我下礦井的奧爾德姆工程師杜那普先生的名字時，觀眾中有人喊道：「他的妻子就在這劇院的觀眾區裡。」現場一片沸騰。

　　這種和諧無可避免地面臨破壞。保守黨的領袖們決心在勝利的激情尚未消退之前，尋求全國人民的支持。他們已經執政五年，並且在十八個月內必須舉行一次大選，這個時機絕對不能錯過。事實上，他們所制定的吞併布林共和國和以武力鎮壓所有反對勢力的政策，若不透過談判，將難以實施，除非他們能以新一屆議會中的多數席位來控制局勢。九月初，議會被解散。這次選舉與1918年12月戰後舉行的選舉相似，但這次選舉的激

烈程度較低。所有的自由黨人，甚至包括那些支持戰爭和在戰爭中失去兒子的自由黨人士，都被譴責為「親布林分子」。張伯倫先生提出口號：「政府在議會中失去的每一個席位，都將是輸給布林人的席位。」保守黨人大多數響應這一口號。然而，自由黨和激進帳子認為戰爭已經結束，頑強地團結在他們的組織周圍。選舉在全國範圍內激烈展開。當時，保守黨在英國選民中總是擁有絕對多數的支持者，大眾輿論普遍站在他們一邊。索爾斯伯利勳爵和他的同僚再次上臺，保守黨在議會中的席位超過所有對手的總和——包括愛爾蘭民族主義者在內的八十個席位——還多出一百三十四席，他們在英國本島上獲得壓倒性的多數。

　　我屹立在勝利者之列。當時，英國的法律規定大選可以持續近六週，這是一項明智且周全的安排。選民不必在一天內匆忙投票，翌日才知曉結果。國家大事的決定確實需要經過一番爭鬥。兩黨的領袖均需參與一場艱辛而重要的全國性辯論。選區的選民數量雖有限，但每位候選人可以向所有願意聆聽他們演講的支持者發言。一場知名人士的成功演講常能贏得一個選區甚至整個城市的支持。經驗豐富的政治家的演講會被各大報紙全文刊載，供廣泛的政治階層研究。如此，經過一番激烈的辯論，選舉議員這一國家大事方能塵埃落定。

　　在那時的政治爭鬥中，群眾滿懷熱情地期待著最初的選舉結果。奧爾德姆幾乎是最早進行投票的選區。我站在演講臺上，竭力表達戰爭是正義且必要的；自由黨反對戰爭是錯誤的，他們在許多方面都束縛和阻礙了戰爭的過程；我們必須奮戰到底；戰後則須以寬容的態度來處理善後的問題。現在我有了一位新的搭檔——C. B. 克里斯普先生，他是一位倫敦的商人。原先的搭檔莫茲利先生已經去世，他在瓷澡盆裡洗澡時，由於體重過重，澡盆被壓破，他受了傷，最終去世了。我的對手埃莫特先生和朗西曼先生在戰爭態度上都採納了羅斯伯里勳爵的主張，也就是說，他們支持

第二十八章　參與大選

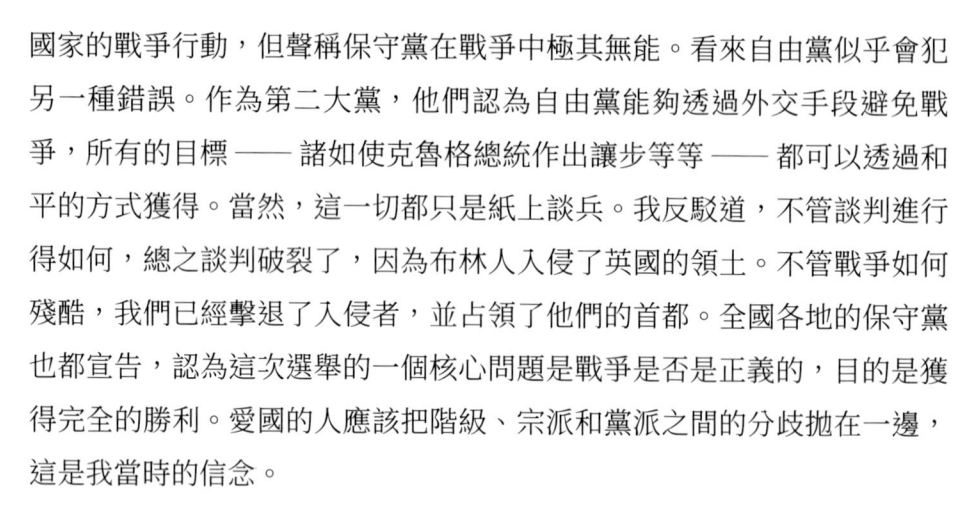

國家的戰爭行動,但聲稱保守黨在戰爭中極其無能。看來自由黨似乎會犯另一種錯誤。作為第二大黨,他們認為自由黨能夠透過外交手段避免戰爭,所有的目標——諸如使克魯格總統作出讓步等等——都可以透過和平的方式獲得。當然,這一切都只是紙上談兵。我反駁道,不管談判進行得如何,總之談判破裂了,因為布林人入侵了英國的領土。不管戰爭如何殘酷,我們已經擊退了入侵者,並占領了他們的首都。全國各地的保守黨也都宣告,認為這次選舉的一個核心問題是戰爭是否是正義的,目的是獲得完全的勝利。愛國的人應該把階級、宗派和黨派之間的分歧拋在一邊,這是我當時的信念。

張伯倫先生也親自趕來為我助陣。當時民眾對他的熱情超過了大戰後對勞埃德‧喬治先生與道格拉斯‧黑格勛爵的熱情。儘管同時存在著強烈的反對勢力,但反對者對張伯倫先生並非全無敬意。我們一同乘坐敞篷馬車前往大會,劇院內擠滿了我們的支持者,反對者則聚集在入口處。在劇院門口,我們的馬車被一大群反對者圍住,他們大聲抗議,並發出噓聲。面對這樣一個他們有權也有義務抵制的知名人物,他們非常激動,咧著嘴笑。我仔細觀察我的尊貴客人,他喜歡大家的吼叫聲,和我父親一樣常說「我從不畏懼英國的民主」。他滿面紅光,眼神中閃爍著興奮喜悅之情。在此,我必須說明,那時我們在一批政治家的領導下享受著真正的民主,而不是受報紙迷惑的隨心所欲的大眾所左右。在當時的政治體制中,政治家、選民與新聞界各司其職。在會上,我們對張伯倫先生的克制力感到驚訝。他那柔和的聲調和犀利中肯的言辭,給人留下了深刻的印象,演講之前他仔細準備了講稿,演講長達一個多小時。但最讓聽眾滿意的是,當他所說的事實或引用的數據有誤,傷害到反對黨時,他會回過頭來加以糾正,讓人感覺他做事公平。不過,所有這一切都發生在英國的政治體制還未過度腐化之前。

我們在計算這近三萬張選票時，發現自由黨和工黨在奧爾德姆的優勢顯著，而埃莫特先生獲得了最多的選票。然而，由於個人的意願和對戰爭的看法，大約兩百名投票給他的自由黨人將他們的第二票投給了我。結果，我以微弱的優勢，僅二百三十票之差擊敗了自由黨的另一位候選人朗西曼先生，名列第二，成功當選下院議員。我與朋友們穿過喧鬧的人群前往保守黨俱樂部。索爾斯伯利勳爵早已在那裡等待，準備向我表示祝賀。這位老首相顯然一直在電話機旁等待選舉結果。隨後，來自四面八方的祝賀信紛至沓來，我成為這次選舉中的「扭轉乾坤」人物。來自全國各地的邀請接踵而至，我不得不在次日晚上趕赴倫敦發表演講，而張伯倫先生則要求我在接下來的兩個晚上前往伯明翰地區。本準備依約行事之際，一位信使趕上火車，帶來了巴爾弗先生的口信，他希望我取消倫敦的演講，立即返回曼徹斯特，當天下午與他共同演講，並於晚上前往斯托克波特結束那裡的競選活動。我遵從了這一安排。

當我抵達時，巴爾弗先生正在向一大群人發表演講。全場觀眾起立，為我的到來鼓掌歡呼。這位下議院的領袖正式向選民介紹了我。從那時起，我只在重要的大會上發表演講。這些華麗的會場內，聚集了五、六千名對選舉極感興趣的選民，他們對主要競選內容都已瞭若指掌。若干黨派的德高望重者及資深議員作為支持者坐在臺上。在接下來的二、三十年裡，我的競選經歷大多如此。在海伯裡，我與張伯倫先生共度了兩天，他在床上休息了一日，而我則乘j快班車前往英格蘭中部地區參加了三個集會。回來後，他在晚餐時愉快地拿出一瓶1834年的波特酒招待我。三個星期中，我在國內屢次獲得勝利。保守黨領袖挑選了一些關鍵選區請我前去助選，接連取得勝利。那一年，我二十六歲。想到自己已實現目標，這難道不是一件令人欣喜的事嗎？但幸運的是，生活並非總是風平浪靜，否則我們的生活會變得過於單調。

第二十八章　參與大選

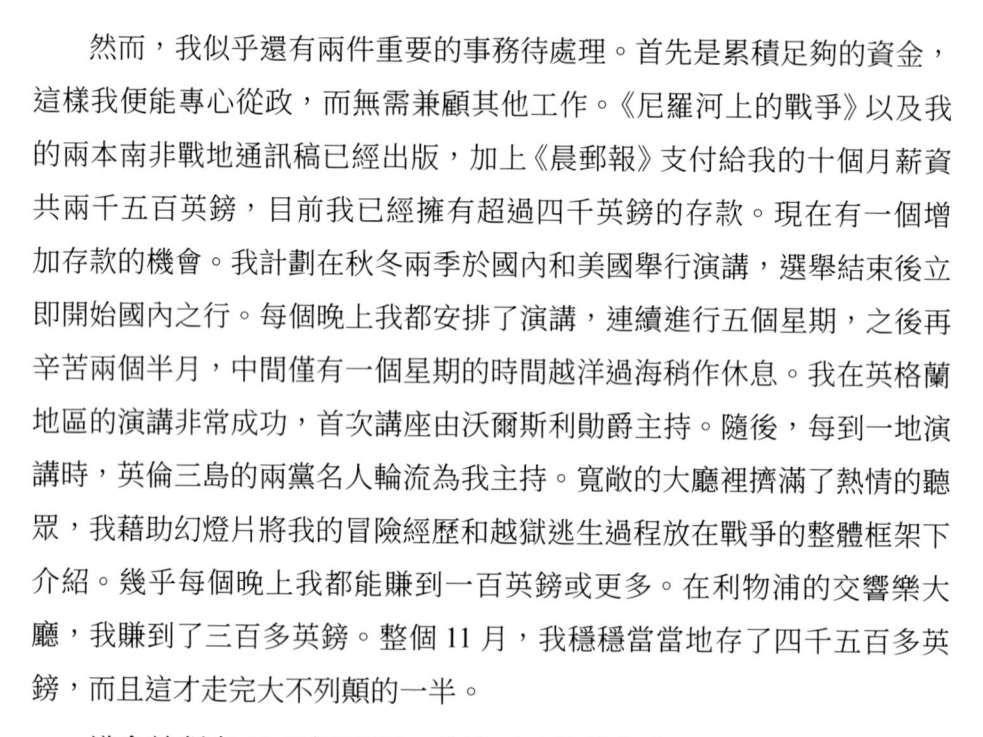

　　然而，我似乎還有兩件重要的事務待處理。首先是累積足夠的資金，這樣我便能專心從政，而無需兼顧其他工作。《尼羅河上的戰爭》以及我的兩本南非戰地通訊稿已經出版，加上《晨郵報》支付給我的十個月薪資共兩千五百英鎊，目前我已經擁有超過四千英鎊的存款。現在有一個增加存款的機會。我計劃在秋冬兩季於國內和美國舉行演講，選舉結束後立即開始國內之行。每個晚上我都安排了演講，連續進行五個星期，之後再辛苦兩個半月，中間僅有一個星期的時間越洋過海稍作休息。我在英格蘭地區的演講非常成功，首次講座由沃爾斯利勳爵主持。隨後，每到一地演講時，英倫三島的兩黨名人輪流為我主持。寬敞的大廳裡擠滿了熱情的聽眾，我藉助幻燈片將我的冒險經歷和越獄逃生過程放在戰爭的整體框架下介紹。幾乎每個晚上我都能賺到一百英鎊或更多。在利物浦的交響樂大廳，我賺到了三百多英鎊。整個 11 月，我穩穩當當地存了四千五百多英鎊，而且這才走完大不列顛的一半。

　　議會計劃在 12 月初召開，我迫不及待地想在下議院宣誓就職。然而，為了履行承諾，我還是跨越大西洋前往美國。那裡的氛圍截然不同，令我驚訝的是，這些講著相同語言、看起來與我們相似且友善好客的美國人，對南非戰爭的熱情遠不及英國人，而且許多人認為布林人是正確的。愛爾蘭人則普遍表現出他們的敵意。聽眾在不同地區的反應也各異。在巴爾的摩，能容納五千人的大廳裡僅有幾百名聽眾；而在波士頓，親英的美國人舉行了一次盛大的遊行，甚至弗里蒙特會堂的入口處都擠滿了示威者，講臺上坐著三百名身穿「盎格魯-美利堅協會」紅色制服的美國人，場面蔚為壯觀；在芝加哥，我遇到了一些激烈的反對者，不過，當我開了些玩笑，自嘲一番，並真誠地讚揚了布林人的勇敢與人道後，他們便平靜下來。整體而言，我認為與美國聽眾建立友誼並不困難，他們冷靜而挑剔，但舉止優雅，友善且厚道。

在美國之行期間，我受到了多位美國知名人士的協助。伯克・科克蘭先生、昌西・迪普先生及其他一些美國政界領袖為我安排了演講。為我在紐約的首次演講主持的人不是別人，正是馬克・吐溫先生。能與這樣一位名人共處一室，我內心十分激動。當時他已年事已高，頭髮花白，言談優雅，與他交流令人愉悅。我們就戰爭問題展開了辯論，幾個回合後，我發現自己無法與之匹敵，只能以國家為藉口。我說：「無論我的國家是對是錯，我都必須支持。」這位年長的紳士回應道：「啊，如果一個貧窮國家為了生存而戰，我可以理解，但你們的國家並非如此。」然而，我並未讓他感到不快，因為他愉快地答應了我的請求，在他的三十卷著作上逐一為我簽名。在第一卷上，他還寫下了一句格言，我想這是他委婉地給我的忠告：「做好事是高尚的，教別人做好事更高尚，而且不麻煩。」

　　一踏入加拿大境內，情況便截然不同。這裡充滿了熱情洋溢的人群，讓我有如歸家的感受。遺憾的是，我只能在此逗留十天。1月中旬，我回到英國，再度開始國內的奔波，走訪了每一座城市。在阿爾斯特大廳演講時，受人尊敬的達弗林勳爵為我介紹，他對我的讚美之詞無以復加。我至今仍記得他當時的話語，他以古老的腔調說道：「在他的同齡人尚未完成學業之時，這位年輕人已歷經沙場，超越了大部分歐洲的『俊官』[160]，戰鬥經驗更加豐富。」此前我從未意識到這一點，真是太棒了。

　　2月中旬旅行結束時，我已經筋疲力盡。在過去的五個多月裡，除了星期天，我幾乎每天晚上都要演講一個小時甚至更長，且經常一天內要講兩次。夜晚，我通常不停地趕路，幾乎沒有在同一張床上連續睡兩晚。之前是一年的艱辛行軍，睡覺時很少有屋子或床。這次巡迴演講雖然辛苦，但收穫頗豐，我已經累積了將近一萬英鎊，可以徹底自立，不再為未來擔憂，並可以在多年內專心從政，而不必再做其他事情。我將這一萬英鎊交

---

[160]　這個詞彙他發音不正確。

第二十八章　參與大選

給我父親的老朋友歐內斯特・卡賽爾爵士，請他幫我「投資」。他謹慎地管理著我的資產，雖然資產增長不快，但它們穩定且無虧損。事實上，年復一年，也有一些小利潤產生，但不足以維持我的生計。我每年都要動用一部分資金，因此漸漸地資產減少，幾年後，資產幾乎耗盡。不過，只要仍有資產，我就不用操心。

第二十九章　進入下議院

我過於天真，竟以為只要自己認定為正確的想法，就能毫無顧忌地表達。我認為在這件事上，誠實比任何其他因素都來得重要。

2月底，下議院再次集會，並迅速進入激烈的辯論。當時，各大報紙詳細報導了下議院的各項議程，引起選民的密切關注。重大議題通常需要經過三天的辯論，期間所有主要演說者都據理力爭。辯論結束後，結果取決於各黨派的實力。當時，下議院的會議通常持續到午夜，晚上九點半以後，下議院裡總是座無虛席。作為領導者，巴爾弗先生幾乎在每次重要辯論後都會作總結髮言，而反對黨的領導人則在十點至十一點對他們的發言作詳細總結，從十一點至午夜，他們會聽取彙總後的回應。他們發言結束後，任何試圖再發言的人都會被人們的喧囂聲所淹沒。

數個世紀以來，這個歷史悠久的立法機構引領著大英帝國度過無數難關，參與下議院辯論被視為無上的榮譽。儘管我數月來一直在大眾面前演講，但我仍將在議會中的演講視為最大的挑戰，內心充滿敬畏與期待。由於我未參加那個短暫的冬季會議，因此在我進入下議院僅四天後便發表了演講。準備過程充滿艱辛，而演講時還需掩飾這些精心準備。對於這些細節，我不在此贅述。此次辯論的主題是戰爭問題，我自認能夠勝任參與或提出建議。我收到了許多善意的建議：有的說：「不要操之過急，再等幾個月，等你熟悉了下議院再說。」也有人說：「這是你熟悉的話題，不要錯過機會。」還有人告誡我不要在每個人都希望表示友善的場合過於咄咄逼人，以免冒犯下議院。也有人提醒我避免使用陳詞濫調。然而，我所得到

第二十九章　進入下議院

的最佳建議來自亨利・卓別林先生，他誇張地對我說：「不要著急，如果你有任何想說的話，下議院會聽你講。」

有一位來自威爾斯的新秀，名為勞埃德・喬治，他是一位親布林分子，並且是我們最頭痛的人之一。他總是從後排座位站起來，向自由黨領袖提出挑戰。我得知他可能在九點左右發言，手中握有一份措辭適中的修正案，但他是否會提出動議尚不確定。如果我願意，可以在他之後發言。那時，如果我事先沒有把要說的話寫下來並記住，那麼我除了應付幾句之外，什麼也說不出來，這種情況持續了好幾年。上過大學的年輕人都在辯論社鍛鍊過即興演講，而我沒有這樣的經歷，因此我不得不預先設想辯論的情景，為可能被提到的問題準備各種回答。這就如同事先準備了多種型號的箭，希望其中幾支能射中目標。由於不知道勞埃德・喬治先生會說些什麼，也增加了我的擔憂，希望我準備的內容能接上他的話題。

這一刻終於來臨。我坐在通道前方的角落裡，緊鄰大臣們的座位，我的父親當年正是在這個位置發表了他的辭職演說。我左側坐著資深議員湯瑪斯・鮑爾斯先生，他是一位和善的顧問。接近九點時，下議院開始座無虛席。勞埃德・喬治先生在反對黨席位的第三排開始發言，他周圍圍繞著幾位威爾斯人和激進派，並得到愛爾蘭民族主義者的支持。他宣布自己不打算就修正案提出動議，但會討論主要問題。在「凱爾特外緣分子」[161]在他的鼓動下，他迅速變得激動起來，言辭變得相當激烈。我一邊默默地為我的演講草擬腹稿，計劃在他發言結束後，立即接著他的話題繼續發揮。可是，他每一句我準備說的話都搶先說了，這讓我感到一種恐慌，甚至是絕望的情緒，我努力壓抑著內心的這種感覺。就在這時，鮑爾斯先生低聲對我說：「你可以這樣說：『與其發表這麼激烈的演講，不如就他的適度修

---

[161]　這個古老的凱爾特民族主要聚居在他們祖先稱為「不列顛尼亞」的群島上，這些地區即現今的愛爾蘭、威爾斯、蘇格蘭及康沃爾等地，因其位於英國的邊緣地區，故有此稱謂。

正案提出動議。』」這句話來得正是時候，猶如荒野中的嗎哪。[162] 也不如它受歡迎。令我驚訝的是，我聽到對手說，他「將縮短他的發言，因為他認為下議院或許會希望聽一聽新議員的發言」，擺出這樣的高姿態後，他立即返回自己的座位。

在不知不覺中，我走上了講臺，並引用了鮑爾斯先生的那句話，這句話為我贏得了滿堂喝采。我重新找回了勇氣，順利完成了演講。那些我從小就不喜歡的愛爾蘭人，竟成了很好的聽眾，他們給了我適當的反對意見，反而幫助了我，沒有說任何讓我難堪的話。當我開他們玩笑時，他們似乎毫不介意。然而，當我提到「在戰場上作戰的布林人——如果我是布林人，我也希望能在戰場上作戰……」時，我注意到坐在國務大臣席上的議員們開始騷動起來，張伯倫先生對他的鄰座說了一些話，我沒聽清楚。後來，喬治·溫德姆先生告訴我，他說的是「下議院的席位就是這樣浪費的」。但是，我已經看到了不遠處的勝利彼岸，於是奮力遊向終點，雖然氣喘吁吁、汗流浹背，但總算安全抵達。大家都非常友善，好好鼓勵了我一番，我有些昏昏沉沉，就一直舒適地坐著，直到恢復元氣才回家。對於我的演講，總體評價是好的，儘管很多人猜到我是事先背下來的，但考慮到我所經歷的困難，他們就寬恕了我。下議院雖然變化很大，卻依然是一個令人敬畏的整體，對那些以能為下議院效力為榮的人，一向都是寬容的。

這次辯論結束後，我結識了勞埃德·喬治先生。在下議院的酒吧中，我們被引薦認識。互相問候後，他說：「依照你的觀點來看，你似乎站在了領導層的對立面。」我回應道：「你對大英帝國的態度相當超然。」如此一來，我們開始了交往，這段友誼經歷了種種世事變遷，始終未曾改變。

作為保守黨議員，在這屆議會中，我之後又成功地舉行了兩次演講，

---

[162] 根據《聖經》故事的描述，古代以色列人在穿越荒野期間所獲得的神賜食物。

第二十九章　進入下議院

而且都是在最初的幾個月內完成的。戰爭辦公室任命了一位名叫科爾維爾的將軍來指揮駐紮在直布羅陀的一個旅。任命剛下達，他們就對他一年前在南非戰場上的表現表示不滿，事實是他們才剛剛了解到這一情況，於是免去了他的職務。反對黨聲援這位將軍，譴責保守黨秋後算帳。在演講後的提問時間裡發生了爭吵，於是下議院決定在下一週兩黨對此舉行一場辯論。我對這種問題非常熟悉，也有充足的時間選擇最佳的論點。辯論剛開始，執政黨就出師不利，受到來自各方的批評。在那個時候，政府在辯論中敗北是一件十分嚴重的事，即使執政黨掌握了議會絕對多數的席位也是如此，這會損害執政黨的聲譽。如果大臣們覺得哈考特、阿斯奎特、莫利或格雷[163]他們的防線在某種程度上被突破，使得他們感到坐立不安。我趁機參與了這場辯論，所有人都認為我的發言是一場辯論演說，實際上，這只是我幸運地猜中了辯論的結果。我運用反對黨支持的論點來為政府辯護，保守黨對此感到滿意，自由黨也表示讚許。喬治·溫德姆先生現任愛爾蘭事務大臣，我與他的關係日益密切，他告訴我內閣高層圈子裡的人對我讚譽有加。我似乎真的已在下議院站穩了腳跟。

然而，我逐漸意識到自己與保守黨內的主流觀點存在分歧。我全力支持將這場波耳戰爭進行到底。當時戰火再度燃起，為了最終的勝利，我主張增加兵力，組織一支更高素養的軍隊，並動用印度的軍隊。此外，我欽佩布林人勇敢無畏的抵抗精神，對他們所受的屈辱感到憤慨，希望透過體面的和平方式將這些勇敢的人及其領袖與我們團結起來。我認為焚毀布林人的農莊是極其愚蠢的行為；我反對處死布林人的指揮官謝珀斯；在避免對布林人的另一位指揮官克魯特津格的死刑判決上，我可能也有一份功勞。我與保守黨的分歧日益加深。戰爭事務大臣表示：「我們國家捲入這場戰爭純屬偶然，我們必須努力將戰爭進行到底。」對此，我感到憤怒。

---

[163]　他們是那時反對黨自由黨的領袖。

我認為我們應該軟硬兼施結束這場戰爭，然後迅速回到和平、削減軍費和改革的道路上。儘管我有幸能與大部分保守黨領袖接觸，總是得到巴爾弗先生的格外親切關懷，並經常聆聽張伯倫先生對國家大事的高見，但我逐漸與他們背道而馳。我發現羅斯伯里、阿斯奎斯和格雷，特別是約翰·莫利，比我們自己的領導人更能理解我，他們的智慧令我著迷，他們對待公共事務的寬廣視野和鼓舞人心的見解，不受現實的束縛。

各位讀者朋友應該仍記得我未曾進入大學校園。那些接受過高等教育的年輕人，能夠在辯論中支持或反對各種觀點而無須承擔任何責任，而我卻未曾擁有這樣的機會。我已經成為一個知名的公共人物，對我而言──至少對我個人而言──我所說的每一句話都非常重要，而且這些言論經常登載於各大報紙上。我希望保守黨能夠走自由黨的路線，反對「沙文主義」的好戰行為，並對布林人的處境表示同情。我發現自己在許多方面與兩個政黨的立場不一致。我過於天真，認為只要我相信自己的想法是正確的，就可以毫無顧忌地表達出來。我認為在這件事上，誠實比其他一切都更為重要。我不理解政黨紀律和團結的意義，也不知道在工作中為了黨的事業而犧牲個人見解的重要性。

我的第三次演講至關重要，戰爭事務大臣布羅德里克先生宣布了一項計畫，打算重新組建一支更龐大的軍隊。他提議將正規軍、民兵和志願兵等所有武裝力量劃分為六個軍團。我決定在討論軍費預算時提出反對意見。為此，我花了六個星期準備這次演講，並熟記演講稿，確保無論從哪一部分開始都能流暢地表達。下議院決定就此問題討論兩天。由於運氣及議長的偏愛，我被安排在第一天晚上十一點發言，有一小時的講話時間，午夜後將討論其他議題。下議院的每個角落都擠滿了人，聽眾全神貫注地聆聽我的演講。事實上，我進行了一次全面的抨擊，不僅針對政府的政策，還對保守黨的思想和傾向提出批評。同時，我大力主張和平、節約和

第二十九章　進入下議院

裁軍。保守黨為此感到震驚，而反對黨則大聲歡呼。這次演講無疑是非常成功的，但也意味著我從此與周圍的保守黨議員在思想上產生了明顯的分歧。我事先將演講稿寄給了《晨郵報》，並已印刷。如果我沒有這次演講的機會或者演講失敗，我無法想像結果會如何。大量印刷發行這篇講稿使我非常擔心，演講一結束，我大大鬆了一口氣。讓整個下議院來聽我的演講，對我來說確實是一件大事，我的努力得到了回報，但我也必須承擔這次演講帶來的後果。

在這段時間裡，我們組成了一個議會小組，外號「胡裡幹」。[164]成員有珀西勛爵、休·塞西爾勛爵、伊恩·馬爾科姆先生、亞瑟·史坦利先生和我。我們每週四在議會一起晚餐，並且總會邀請一位貴賓。兩黨的所有領袖人物都曾經受邀。有時我們甚至能請到像 W. J. 布賴恩這樣的人物。[165]先生這樣的稀客。我們甚至還向索爾斯伯利勛爵本人發出過邀請，但他回覆並邀請我們到阿林頓街與他共進晚餐。索爾斯伯利首相興致很高，與我們討論每一個被提及的話題。當晚餐結束我們走在街上時，珀西對我說：「我很想知道一個人做了二十年首相，行將就木時會是什麼樣的感覺？」與索爾斯伯利勛爵一起逝去的東西很多，他的退休和去世象徵著一個時代的終結。大英帝國正面臨著一個動盪不安的新世紀。

索爾斯伯利勛爵所治理的社會，以及本書所描述的時代和事件，保守黨的結構與特點，英國統治階層的基礎等，這一切很快就與我們被一條條的鴻溝隔開，時間之短，速度之快，實屬罕見。我們很難預料這滾滾向前的歷史潮流會有多麼強大的力量，更不會想到會有什麼樣可怕的動亂把 19 世紀的社會結構震得四分五裂，不過珀西對此有一種預感，可是他卻未能親眼看到這種鉅變。秋天的時候，我和他一起在敦羅賓市，他向我

---

[164]　「胡裡幹」，是英語「hooligan」的音譯，意指「小流氓，街頭惡棍」。
[165]　W. J. 布賴恩：美國民主黨的領軍人物。

解釋伊爾文派信徒的宗教。根據這一教派的說法，好像是有十二名使徒被派來警告人類，但是沒有人去理會他們；他們中的最後一名使徒與維多利亞女王同一天去世，於是，我們人類的安全也跟著一起消失了。珀西預言，一個可怕的戰爭時代即將到來，恐怖難以形容。不知為什麼，他對此特別肯定。他用了「哈米吉多頓」這個詞。[166] 這個詞，這個詞我以前只聽說在《聖經》中提及過。當時，德國王儲正巧在敦羅賓市逗留，我不禁想知道，這位彬彬有禮的年輕人，這個曾與我們一起打打鬧鬧、玩撞球遊戲的夥伴，他是否會在珀西悲觀的預言變為現實這一件事中發揮什麼作用呢？」

1902 年 4 月，一位名為卡特賴特的紳士在下議院掀起了一場風波。這位報社編輯大膽發表了一封信，譴責英國人在集中營中虐待布林婦女和兒童，因此被判煽動叛亂罪，在南非服刑一年。刑滿後，他希望返回英國，但南非軍事當局拒絕了他的請求。下議院就此事向大臣們質詢，戰爭事務次官答覆道：「我們不想增加在英國進行反英宣傳的人數。」如此，他們以最糟糕的理由為自身濫用職權辯護。事實上，此時在其他地方進行反英宣傳的危害遠小於在大不列顛。約翰·莫利提議休會。當時這樣的提議立即進入討論，所有反對黨領袖都義憤填膺地發表演說。我與我們小團體的另一位成員則在保守黨的議席上支持他們。這件事雖小，卻引起了廣泛關注。

那晚，我們邀請了張伯倫先生來和我們共進晚餐。「我正在和一群壞蛋一起吃飯。」他一邊說，一邊用挑釁的眼神打量我們。我們解釋道：「政府的行為實在是愚蠢和傲慢，怎麼能期望我們支持它呢？」他回應：「如果政府是正確的，為何需要你們的支持？正因為政府處於困境，才需要你們的幫助。」然而，當他的情緒好轉後，他變得神采飛揚，充滿魅力，這

---

[166] 《聖經》中提到的末世善惡之戰。

第二十九章　進入下議院

是我記憶中他最精彩的一次談話。告辭時，他在門口停留了一會，轉身說了一句深思熟慮的話：「你們年輕人如此款待我，作為回報，我要告訴你們一個無價的祕密——關稅！這將是未來，而且是近期內，政治中的大事。你們要仔細研究，徹底掌握。你們不會因為對我的款待而感到遺憾的。」

他是完全正確的。不久，財政領域發生了一連串重大事件，我也因此全神貫注地投入了一場新的戰鬥，直至1908年。1908年9月，我結了婚，此後一直過著幸福的生活。

邱吉爾自傳：

戰火中成長！從英國貴族到戰地記者，以首相視角走進維多利亞時代

作　　　者：	[英]溫斯頓・邱吉爾（Winston Churchill）	
編　　　譯：	伊莉莎	
發 行 人：	黃振庭	
出 版 者：	複刻文化事業有限公司	
發 行 者：	複刻文化事業有限公司	
E - m a i l：	sonbookservice@gmail.com	
粉 絲 頁：	https://www.facebook.com/sonbookss	
網　　　址：	https://sonbook.net/	
地　　　址：	台北市中正區重慶南路一段61號8樓 8F., No.61, Sec. 1, Chongqing S. Rd., Zhongzheng Dist., Taipei City 100, Taiwan	
電　　　話：	(02)2370-3310	
傳　　　真：	(02)2388-1990	
印　　　刷：	京峯數位服務有限公司	
律師顧問：	廣華律師事務所 張珮琦律師	
定　　　價：	450元	
發行日期：	2024年11月第一版	

◎本書以POD印製

Design Assets from Freepik.com

國家圖書館出版品預行編目資料

邱吉爾自傳：戰火中成長！從英國貴族到戰地記者，以首相視角走進維多利亞時代 /[英]溫斯頓・邱吉爾(Winston Churchill) 著，伊莉莎 編譯 . -- 第一版 . -- 臺北市：複刻文化事業有限公司, 2024.11
面；　公分
POD版
譯自：My early life
ISBN 978-626-7595-70-1(平裝)
1.CST: 邱吉爾(Churchill, Winston, 1874-1965) 2.CST: 自傳
784.18　　　　　113016468

電子書購買

爽讀APP　　　臉書